Oriana Fallacis Bücher wurden in 20 Sprachen übersetzt und in 31 Ländern veröffentlicht. Als Reporterin berichtete sie von Kriegen (u. a. Vietnam 1968, 2. Golfkrieg 1991), provozierte Staatsmänner und hohe Geistliche.
Sie schmiedete ihren Stil zur Waffe gegen Ungerechtigkeit und Korruption: Oriana Fallaci war die große Unbequeme der journalistischen Literatur. Weltweit bekannt wurde sie in den 70er und 80er Jahren mit ihren Büchern *Brief an ein nie geborenes Kind* – das Buch erschien auf der Höhe der weltweiten Abtreibungsdebatte –, *Ein Mann* über ihre Liebe zum 1976 mutmaßlich ermordeten griechischen Widerstandskämpfer Alekos Panagoulis und *Inschallah* über den Bürgerkrieg in Beirut. Sie arbeitete für weltbekannte Zeitungen wie die Londoner *Times*, *Life* und die *New York Times* und interviewte zahlreiche bekannte Persönlichkeiten, etwa Yassir Arafat, Willy Brandt und Henry Kissinger.

Cristina De Stefano ist Journalistin und Autorin. Sie lebt in Paris und arbeitet als Literaturscout für große Verlage auf der ganzen Welt. Für ihre Biografie über die 2006 verstorbene italienische Journalistin Oriana Fallaci erhielt sie von deren Familie bisher unveröffentlichte private Dokumente.
www.cristinadestefano.com

Cristina De Stefano

Oriana Fallaci

Ein Frauenleben

Aus dem Italienischen
von Judith Schwaab

btb

Du wirst nicht viel Zeit haben, um die Dinge zu begreifen und sie zu erledigen. Die Zeit, die man uns gibt, in dem, was man Leben nennt, ist viel zu kurz. Und so ist es nötig, dass alles in großer Eile geschieht.

Das Flugzeug überquert den Ozean, der im Dunkeln liegt. Plötzlich füllen sich die Fenster mit Licht. »Schau nur, Oriana, das Nordlicht«, flüstert ihr Neffe. Sie antwortet nicht. Sie ist schläfrig, benommen, schwach. Sie sitzt auf einem der zurückklappbaren Flugzeugsitze, über sich ihren Pelzmantel gebreitet. Sie friert, obwohl der Sommer noch nicht zu Ende ist. Wir schreiben den 4. September 2006, und Oriana Fallaci kehrt nach Florenz zurück.

Der Krebs befindet sich mittlerweile im letzten Stadium. Bei den Fluglinien, die von New York aus starteten, wollte man sie in diesem Zustand nicht transportieren, und so musste sie sich ein Privatflugzeug chartern. Seit Wochen hat sie sich nur noch von Zuckerwasser ernähren können und ist auf etwa dreißig Kilo abgemagert. Eigentlich war sie ihr ganzes Leben lang nie viel schwerer gewesen. Zweiundvierzig Kilo bei einer Größe von eins sechsundfünfzig. Darüber hat sie oft Witze gerissen: »Wenn mich die Leute näher kennenlernen, wundern sie sich über so viel Wenigkeit. Und dann breite ich die Arme aus und sage: ›Alles da!‹«

Sie hat sich diese Heimkehr gewünscht. Seit fast fünfzig

Jahren lebt sie in New York, doch nun möchte sie, dass alles dort endet, wo es begonnen hat. Die Kabine des Flugzeugs liegt im Halbdunkel, um ihre entzündeten Augen zu schonen. Neben ihr sitzen zwei Ärztinnen, die ihr im Notfall beistehen können. Doch während des ganzen Fluges bleibt sie reglos auf ihrem Platz, eingeigelt, in Erinnerungen versunken. Ganz langsam kommt ihr Florenz entgegen, und es bringt die Vergangenheit mit.

1

Eine Familie, in der niemand lächelt

»Über die erste Begegnung zwischen meinem Vater und meiner Mutter weiß ich nichts. Die einzige Spur, die mir dabei helfen könnte, das Geheimnis meiner Geburt zu entziffern, ist ein Satz meiner Mutter: ›Dieser Hut voller Kirschen war an allem schuld.‹« Es war genau diese Einzelheit, die Oriana als Kind aus all den Erzählungen ihrer Familie am meisten geliebt hatte: ein leuchtend roter Hut, wie eine Flagge geschwenkt, nach dem viele Jahre später, als er vom Kopf der Mutter auf den einer Vorfahrin gewandert ist, ein posthum erschienener Roman benannt werden wird: *Un cappello pieno di ciliege*[1]. Mehr wissen wir nicht. Wir können nur versuchen, es uns vorzustellen.

Es muss an einem Spätsommertag des Jahres 1928 gewesen sein, auf einer Straße in Florenz, an einem der sonnigen Tage, die dazu einladen, sich im Freien aufzuhalten. Edoardo Fallaci ist vierundzwanzig Jahre alt und knapp bei Kasse. Er arbeitet als Holzschnitzer und lebt bei den Eltern. Sein Traum ist es, nach Argentinien auszuwandern und dort sein Glück zu suchen. Er ist nicht sehr groß, hat jedoch ein gut geschnittenes, kantiges Gesicht und freche blaue Augen. Tosca Cantini ist zweiundzwanzig. Die Tochter eines Bildhauers und Anarchisten hat schon früh die Mutter verloren und arbeitet seit ihrer Kindheit bei zwei Schneiderinnen, die sie ins Herz geschlossen haben und sie wie ein kleines Fräulein aufwachsen lassen. Sie haben sogar eine Kundin für sie gefunden, die bereit ist, sie als ihre Gesellschaftsdame mit nach Paris zu nehmen. Doch an diesem Septembertag beschließt Tosca, einen auffallenden, mit roten Früchten geschmückten Hut zu tragen, der ihre gleichmäßigen Gesichtszüge mit den ausgeprägten Wangenknochen besonders gut zur Geltung bringt. »Was für schöne Kirschen«, schmeichelt ihr Edoardo. Oriana muss kurz darauf gezeugt worden sein, bei einem Ausflug auf den Monte Morello.

»Meine Mutter hat mir immer erzählt, dass sie mich gar nicht haben wollte, als sie schwanger wurde. Und da man damals Bittersalz trank, um abzutreiben, nahm sie es bis zum vierten Schwangerschaftsmonat jeden Abend ein. Eines Abends jedoch, als sie gerade das Glas mit der bitteren Lösung zum Mund führte, drehte ich mich in ihrem Bauch. Wie um ihr zu sagen: ›Ich will auf die Welt!‹ Und – zack! – goss sie das Glas Bittersalz in eine Blumenvase. ›Und so kamst du dann zur Welt‹, sagte sie.«

Denn eigentlich hat Tosca einen ganz anderen Traum, was ihr Leben angeht. Sie will die Welt sehen, mit Künstlern verkehren. Sie hat viele Freunde in der Bohème von Florenz, allen voran den Maler Ottone Rosai, der ihr den Hof macht. »Sie sagte, er sei ein richtiges Mannsbild gewesen. Ganz im Gegensatz zu meinem Vater, der klein und schmächtig war.«

Als die Schwangerschaft unübersehbar wird, stellt Edoardo Tosca seinen Eltern vor. Seiner Mutter Giacoma, die für ihren aufbrausenden Charakter bekannt ist, ist Tosca nicht willkommen; Giacoma setzt alles daran, ihr das Leben schwer zu machen. Antonio, der Vater, begegnet ihr freundlich, was die Sache alles andere als besser macht. Schon bald wird Tosca zu einer Art Aschenputtel im Hause Fallaci: »Eine der ersten

Erinnerungen meines Lebens ist, wie meine Mutter weinend an einem Becken steht und wäscht.« Diese kluge Frau, die gezwungen wird, für die ganze Familie die Dienstmagd zu spielen, prägt von Anfang an das Leben des kleinen Mädchens. Oft erinnert sich Oriana in Interviews, es sei ihre Mutter gewesen, die sie dazu angespornt habe, ehrgeizig zu sein. »Meine Mutter war es, die oft – unter Tränen – zu mir sagte: ›Mach es bloß nicht wie ich! Lerne, schau dir die Welt an, studiere!‹ Und ich wollte es meiner Mutter nicht nachtun – ich wollte sie rächen.« 1977, als Oriana den Ehrendoktortitel am Columbia College in Chicago entgegennimmt, wird sie bei der Verleihung in ihrer Dankesrede sagen: »Ich widme diesen Ehrentitel meiner Mutter Tosca Fallaci, die nicht die Universität besuchen durfte, weil sie in einer Zeit, in der arme Frauen nicht studieren durften, arm war und eine Frau.«

Gleich bei ihrer Geburt am 29. Juni 1929 wird das kleine Mädchen auf den Namen Oriana getauft. Für die damalige Zeit ist das ein sehr ungewöhnlicher Name. Die Eltern, die zwar ein karges Leben fristen, aber begeisterte Leser sind, wählen ihn in Gedanken an Prousts Herzogin von Guermantes. »Du warst nicht rot und runzlig wie andere Neugeborene, sagte meine Mutter immer. Du warst weiß und glatt und wunderhübsch. Und du hast nie geweint. Alle Kinder weinen. Du nie. Du warst immer still. Du schautest und schautest, hast alles um dich herum betrachtet und gabst keinen Mucks von dir. Und so bekam ich es am achten Tag nach deiner Geburt mit der Angst zu tun. Ich dachte, vielleicht seist du ohne Stimmbänder geboren, und so brachte ich dich zum Arzt, der sagte: Nein, nein. Die hat sie schon. Dann zwickte er dich in die Füße, und du musstest schrecklich lachen.«

In dem Haus an der Via del Piaggione, wo Oriana auf die

Welt kommt, leben alle zusammen: die Eltern, die Großeltern, die unverheirateten Schwestern des Vaters. Als Erwachsene wird sich Oriana an allerhand kleine Dinge aus diesem Haus erinnern und sie, Stück für Stück, mit sich nehmen: Ein bemaltes Möbelstück kommt nach New York, das elterliche Ehebett und der gläserne Bücherschrank nach Florenz, der Wohnzimmertisch in ihr Haus auf dem Land. Von den Fenstern aus sieht man die ganze Stadt, weiter vorne Brunelleschis Kuppel und Giottos Campanile, dahinter ein Meer von Dächern und Brücken – Florenz. In einem Zimmer steht noch die Werkbank des Großvaters, eines Schusters, der die Schuhe der ganzen Familie richtet. Stundenlang schaut ihm Oriana bei der Arbeit zu und hilft ihm gern. Sie hat es gelernt, der immer wütenden Großmutter Giacoma aus dem Weg zu gehen, der leicht die Hand ausrutscht, und betrachtet das Kämmerchen von Großvater Antonio als eine Art Refugium. »Großvater war sehr liebevoll. Stets nahm er mich in Schutz, und er lächelte immer – in einer Familie, in der nie gelächelt wurde.«

Nach Oriana kommen noch zwei Töchter zur Welt, Neera im Jahre 1932 und Paola 1938. Später, 1964, als die Mädchen erwachsen sind, wird ein weiteres Mädchen, die Waise Elisabetta, adoptiert. Kein einziger Stammhalter in der Familie. Edoardo betrachtet Oriana sofort als den jungen Mann im Haus. »Mein Vater war verzweifelt, als ich geboren wurde und kein Junge war. Also hat er mich auf die Jagd mitgenommen.« Edoardo bringt seiner Tochter das Schießen bei und weicht ihr kaum von der Seite. Wenn Drosselzeit ist und ganze Schwärme dieser Singvögel unterwegs sind, verschanzt er sich zusammen mit seiner ältesten Tochter in dem kleinen Schuppen und wartet auf seine Beute. Noch Jahre später erinnert sich Oriana in allen Einzelheiten an diese Tage. An die beißende Kälte am Morgen, die in den Himmel gerichteten

Blicke, das Flüstern. »›Wenn die Drossel von links kommt, gehört sie mir. Die von rechts sind deine. Wenn ein ganzer Schwarm kommt, schießen wir beide. Eins, zwei, drei, dann geht's los.‹ ›Alles klar, Papa.‹«

Edoardo Fallaci ist ein wortkarger Mann, er fordert sich selbst und andere. Seine Erstgeborene lässt er aufwachsen wie einen Soldaten. Eine von Orianas lebhaftesten Kindheitserinnerungen hängt mit dieser Härte zusammen. Damals ist sie fünfzehn Jahre alt und geht an der Seite des Vaters durch eine Straße von Florenz, als sie von einem Fliegeralarm überrascht werden und im Inneren eines Hauses Zuflucht suchen. Draußen wird der Flugzeuglärm ohrenbetäubend. Oriana wagt es trotz ihrer Angst nicht, den Vater zu umarmen. Sie hockt zusammengekauert in einer Ecke. Als die ersten Bomben fallen und Boden und Wände zum Beben bringen, bricht sie in Schluchzen aus. Die Ohrfeige kommt überraschend und nimmt ihr den Atem. Ein Mädchen weint nicht, zischt der Vater. Oriana wird diese Begebenheit noch oft erzählen und behaupten, damals habe sie beschlossen, es so weit wie möglich zu vermeiden, in der Öffentlichkeit zu weinen. Sie wird in ihrem Leben reichlich Veranlassung zum Weinen haben und es auch tun – »Es tut gut zu weinen, weil man sich den Schmerz aus der Seele kotzen kann« –, doch nur selten in Anwesenheit anderer.

Und noch ein Mann aus der Familie spielt eine entscheidende Rolle in ihrem Leben – Bruno Fallaci, der ältere Bruder des Vaters, den alle im Haus nur Settecervelli, also »Siebenhirn«, nennen. Bruno ist der Intellektuelle der Familie und gehört einer Welt an, wie sie weiter entfernt von Orianas Eltern nicht sein könnte – der Welt der Schreibenden. Er ist mit der Schriftstellerin Gianna Manzini verheiratet und erfolgreicher

Journalist: Zunächst verantwortlich für die Kulturseite der florentinischen Tageszeitung *La Nazione* und dann Herausgeber von *Epoca*. Er ist der erste – und vielleicht auch einzige – Lehrmeister von Oriana, die ihr ganzes Leben lang seine Ratschläge zitieren wird: »Wenn er die Grundregeln des Journalismus aufzählte, donnerte er: ›Vor allem eins: Den Leser NIEMALS langweilen!‹«

Tosca geht oft zum Putzen zu ihrem Schwager und nimmt ihre Tochter mit. Gianna Manzini sitzt mit einem Buch auf dem Sofa und raucht eine ihrer parfümierten Zigaretten, die auf einer langen schwarzen Spitze stecken. Gelegentlich streckt sie, ohne dabei ihre Lektüre zu unterbrechen, die schöne, beringte Hand nach einer Glasbonboniere aus, die mit Nougatpralinen gefüllt ist. »Wehe, wenn du sie anbettelst!«, ermahnt Tosca Oriana jedes Mal, bevor sie die Wohnung betreten. Später wird sich Oriana in einem Buch an die Demütigung erinnern, der reichen Tante dabei zusehen zu müssen, wie sie genüsslich ihr Konfekt auswickelte, ohne das kleine Mädchen auch nur eines Blickes zu würdigen, als wäre es gar nicht da. Noch dreißig Jahre später hat sie den bitteren Geschmack dieser Ungerechtigkeit auf den Lippen, obwohl sie andererseits nicht umhin kann, die Tante wunderschön zu finden. Sie beobachtet sie dabei, wie sie sich zum Ausgehen fertigmacht, den Hut aufsetzt und den Pelzkragen anlegt. Gianna Manzini ist sehr groß, elegant, hat ein schmales Gesicht und riesige Augen, die sie mit großer Sorgfalt schminkt.

In der Familie liebt niemand diese Frau. Oriana erinnert sich daran, wie Großmutter Giacoma die von der Schwiegertochter mitgebrachten Blumen auf den Tisch knallt und brummt: »Blumen, immer Blumen! Näh meinem Sohn mal lieber die Knöpfe an!« Eines Tages, als sie auf einen Sprung bei

Oriana und dem Großvater zu Besuch ist, hockt sich Gianna Manzini rittlings auf die Brüstung des Ponte Vecchio und droht: »Schaut nur, Papa, ich stürz mich runter! Ich mach's!« Er schlägt voller Ungeduld mit dem Stock aufs Pflaster und sagt: »Na los, stürz dich nur runter! Aber mach schnell, weil ich die Kleine nach Hause bringen muss!« Gianna Manzini trennt sich 1933 von Bruno und zieht nach Rom, wo sie für immer aus der Landschaft von Orianas Kindheit verschwindet. Von ihr bleibt nur eines: die elegant geschwungene Handschrift mit den großen, runden Vokalen, die Oriana nachzuahmen versucht und mit der sie viele Seiten ihrer Schönschreibhefte aus der Schule füllt. Orianas eigene Unterschrift – die eines Tages weltberühmt und unverwechselbar sein wird – hat hier ihren Ursprung.

Ansonsten sind Orianas Erinnerungen an die Kindheit hauptsächlich Erinnerungen an Armut. Es gibt nicht genug zu essen für alle, und stets schützt die Mutter vor, keinen Hunger zu haben, um den Töchtern ihren Teil des Essens zukommen zu lassen. Wenn Oriana zum Einkaufen geschickt wird, schämt sie sich, ihre armseligen Wünsche beim Kaufmann vorzutragen, der sich weit über die Ladentheke beugen muss, um sie zu sehen: fünfzig Gramm Käse, fünfzig Gramm Marmelade. »Aber wir haben unsere Armut mit Würde getragen. Zum Beispiel sah man uns auf der Straße nicht an, dass wir arm waren. Unsere Kleider waren immer anständig und sauber. Meine Mutter war sehr geschickt darin, nach dem Motto ›Aus Alt mach Neu‹ Kleider umzunähen und wiederzuverwerten.« Edoardo ist ein guter Handwerker, schreinert mit Begeisterung und füllt das Haus mit eigenhändig angefertigten Möbelstücken. Sein Geschäftssinn lässt allerdings zu wünschen übrig, weshalb die Familie immer äußerst knapp bei

Kasse ist. »Vergesst nie, dass euer Vater ein Künstler ist«, sagt Tosca oft zu den Mädchen.

Seit sie ein kleines Mädchen war, fühlt sich Oriana besonders von einem Möbelstück angezogen, einem rätselhaften Ding aus alten Zeiten. Es ist eine uralte, geschnitzte Mitgifttruhe mit Löwenfüßen und Eisengriffen. Zuhause nennen alle sie Ildebrandas Truhe, nach einer Vorfahrin, von der es heißt, sie sei als Hexe verbrannt worden. Oft sitzt Oriana stundenlang davor und lässt ihrer Fantasie freien Lauf, und wenn es geht, bittet sie die Mutter, die Truhe für sie zu öffnen. In ihr werden allerhand Familienandenken aufbewahrt, rätselhafte Dinge, ohne erkennbare Ordnung. Eine Fibel und ein Abakus, ein medizinisches Traktat auf Französisch, eine Laute ohne Saiten, eine Pfeife aus Ton, ein Zwicker, ein katalanischer Reisepass, eine antike Münze, eine zerschlissene italienische Flagge, der letzte Brief eines napoleonischen Soldaten, der in Russland erfroren war. Jedes dieser Zauberdinge weckt endlose Fragen in Oriana, und wenn die Großeltern zum Erzählen aufgelegt sind, erfährt sie von ihnen so manches vielversprechende Detail: Montserrat spielte auch im Irrenhaus noch Laute … Caterina kurierte alle im Dorf nach den Rezepturen des Doktor Barbette … Als Giobatta aus dem Krieg heimkehrte, war sein Gesicht von einem Kanonenschuss entstellt.

Irgendwann, in einer Nacht des Jahres 1944, wird die Truhe während eines Bombenangriffes mitsamt dem ganzen Haus zerstört werden – ein Verlust, den Oriana für den Rest ihres Lebens beweinen wird. Als sie erwachsen ist, bittet sie dann den Vater, eine genaue Kopie der Truhe anzufertigen, die sie in ihre Wohnung in New York mitnimmt. Einige Briefe – in Curtatone und Montanara verfasst von einem Vorfahren, der als Freiwilliger im ersten Unabhängigkeitskrieg gedient hat –

sind erhalten geblieben, weil Oriana sie in ein Schulheft abgeschrieben hatte. Schon damals hat sie begriffen, dass jedes Ding eine Sprache hat und zu einer Geschichte werden kann – man muss nur gut zuhören können.

Als Edoardo Fallaci 1934 an einer Rippenfellentzündung erkrankt, kommt noch weniger Geld ins Haus. Die Familie zieht für ein Jahr in eine Kellerwohnung an der Piazza del Carmine. Oriana macht sich einen Spaß daraus, am vergitterten Kellerfenster zu sitzen und die Füße der Passanten zu beobachten. Der Vater ist zu dieser Zeit bettlägerig und von der Krankheit geschwächt. Freunde, die zu Besuch kommen, versuchen ihn davon zu überzeugen, der faschistischen Partei beizutreten, was es ihm erleichtern würde, Arbeit zu finden, doch er will nichts davon wissen. »Ich sehe meinen Vater fiebernd im Bett vor mir, wie er hustet und sagt: ›Niemals, niemals.‹« Bei ihnen zu Hause sind alle Antifaschisten. Eines Tages wird sogar der alte Antonio Fallaci verhaftet: »Großvater war achtundsiebzig Jahre alt, wetterte oft in aller Öffentlichkeit gegen die Faschisten und hatte an diesem Tag geschrien: ›Mussolini stinkt aus der Nase!‹

Und so hatten sie ihn festgenommen und in den Hauptsitz der Faschisten gebracht, ihn eingesperrt und so getan, als würden sie ihm den Prozess machen. Die Großmutter war hingegangen, um für ihn einzutreten, und es hat nicht viel gefehlt, und sie hätten sie auch dabehalten.«

Bei den Fallacis ist es Familientradition, gegen die Obrigkeit aufzubegehren. Oriana spricht immer voller Bewunderung vom Großvater mütterlicherseits, Augusto Cantini, der vollkommen mittellos im Armenhaus gestorben ist, ein Anarchist, der schon als Junge desertiert war, um nicht in den Krieg zu müssen, weil dieser in seinen Augen nur ein sinnloses Abschlachten unter Imperialisten war. »Die anderen

Kinder wuchsen mit dem Kult um den Ersten Weltkrieg auf, alle hatten die Glorifizierung dieses Krieges mitgemacht, wie eine Gehirnwäsche, doch ich hörte immer nur die Erzählungen von einem Großvater, der desertiert war. Voller Stolz sagte meine Mutter zu mir: ›Mein Vater war Deserteur im Ersten Weltkrieg.‹ So, wie ein anderer gesagt hätte: ›Er war ein Kriegsheld des Ersten Weltkrieges.‹« Von klein auf lauscht Oriana fasziniert, wenn die revolutionären Gesänge ihrer Jugend geschmettert werden: »*Finché siam gregge è giusto che ci siaaa / cricca padrona a leggi decretar! / E se non splende il Sol D'Anarchiaaa / voi vi farete ovunque trucidaaaar!*«

Edoardo Fallaci tritt mit siebzehn Jahren der Sozialistischen Partei bei und wird 1923 bei einem Zusammenstoß mit faschistischen Schwarzhemden verletzt. Ab 1929 kollaboriert er mit der Untergrundpresse der antifaschistischen Widerstandsbewegung *Giustizia e Libertà* und steht mit anderen Antifaschisten der Stadt in Kontakt. Tosca denkt wie er, auch wenn sie an den Zusammenkünften nicht teilnimmt: »Für meine Mutter war Politik ein Luxus, den sich nur die Männer gönnten. Sie war so mit unserem täglichen Überleben beschäftigt, dass jeden Tag etwas zu essen auf dem Tisch stand, wir nicht frieren mussten und in die Schule gehen konnten, dass sie buchstäblich keine Zeit hatte, uns zu erklären, warum Mussolini schlecht war. Für sie war er einfach schlecht und basta.« Edoardo und Tosca sind Orianas erste Helden, und sie wird ihr Leben lang der Eigenschaft des Mutes höchste Bedeutung beimessen. »Ich habe das Glück gehabt, von zwei Menschen großgezogen zu werden, die sehr mutig waren. Mutig im körperlichen wie auch im moralischen Sinne. Mein Vater war ein Held des Widerstandes, und meine Mutter stand ihm in nichts nach.«

Von Kindesbeinen an wird Oriana immer wieder über längere Zeit hinweg ihrer Tante Lina anvertraut, einer der Schwestern des Vaters, die keine Kinder hat, aber mit einem reichen Mann verheiratet ist. Bei ihr entdeckt Oriana eine neue Welt: die Ferien in Forte dei Marmi, die Kellnerin, die sie »Fräulein« nennt, Tee mit Keksen in der Pasticceria Robiglio. Im Frühjahr nimmt die Tante sie zu den Konzerten des Maggio Fiorentino mit, nachdem sie ihr bei der Schneiderin ein langes Kleid aus schwarzem Samt anfertigen ließ. Der Onkel hingegen wird manchmal handgreiflich und gefällt Oriana nicht. Außerdem ist er Faschist: »Im Schlafzimmer hatte er einen Stock, bei dem ich nicht wusste, wozu er diente. Das begriff ich erst eines Tages, als er ihn nach Incisa Valdarno mitnahm und blutbeschmiert zurückbrachte. ›Weißt du, von wem dieses Blut stammt?‹, fragte er mich. ›Das ist das Blut des Apothekers. All diesen Zauderern werden wir früher oder später eine Lektion erteilen.‹ Ich lief aufs Klo, um zu weinen. Auch meinen Vater nannte er Zauderer. ›Dieser Zauderer glaubt an die Demokratie, an Frankreich, an England!‹ Mein Vater hat es nie erfahren: Er war davon überzeugt, dass der Onkel trotz allem ein guter Mensch sei.«

1938 geht Oriana zusammen mit der Tante in die Stadt, um sich Hitler und Mussolini anzuschauen, die in einem großen offenen Wagen durch die Straßen von Florenz fahren, wo Flaggen mit roten Lilien und Hakenkreuzen gehisst sind. Über Europa braut sich etwas Bedrohliches zusammen. Der Ausbruch des Zweiten Weltkrieges steht kurz bevor. Orianas Kindheit ist vorüber.

2

Ein Kind, das mit Kälte und Angst vertraut ist

Der 10. Juni 1940 ist ein Tag, der sich tief in Orianas Gedächtnis eingeprägt hat. Sie spielt auf der Terrasse mit den Schwestern, als ihr Vater früher als sonst nach Hause kommt. Edoardo ist aufgewühlt. Er wirft seine Jacke auf den Boden, lässt sich auf einen Stuhl sinken und ruft: »Dieser Wahnsinnige hat den Krieg erklärt!« Tosca ist in der Küche, ohne die Vorbereitungen für das Abendessen zu unterbrechen. Sie hantiert nur geräuschvoller mit den Töpfen und Pfannen und ruft, die Stimme brüchig vor Wut: »Diese Schufte, diese Gauner und Mörder!«

Der Krieg ist das tiefschürfendste und prägendste Ereignis in Orianas Leben. »Ich bin im Krieg aufgewachsen. Seit meinen Kindertagen habe ich nichts anderes gesehen als Krieg, habe Menschen von nichts anderem reden hören.« Zu ihren dramatischsten Erinnerungen gehören die Bombenangriffe, die Florenz besonders hart treffen. Das Dröhnen der Flugzeuge, das die Luft erfüllt wie das Summen eines riesigen, unheimlichen Tieres, die Streifen der Leuchtraketen am nächtlichen Himmel, der Luftschutzkeller voller Menschen, die weinen und beten, während die Mutter den Mädchen sagt, sie sollten keine Angst haben. »Ich habe keinen einzigen Luftangriff verpasst: Es war eine Ironie des Schicksals, dass ich immer genau da war, wo die Bomben einschlugen, doch mir ist nie etwas geschehen. In der Gefahr habe ich seltsamerweise immer schon außergewöhnliches Glück gehabt.« Oriana erinnert sich an einen alten Nachbarn, der, während alle zum Luftschutzkeller laufen, hinfällt, ohne dass jemand stehenbleibt, um ihm zu helfen. Sie erinnert sich an einen Priester, der von den Faschisten erschossen wird. Sie erinnert sich an die Monate, die sie beengt bei den Großeltern auf dem Land verbringt, in Mercatale Val di Pesa. »Ich war ein Mädchen, das sich mit Hunger, mit Kälte und Angst auskannte«, wird sie in Erinnerung an diese Zeit eines Tages bei einem Vortrag in Deutschland sagen.

Vor allem ein Jahr, vom September 1943, dem Zusammenbruch des Regimes von Mussolini, bis zum August 1944, als Florenz von den Alliierten befreit wird, wird Orianas Leben dank des Kontakts mit den Partisanen für immer prägen. »Alles, was ich bin, alles, was ich von Politik begriffen habe, das bin ich und habe ich begriffen während der Resistenza. Sie ist über mich gekommen wie die Erleuchtung über die Apostel an Pfingsten.« Orianas Vater führt einen antifaschistischen Aufstand beim Autohersteller Officine Galileo an, wo er eine Stelle als Arbeiter bekommen hat. Anschließend geht er in den Untergrund, um sich dem städtischen Widerstand anzuschließen. Wie sonst auch, nimmt er, trotz Toscas Protest, Oriana auch hierhin mit: »Nicht einmal ihr Hass auf den Faschismus konnte ihr bei der Überwindung der Angst helfen, es könne mir etwas zustoßen. ›Auch als Mädchen kann man dienen‹, sagte mein Vater vorwurfsvoll.« Um zu vermeiden, dass seine Frau sich allzu sehr ängstigt, teilt Edoardo Tosca nicht mit, wann er seine Tochter auf Einsatz schickt. Beide gehören dem städtischen Kern der *Giustizia e Libertà* an, einer Unterorganisation des *Partito d' Azione*, der Aktionspartei.

Bei der Resistenza ist Orianas Deckname Emilia; diesen hat Margherita Fasolo bestimmt, die an der Schule ihre Philosophielehrerin war und jetzt an der Seite der Partisanen kämpft.

Das junge Mädchen ist einfallsreich und erfinderisch und wird sofort als Kurierin eingesetzt, die Flugblätter, Zeitungen, Nachrichten, manchmal auch Waffen überbringt. Wenn sie eine Handgranate transportieren muss, versteckt sie sie in einer großen Salatschüssel, die sie geleert und dann in ihrem Fahrradkorb verstaut hat. Soll sie Botschaften übermitteln, faltet sie sie zu winzigen Zettelchen zusammen, die sie zwischen die Flechten ihrer Zöpfe steckt. Eines Tages, als sie ein Paket mit Untergrundzeitungen transportiert, stürzt sie vom Fahrrad, und der gesamte kostbare Inhalt des Korbes fällt vom Rad. Blitzschnell sammelt Oriana alles auf, schaut sich um, doch niemand scheint sie zu beachten. So klein, wie sie ist, wirkt sie noch jünger als die vierzehn Jahre, die sie zählt, und bleibt unbeobachtet.

Unter den Mitgliedern der Resistenza, die zusammen mit Orianas Vater im Untergrund kämpfen, sind viele Personen, die italienische Geschichte schreiben werden: Enzo Enriques Agnoletti, Tristano Codignola, Carlo Furno, Maria Luigia Guaita, Nello Traquandi, Paolo Barile, Leo Valiani, Ugo La Malfa, Emilio Lussu. Oriana lernt sie kennen und beobachtet sie aufmerksam, nicht selten in äußerst angespannten Situationen. Zum Beispiel erinnert sie sich an den Schriftsteller Carlo Levi, der sich in einer Wohnung beim Palazzo Pitti versteckt hält. Eines Tages schickt der Vater sie zu ihm, damit sie ihm eine Pistole und Lebensmittel bringt. Carlo Levi ist auf der Hut, als er ihr öffnet – er lässt die Tür zu dem Wohnraum, in dem sich die Bücher stapeln, nur einen Spaltbreit offen und bittet Oriana nicht herein. Dann öffnet er das Bündel, das sie ihm über die Schwelle reicht, und rümpft die Nase. »So ein Revolver ist Weiberkram, den will ich nicht«, sagt er. »Und das Essen, das du mir gebracht hast … gibt es nichts anderes?« Oriana lässt sich nicht einschüchtern. Sie schaut ihn aufmüpfig an und erwidert, zu Hause würden sie sich die Dinge, die solchen wie ihm, die im Untergrund leben, gebracht werden, vom Munde absparen.

Eines Abends im November 1943 bringt Edoardo Fallaci zwei Unbekannte mit nach Hause, die als Eisenbahner verkleidet sind. Sie heißen Nigel Eatwell und Gordon Buchanan und sind zwei Soldaten der britischen Armee. Sie kommen aus dem Lager in Laterina, nahe Arezzo. Zusammen mit anderen Gefangenen waren sie quer durch Italien auf dem Weg in ein deutsches Konzentrationslager, als sie in einem Tunnel vor den Toren von Florenz aus dem Zug gesprungen sind. Nigel ist ein reifer Mann, der sehr selbstsicher wirkt, während Gordon noch sehr jung und verängstigt ist, wie ein Kind, das viel zu schnell erwachsen geworden ist. Man sieht ihm an, dass er schon lange nichts mehr im Magen hatte. Beide werden im Zimmer von Oriana untergebracht, die dafür auf den Flur ausquartiert wird. Nachts verkündet die Standuhr mit lauten Schlägen die Uhrzeit und hält sie wach, das Mondlicht malt bedrohliche Schemen auf die Wand. Oriana fehlt ihr Zimmer, das Bett mit dem Überwurf aus weißer Spitze, und es fehlen ihr die Schulbücher, die in Reih und Glied auf den Regalen stehen.

Die Soldaten bleiben einen ganzen Monat. Sie verlassen die Wohnung nie und lassen die Läden vor dem Fenster geschlossen, damit die Nachbarn keinen Verdacht schöpfen. Oriana verbringt viel Zeit mit ihnen, stellt ihnen mit ihrem rudimentären Englisch Fragen, fasziniert von diesen beiden Männern, die aus Ländern stammen, wo die Freiheit herrscht, von der ihr Vater immer spricht. Als Erwachsene wird sie in ihrem Roman *Penelope alla guerra*[2] einen der beiden Soldaten als die erste Liebe ihrer jungen Romanheldin präsentieren, der für immer in der Tragödie des Krieges verloren geht. Sie ist das junge Mädchen, das ihn in seinem Zimmer aufsucht, um mit ihm zu reden, das sich zu ihm aufs Bett setzt und ganze Nachmittage bei ihm bleibt, um seinen Erzählungen zu lauschen. Er streichelt ihr das Gesicht und sagt, sie sei wunderschön. Dann, eines Tages, passiert das Schreckliche. Der andere Soldat überrascht die beiden, wie sie sich auf dem Bett in den Armen halten, und wird wütend auf seinen Gefährten. Das Mädchen flieht aus dem Zimmer. Hinter der Tür hört man die beiden Männer streiten, schreien. Die Mutter schlägt erschrocken die Hand vor den Mund. »Was hast du getan?«

Als die Resistenza signalisiert, man könne den beiden Soldaten freies Geleit aus Florenz gewähren, ist es Oriana, die die beiden zusammen mit dem Vater nach Acone bringt, einen Ort in der Nähe von Pontassieve, wo sich die örtlichen Partisanen ihrer annehmen. Sie sollen ihnen dabei helfen, hinter die Front zu gelangen. Die Fahrt von Florenz nach Acone ist lang und gefährlich. Vierzig Kilometer mit dem Fahrrad, unter der ständigen Gefahr, von den Deutschen aufgehalten zu werden, die jeden, der feindliche Truppen unterstützt, standrechtlich erschießen. Ganz in der Nähe einer Straßensperre stürzt einer der beiden Soldaten vom Rad. »Steh auf, Onkel, steh auf!«, sagt Oriana und hofft inständig, dass die Deutschen nichts bemerken. Wie ihre junge Heldin im Roman kann sie sich nicht richtig von ihm verabschieden. Sie sagt nur: »Wenn der Krieg vorbei ist, komm zurück.« Und er antwortet: »Der Krieg wird zu Ende gehen, und ich werde zurückkehren.« Später erinnert Oriana sich in einem Brief an ihren Vater daran, wie dem jungen Soldaten eine Träne übers Gesicht kullerte. »Erinnerst du dich, Papa? Du warst auch da, Papa. Als die Träne an seinem Hals angelangt war, drehte er sich um und ging davon. Ich schaute ihm hinterher, wie er wegging, blond, mager, schutzlos, fast noch ein Kind, so wie ich, und meine Kindheit war mit einem Schlag zu Ende, mit ganzen vierzehn Jahren, und mit ihr auch meine Fähigkeit zu verzeihen.«

Monatelang hören sie nichts mehr von den beiden. Eines Tages kommt ein Genosse des Vaters zu ihnen und teilt ihnen mit, einer der beiden habe sich hinter die Linien retten können, während der andere tot sei. Welcher von beiden, kann er nicht sagen. Erst im Jahre 1993 erfährt Oriana dank eines britischen Historikers mehr Einzelheiten über das Schicksal der beiden. Nigel und Gordon schaffen es nicht gleich hinter die feindlichen Linien. Sie bleiben zunächst in der Toskana und schließen sich einer fünfzehn Mann starken Partisanengruppe an. Am 4. Mai 1944 wird Nigel bei Norcia von den Deutschen festgenommen und erschossen. Am 14. Juni wird Gordon bei einem Sabotageakt an einer Brücke, die die Deutschen für den Rückzug benutzen, erwischt. Wie durch ein Wunder kann er sich retten. Drei Tage später befreien die Partisanen das Gebiet. Oriana wird lange versuchen, etwas über ihn zu erfahren, sie schreibt nach England und nach Australien, doch ohne Erfolg. Die einzige Spur, die es in den Archiven der militärischen Einheit der beiden – dem Zweiten Transvaal Scottish Regiment – gibt, ist ein Orden, der Gordon von der britischen Regierung verliehen wurde; Nigel wurde posthum geehrt.

Ihr ganzes Leben lang wird Oriana einen Brief der beiden, den sie nach ihrem Abschied erhielt, hüten wie ihren Augapfel. Es ist ein zerknitterter Zettel, auf Englisch beschrieben, und er trägt das Datum 14. Dezember 1943. »Liebe Oriana, wie du weißt, sind wir jetzt weg. Ich schreibe dir diesen Brief, weil dein Vater vermutlich noch vor Weihnachten nach Acone kommen wird. Während der Reise können wir weder Botschaften noch Postkarten an den Priester schicken, um mitzuteilen, wie die Dinge stehen. Wenn dein Vater den Priester sieht, wird er aber Neues von uns erfahren. Und wenn die Engländer Florenz eingenommen haben, schreibe ich deiner Familie auch. Ich bitte dich, auch deinem Vater für all das zu danken, was er für uns getan hat. Ich werde es nie vergessen. Vielleicht können wir uns in ein paar Jahren einmal wiedersehen, ich würde sehr gern noch einmal nach Italien kommen. Morgen früh brechen wir auf, ich hoffe, es gibt keinen Regen. Ich weiß, die Reise wird hart, doch unmöglich ist es nicht sie zu bestehen, und ich weiß, ihr alle denkt an uns und wünscht uns alles erdenklich Gute. Eine Umarmung und grüße deine Familie, Nigel.« Darunter steht, in einer anderen Handschrift, nur ein einziger Satz: »Gordon sends his love to his little wife.«

»In diesem Alter geschehen wichtige Dinge: Man verliebt sich zum ersten Mal, und man entdeckt zum ersten Mal den Zweifel«, wird Oriana später in einem Interview über diesen Abschnitt ihres Lebens sagen. Wir wissen nicht, wie viel von dem, was im Roman erzählt wird, wirklich vorgefallen ist. Doch ganz gewiss haben sich in diesem Alter bei ihr Ideen herauskristallisiert, die sie ihr ganzes Leben begleiten werden. Zum Beispiel, dass Mut für Oriana immer die höchste Tugend eines Menschen sein wird. Als sie erwachsen ist, wird es ihr schier unmöglich erscheinen, jemanden zu finden, der es der Mühe wert wäre, sich in ihn zu verlieben. »Was auch immer ich tat, sah, hörte: Ich legte immer diesen Maßstab an – mein Gott, selbst in der Liebe. Zur Frau geworden, vergeudete ich die ersten Jahre meiner Jugend, indem ich die Männer, die ich kennenlernte, mit meinen Helden verglich – und sie abwies, weil sie diesen Helden so gar nicht ähnelten. Nur wenige Menschen, fürchte ich, wurden so sehr von einer Erinnerung – oder einem Irrtum – geplagt wie ich.«

Im Roman kommt auch noch ein weiterer Soldat vor, den

die Familie Fallaci bei sich aufnahm: ein Russe, den Oriana in allen Einzelheiten beschreibt. Er ist dick, so dick, dass er oft die Knöpfe seiner Jacke sprengt. Er ist kurzsichtig und trägt eine dicke Brille. Oft schaut er mit zutiefst betrübter Miene auf eine Landkarte der Sowjetunion und murmelt: »Mama.« Oriana verabscheut ihn, weil er Gordons Platz eingenommen hat und am Leben ist, während sie von dem jungen Soldaten nie wieder etwas gehört hat. Auch diesen Soldaten hat es in Orianas echtem Leben wirklich gegeben. Unter ihren Papieren ist ein Brief von ihm in fehlerhaftem Italienisch erhalten. »Liebe Freunde, heute wir gehen Heimat! Wir vier sind den Deutschen entkommen. Hoffentlich kann ich noch Deutsche verprügeln, wenn mein Land aufgebaut. Viele Grüße und alles Gute, euer Vladimiro.«

Im Februar 1944 wird Edoardo Fallaci nach einer Denunziation während einer Razzia festgenommen, als er in einem heimlichen Lager der Resistenza Material abholen will. Als er am Abend nicht nach Hause kommt, steht Tosca weinend in der Küche und kocht. Wieder und wieder macht sie sich mit den Worten Mut: »Er wird zu tun haben, bestimmt hat er zu tun.« Einen Tag später ist die Razzia in aller Munde. »Ich werde nie den Tag vergessen, an dem ich in der Zeitung die Schlagzeile las: ›Terroristenführer festgenommen‹«, schreibt Oriana. Tosca begibt sich zu dem Haus, in dem die faschistische Miliz Gefangene zu verhören pflegt, um etwas zu erfahren. Sie wird zu deren Befehlshaber Mario Carità vorgelassen, der zu ihr sagt, sie solle nach Hause gehen und ihre Trauerkleidung anlegen, weil ihr Mann am nächsten Tag erschossen würde. Von Toscas Reaktion darauf hat Oriana oft erzählt, denn in ihren Augen gehört sie zu den besten Beispielen dafür, wie mutig ihre Mutter war. »Ich habe mich immer gefragt, wie ich an ihrer Stelle reagiert hätte. Und die Antwort hat immer gelautet: Ich weiß es nicht. Aber ich weiß, wie Mama reagiert hat. Einen Moment lang stand sie reglos da, wie erstarrt. Dann hob sie ganz langsam den rechten Arm, zeigte mit dem Finger auf Mario Carità und sagte mit fester Stimme – wobei sie ihn duzte, als wäre er ihr Dienstbote: ›Mario Carità, morgen früh um sechs werde ich das tun, was du mir sagst. Ich werde Schwarz tragen. Doch wenn du aus dem Bauch einer Frau geboren bist, so rate deiner Mutter, das Gleiche zu tun. Denn auch dein letztes Stündlein wird bald schlagen.‹« Tosca ist zu diesem Zeitpunkt schwanger. Als sie nach Hause kommt, setzen verfrüht die Wehen ein, und sie verliert das Kind.

In Wirklichkeit wird Edoardo Fallaci am nächsten Morgen nicht erschossen. Man foltert ihn lange, damit er die Namen seiner Genossen preisgibt, doch er verrät nichts. Niemals wird er von diesen Tagen erzählen. Doch während des Prozesses gegen Mario Carità werden einige von Edoardos Mitinsassen aus dem Gefängnis detailliert von den Grausamkeiten berichten, die sie selbst dort haben erleiden müssen. »Man legte mich halbnackt mit dem Rücken auf eine Bank, band mich an Füßen und Unterarmen fest und legte mir eine Augenbinde an«, kann man in einer der Aussagen lesen. »Dann gingen sie hinaus und ließen mich ein paar Minuten so gefesselt liegen. Als sie zurückkamen, spürte ich, wie mich etwas am Unterleib berührte, und kurz darauf eine Hitze am Bauch, die immer stärker wurde, als würde ich Feuer fangen. Es war ein schrecklicher Schmerz, ich schrie wie wahnsinnig und glaubte, die Besinnung zu verlieren. Als ich die Qualen nicht mehr aushielt, stieß ich hervor, dass ich beschlossen hätte auszusagen. Doch sie waren noch nicht zufrieden, ließen mich noch ein bisschen leiden. Als es endlich vorbei war, sah ich, dass sie einen Würfelbecher auf meinem Bauch befestigt hatten, unter dem ein Insekt saß, eine Art Käfer. Der Becher saß ganz fest auf meiner Haut, und als der Käfer versuchte herauszukommen, hatte er mich gebissen und drangsaliert.«

Nach den Verhören ist Edoardo Fallaci ins Gefängnis der Murate gekommen. Im Mai kommt er frei, was laut Oriana vor allem ihrer Mutter zu verdanken ist. Tagelang hat Tosca nach Beweisen gesucht, die ihren Mann entlasten könnten. Zwar findet sie keine, stößt aber auf etwas noch viel Wirksameres: eine uralte Anzeige wegen antifaschistischer Gesinnung, die einst gegen einen der Folterknechte erhoben wurde, welcher dadurch erpressbar wird und sich prompt verpflichtet, dem Gefangenen zu helfen. Als Tosca ihren Mann im Zuchthaus besucht, nimmt sie auch ihre Töchter mit. »Als wir ankamen, mit einer Tasche voller Lebensmittel, die uns sofort vom Wachpersonal abgenommen wurde, führte man uns zusammen mit anderen Besuchern in einen heruntergekommenen Raum, der sich Sprechzimmer nannte und in dem ein langer Tisch stand. Hinter dem Tisch standen aufgereiht etwa ein Dutzend Männer. Unter ihnen war auch einer mit schrecklich angeschwollenem Gesicht voller Blutergüsse und bläulich verfärbten Lippen. Ein Auge war komplett zugeschwollen. Niemand setzte sich zu ihm, und so nahmen wir eben bei ihm Platz und warteten schweigend darauf, dass endlich unser Vater käme. Während wir warteten, flüsterte auf einmal eine Stimme: ›Ihr Lieben, wollt ihr mich nicht einmal begrüßen?‹ Es war die Stimme meines Vaters, und sie kam von jenem entstellten Mann, den wir nicht erkannt hatten. Dann sagte mein Vater: ›Macht euch keine Sorgen, alles wird gut, ihr werdet sehen. Ich habe nicht geredet, habe nichts gesagt, sie wissen nichts. Schlimmstenfalls schicken sie mich nach Deutschland in ein Konzentrationslager.‹ Als wir hinausgingen, fragte ich meine Mutter: ›Mama, warum?‹ Und sie sagte voller Stolz:

›Weil dein Vater Politik macht. Weil er darum kämpft, diese Welt ein bisschen anständiger zu machen.‹«

Im Sommer 1944 rückt die Front immer näher an die Stadt heran. Ganze Stadtviertel fallen den Bombenangriffen zum Opfer. Oriana sucht mit ihrer Familie am Stadtrand Zuflucht in einem Kloster, wo sich auch andere Partisanen versteckt halten. Eines Tages kreisen die Lastwagen der Nazis das Gelände ein. Die Türen werden eingetreten. Oriana schafft es gerade noch, die Mitgliederlisten der Partisanen im *Partito d' Azione* zu vernichten – streng geheimes Material mit den Namen verschiedener Mitglieder und deren Adressen, die man ihr anvertraut hat und die sie in einem Kürbis versteckt hatte. Dann geschieht alles viel zu schnell. »Bis ans Ende meiner Tage werde ich das Rumpeln dieser Lastwagen hören, dann ihre Stimmen, die grölen: ›Bei den Frauen haben wir nichts mehr zu sagen, nur weil wir schwarze Hemden tragen‹, und die Geräusche ihrer Stiefel, die den Flur entlangkommen, während mein Vater über den Garten die Flucht ergreift. Und wie sie dann an unsere Tür trommeln, wie die Tür nachgibt, wie sie hereinstürmen. Und dann die Gewehrsalven, die Schreie, das Weinen.« Als der Vater durch das Fenster entkommt, erteilt er Oriana noch den Auftrag, zwei jugoslawischen Soldaten Bescheid zu sagen, die sich in einem anderen Flügel des Gebäudes versteckt halten. Es ist zu spät, um zu fliehen, und so steigen die beiden in einen trockenen Brunnen hinab und bitten Oriana, den Deckel zu schließen. Doch er ist zu schwer für sie. »Vielleicht haben die Deutschen mich dabei gesehen, und das war ihr Verhängnis. Dass sie sie gefunden hatten, merkten Mama und ich daran, wie die Deutschen lachten. Das werde ich mein Lebtag lang nicht vergessen, wie sie lachten, als sie die beiden Jugoslawen entdeckten.«

Der Endkampf um Florenz findet im August statt. Tagelang dauern die Straßenkämpfe an. Die Stadt ist ohne Licht, ohne Wasser und wird Stück für Stück von den deutschen Minen zerstört, die auch die Brücken über dem Arno nicht verschonen, und von den Granatwerfern, die rund um die Stadt postiert sind. In der Nacht vom 10. auf den 11. August ziehen sich die letzten deutschen Fallschirmjäger aus Florenz zurück: »Bedeckt mit Schlamm und Schande, bekamen sie Durst und schrien unter jedem Fenster: ›Wasser! *Aqua!* Wasser!‹ Doch die Fenster blieben geschlossen, und so schlugen sie sie mit ihren Gewehren ein und zogen weiter.«

Am Morgen des 11. August transportiert Oriana die roten Armbinden mit der Aufschrift »Giustizia e Libertà«, die an die Partisanen verteilt werden sollen, damit diese sie während der Parade anlässlich der Befreiung tragen können. Doch in der Eile stolpert sie und lässt sie auf den Boden fallen. Leute aus der jubelnden Menge greifen nach den Armbinden und ziehen sie sich über. »Mein Gott, wie jung ich war! Ich war wirklich noch ein Kind. In der Kommandozentrale gab mir jemand eine Ohrfeige. Die kostbaren Armbinden waren fast alle an den Ärmeln von Menschen gelandet, die im besten Fall nichts im Kampf gegen die Nazis geleistet hatten und im schlechtesten geradewegs Faschisten waren.«

Indessen ist der Kampf um die Stadt beendet, und Familie Fallaci kann heimkehren. Ihr Zuhause ist vom Beschuss halb zerstört, im Garten gähnt ein Bombenkrater, doch das kann ihnen diesen Moment der Freude nicht verderben: »Es war Sonntag, ich fühlte mich leicht und glücklich. Ich trug ein weißes Kleid, das mir meine Mutter genäht hatte, weiße Strümpfe und musste aufpassen, wo ich hintrat, damit ich mir die weißen Schühchen nicht am Gras beschmutzte. Um uns herum läuteten ohrenbetäubend die Glocken, als wäre es Ostern. Der Krieg war zu Ende.« Florenz ist nur noch ein Trümmerhaufen, doch die Straßen sind voller Menschen, die feiern. Oriana geht hinaus, um sich die Amerikaner anzusehen, die durch die Stadt ziehen. Ihr kommen sie alle wie gut genährte Riesen vor. Einer von ihnen zieht sie an den Zöpfen, ein anderer schenkt ihr ein Stück Schokolade, das sie beschämt annimmt, weil sie weiß, dass die Mutter sie dafür ausschimpfen wird. Tosca ist von sanfterer Natur als Edoardo, doch auch sie behandelt Oriana wie eine Erwachsene, bringt ihr bei, dass das Leben ein Krieg ist, der nie aufhört und den man nur mit Zähigkeit gewinnen kann. »Eines Tages, als ich über einen steinigen Weg ging, rief meine Mutter: ›Nur Mut, geh weiter!‹ ›Nimm mich auf den Arm‹, erwiderte ich, ›da sind so viele Steine!‹ Und sie: ›Die Welt ist voller Steine, das wirst du schon bald merken.‹«

Einer der amerikanischen Soldaten freundet sich mit ihrem Vater an. Zu Hause nennen sie ihn Ohio, nach dem amerikanischen Bundesstaat, in dem er geboren ist, weil er einen Namen hat, der zu schwierig auszusprechen ist. Oft kommt er abends mit einem großen Laib Weißbrot zu ihnen nach Hause und bleibt zum Abendessen, wo er lange Monologe über den Krieg hält und sich über das Wenige, was die Fallacis zum Abendessen auftreiben konnten, hermacht. Wenn er dann weg ist, räumt Tosca die Küche auf und sagt kopfschüttelnd: »Aber schau doch, alle Amerikaner geben den Leuten hier zu essen, nur der hier meint, für ein paar Brotkrumen könne er sich bei uns sattfressen.« Besonders wütend macht es sie, als ihr Mann Ohio die Taschenuhr seines Großvaters schenkt. Edoardo hängt sehr an diesem alten Erinnerungsstück der Familie, doch als Ohio ihm zum Abschied mit den Worten »Denk an Ohio« eine Uhr schenkt, bleibt ihm nichts anderes übrig, als dem Amerikaner mit den Worten »Denk an Florenz« ebenfalls einen Zeitmesser zu überreichen. Als Oriana viele Jahre später zum ersten Mal nach Amerika reist, wird die Mutter zu ihr sagen: »Ach, könntest du doch diesen lästigen Menschen aus Ohio besuchen und von ihm Papas Uhr zurückholen – gegen Geld, versteht sich.«

Nachdem die Stadt befreit worden war, tritt Edoardo Fallaci dem Exekutivkomitee der Aktionspartei bei und macht dort Gewerkschaftsarbeit. Er ist einer der Gründer der florentinischen Fiom, der Metallergewerkschaft, und einige Zeit auch verantwortlicher Redakteur der Zeitung *La libertà del lavoro.* In der Familie sind alle am Wiederaufbau beteiligt, indem sie für die Aktionspartei tätig sind: der Vater, Onkel Bruno, viele Verwandte der Fallacis und der Cantinis. All ihre Namen sind in den Archiven der Resistenza in Florenz erhalten geblieben. Unter der Akte »Gymnasialschüler« ist auch Orianas Name verzeichnet, die eine kurze Zeitlang als Sekretärin der Udi, der Vereinigung italienischer Frauen, tätig ist, welche zur Partei gehört.

Sie wird mit dem Titel eines einfachen Soldaten aus der italienischen Armee verabschiedet, wo sie dem *Corpo Volontari della Libertà* angehörte. Sie ist stolz darauf, für die Freiheit ihres Landes gekämpft zu haben. Als man ihr mitteilt, dass sie anlässlich ihrer Entlassung aus der Armee einen Geldbetrag in Höhe von 15.670 Lire erhält, weiß sie nicht, was sie damit anfangen soll. Im Grunde, sagt sie, habe sie doch nur ihre Pflicht getan. Schließlich nimmt sie das Geld aber doch an und kauft davon Schuhe für sich und die Schwestern (niemand in der Familie besitzt »anständige« Schuhe, doch, wie sie später schreibt: »Papa und Mama wollten keine«). Anschließend tritt Oriana der Jugendorganisation der Aktionspartei bei, der einzigen Partei, deren Parteibuch sie jemals besitzen wird. »Es war eine sehr kleine Partei mit vielen Generälen und wenigen Soldaten. Ich glaube, der einzige Soldat war ich.« Bei einer politischen Versammlung bittet man sie, auf die Bühne zu gehen und als jüngste Repräsentantin des Widerstandes zur Menge zu sprechen. Sie trägt ein weiß-rot kariertes Kleid. »Ich erinnere mich noch an das Mikrofon und an die ersten Worte, die ich sagte: ›Bewohner von Florenz, es ist ein junges Mädchen, das zu euch spricht! Hört mir zu, Leute!‹ Dann jedoch weiß ich nichts mehr, so groß muss der Schock gewesen sein, zu so vielen Menschen zu sprechen.«

3

Ein Haus voller Bücher

Von Kindesbeinen an ist Oriana fasziniert vom geschriebenen Wort. Jede Seite spricht zu ihr, jede Zeile lässt ihre Fantasie aufblühen. »Als ich noch klein war, kaufte meine Mutter Wolle im Strang, die sie dann zu einem Knäuel aufwickelte. Den Anfang des Knäuels knotete sie immer um ein zerknülltes Stückchen Papier, ob es nun ein weißes Blatt, ein Stück Zeitung oder eine Quittung aus dem Lebensmittelladen war. Mich brachte die Neugier jedes Mal schier um, wenn ich zusah, wie das Knäuel beim Stricken immer kleiner wurde, weil ich es nicht erwarten konnte zu erfahren, was sie wohl diesmal reingesteckt hatte. War das Knäuel zu Ende, hielt ich das Stück Papier ganz fest und drehte es in meinen ungeduldigen, kleinen Fingern hin und her. Wie gesagt, kam es durchaus öfters vor, dass es nur ein unbeschriebenes Stück Papier war, und in diesem Fall war die Enttäuschung groß. Stand jedoch etwas darauf, gab ich es sogleich der Mama, damit sie es mir vorlas, und lauschte ihr verzückt. Selbst die Rechnung aus dem Kaufladen erzählte mir eine Geschichte.«

Oriana wächst in einem Haus auf, in dem viel gelesen wird und man die Bücher auf Raten kauft. Ihre Eltern sind leidenschaftliche Leser, was bei ihrer gesellschaftlichen Herkunft eher ungewöhnlich ist. »Wir waren arm an Geld und reich an Büchern, weil meine Mutter und mein Vater dem ›Laster des Lesens‹ frönten, wie sie es formulierten. So gab es bei uns zu Hause überall Bücher, und sie waren uns heilig. Denn sie waren Luxus, unser einziger Luxus, und sie waren unser Tor zur Welt der Kultur.« Als Erwachsene erzählt sie voller Rührung, der einzige Wertgegenstand, den ihr der Vater nach seinem Tode hinterlassen habe, sei die zweibändige Bibel mit den Illustrationen von Gustave Doré gewesen.

Die Hausbibliothek befindet sich in einem kleinen Raum, der Bücherzimmer getauft wurde, und dessen heiligster Ort ein Regal mit Edoardos Lieblingsbüchern war. Ausgerechnet in diesem mit Büchern vollgestopften Zimmer schläft Oriana als Kind. Ihr Bett ist ein Sofa, »winzig«, wie sie schreibt. Auf einem der Regale über ihr thront ein großes Buch mit einer verschleierten Frau auf dem Umschlag, die sie ebenso unwiderstehlich anzieht wie der rätselhafte Titel des Buches: *Geschichten aus Tausendundeiner Nacht*. Das werden die Märchen sein, die ihre Kindheit prägen und sie ein ganzes Leben begleiten. Als Erwachsene wird Oriana nie damit aufhören, nach neuen Ausgaben zu suchen, oft kostspieligen bibliophilen Editionen.

»Das Möbelstück mit den Glastüren war mein verbotenes Paradies, weil meine Mutter mir untersagt hatte, es zu öffnen.« Oriana ist neun Jahre alt, als ihr zum ersten Mal erlaubt wird, eines der Bücher aus dem Bücherschrank zu berühren. An diesem Tag ist sie krank und fiebrig und muss das Bett hüten. Sie langweilt sich, bittet um etwas Neues zu lesen. Am Ende erbarmt sich die Mutter, öffnet die Glastür des Bücherschranks und zieht ein Buch heraus. Es ist *Ruf der Wildnis* von Jack London. Oriana verliebt sich schon nach den ersten Zeilen in den Hund Buck und seinen Kampf um die Freiheit. Sie verbringt die ganze Nacht mit Schmökern, während die Mutter aus dem Elternschlafzimmer mahnt: »Mach das Licht aus! Machst du jetzt endlich das Licht aus und schläfst?« Noch Jahre später berichtet Oriana, wie sehr sie diese Lektüre aufgewühlt hat. »Buck war für mich eine Lektion über den Krieg, den Untergrundkampf, das Leben. Und als solcher wurde er zum Leitstern meiner Jugend, diesem Aufblühen, das mich irgendwann zu dem machen würde, was ich zu werden suchte oder hoffte: eine ungehorsame Frau, die sich nichts bieten lässt. Andere hatten vielleicht bedeutendere Helden. Mein Held war ein Hund.«

War Buck Orianas erster Held, so ist Jack London ihr erstes Vorbild. Ihre Mutter erzählt ihr stundenlang aus seinem abenteuerlichen Leben, seinen Streifzügen durch Amerika, seinen Reisen nach Alaska, den Überquerungen der Weltmeere mit dem Schiff. Ihr Onkel Bruno hingegen empört sich darüber, dass Oriana mit einem Schriftsteller Zeit verliert, der seiner Ansicht nach zu viel geschrieben hat, und das nicht immer von guter Qualität. Doch Oriana nimmt London in Schutz: »Mir hat es gefallen. Mir gefiel sogar das, was schlecht geschrieben war. Ich bewunderte seine Fantasie, seine Intelligenz, seine Fähigkeit, die Gedanken von einem Thema zum nächsten schweifen zu lassen. Selbst seine Inkohärenz, dieses mentale Chaos, das ihm erlaubte, über alles zu schreiben, von der Jagd bis zur Politik, von Science Fiction bis zur Soziologie, hat mir imponiert.« Jack London ist in ihren Augen der Inbegriff des schriftstellernden Journalisten, in dem sich Neugier und Abenteuerlust mischen. Onkel Bruno spricht oft von Virgilio Lilli, dem Korrespondenten des *Corriere della Sera*, der viele Reisen um die Welt gemacht hat, und von Curzio Malaparte, der sich kein großes Ereignis seiner Zeit entgehen ließ. Oriana hört ihm schweigend zu.

Seit ihrem fünften oder sechsten Lebensjahr möchte Oriana »Schriftsteller« werden – sie formuliert es so, weil sie sich weigert, die weibliche Form des Wortes zu benutzen. Das ist etwas, das sie in sich spürt wie eine Gewissheit. Doch zu Hause schütteln darüber alle nur den Kopf. »Ach was, Schriftsteller! Weißt du, wie viele Bücher man verkaufen muss, um davon leben zu können?«, sagt die Mutter oft und erzählt ihr vom entbehrungsreichen Leben Jack Londons, geprägt von unregelmäßiger Arbeit und langen Zeiten des Hungers. Auch Onkel Bruno schimpft sie aus: »Zuerst muss man leben können, und dann schreiben! Worüber willst du jetzt schon schreiben, ohne das Leben zu kennen?« Dann erzählt er ihr von Tolstoi, der seine Romane schreiben konnte, weil er ein Graf war, und von Dostojewski, der in Kasinos spielte, um sich über Wasser zu halten. »Dann wollten sie mich also gemeinsam entmutigen und mir in den Kopf setzen, die Schriftstellerei sei nur etwas für Reiche und alte Leute. Folglich konnte ich nicht schreiben, weil ich arm und jung war.« Überzeugt davon, mit dem Schreiben warten zu müssen, bis sie das richtige Alter erlangt hat und unter entsprechenden wirtschaftlichen Bedingungen lebt, beginnt Oriana mit dem Gedanken zu spielen, Journalistin zu werden, ein Kompromiss, den in der Familie wohl alle für ehrenhaft halten würden.

Sie liest alles, was sie im Haus auftreiben kann. Zuerst die alten Griechen und Lateiner, dann, mit den Jahren, vor allem die angelsächsischen Autoren: die Amerikaner, beginnend bei Melville, und die Engländer, beginnend bei Shakespeare, der ihr eigenes Schreiben sehr beeinflussen wird. Von den Franzosen interessiert sie nur Proust. Obwohl Oriana Autodidaktin ist und keiner wirklichen Ordnung folgt, verfügt sie schon bald über eine ausgeprägte Lesekultur. Sie liest sehr viel und schreibt noch mehr. »Ich habe Schreibhefte voller absurder Novellen und fantastischer Fabeln gefunden.« Jahre später stellt sie sich in einem Interview die Frage, ob diese literarischen Versuche auf den Einfluss der Mutter zurückgegangen seien. »Ich vermute, meine Mutter brachte mich nicht nur deshalb zum Lesen, weil sie aus einer Familie armer Künstler stammte und folglich einen ebenso natürlichen wie spontanen Hunger nach Kultur hatte, sondern aufgrund eines geradezu unbändigen Verlangens nach Wiedergutmachung, nach Revanche. Ja, ich bin wirklich der Überzeugung, meine Mutter hat Kultur immer als eine Möglichkeit der Wiedergutmachung betrachtet, gesellschaftlich ebenso wie persönlich.«

Wenn sie ihre Hausaufgaben gemacht hat und Tosca still neben ihr im Sessel sitzt und sich mit Näharbeiten beschäftigt, schreibt Oriana, füllt Seite um Seite, fasziniert davon, wie man mit Worten eine ganz neue Welt erschaffen kann. In einem Schulheft aus jener Zeit notiert sie mit Bleistift in ihrer runden Handschrift: »Seltsam, wie traurig Festtage machen, besonders am Nachmittag, und wie trostlos Glockengeläut aus der Ferne sein kann. So wie jetzt: leichter Nebel, die Luft ist kalt, das Licht weißgrau, ohne Sonne, der Hahn, der krächzt, der Birnbaum, der seine Blätter verliert und schon bald nackt und steif in der Kälte ausharren wird, wie ein Gespenst. Der schlammige Garten mit den von Raupen angefressenen Kohlköpfen, immer noch nass vom Regen, und die Glocken, die im Wettstreit miteinander stehen und diese einsamen Geräusche produzieren, armselig und doch eindringlich. Das alles weckt er in mir, dieser Sonntagnachmittag im Frühwinter… Wäre ich ein Dichter, oder wenigstens ein Literat, so könnte ich aus diesem Moment, der aus so vielen kleinen Dingen besteht, eine Art Kunstwerk erschaffen, doch ich bin es nicht und muss mich darauf beschränken zu spüren, zu denken, zu erzählen.«

Tosca, die nie studieren konnte, drängt Oriana, an die Uni zu gehen. »Weh dem, der dumm bleibt!«, mahnt sie. »Wenn du dumm bleibst, wirst du nur schlecht behandelt.« Sie verlangt von ihrer Tochter nur die allerbesten Noten. In der Grund- und Mittelschule ist Oriana eine ausgezeichnete Schülerin und gehört immer zu den Klassenbesten. Ihre Aufsätze, die oft Preise gewinnen, werden zu Hause laut vorgelesen. Oriana ist schrecklich ernst für ihr Alter, sehr diszipliniert und nach innen gekehrt, weil sie beschlossen hat, in allem die Beste zu sein. Eine Nachbarin erinnert sich daran, wie das Mädchen auf einem viel zu großen Fahrrad in die Schule fährt und wie wild in die Pedale tritt. »Damals hat sich mein Charakter herausgebildet – mein aufbrausender Charakter. Bevor ich zur Schule ging, heißt es, sei ich sehr sanftmütig gewesen. Erst in der Schule wurde ich hart und aggressiv, oft auch wütend: als ich entdeckte, dass ich besser war als alle anderen – und dass diese anderen so reich waren, dass ihre Mutter nicht weinen musste, um sie zur Schule schicken zu können.«

Die Mittelschule besucht Oriana an der ehemaligen Lehrerbildungsanstalt Gino Capponi in Florenz, wo sie immer ausgezeichnete Noten bekommt. Im Herbst 1944 tritt sie auf das Humanistische Gymnasium Galileo Galilei über, wo sie eine Prüfung ablegen muss, um das Jahr, das sie durch den Partisanenkampf versäumt hatte, aufzuholen. Sie ist eine ausgezeichnete, aber unfügsame Schülerin, die zur Polemik neigt. »In der Schule war ich fürchterlich. Meine armen Lehrer, ich habe sie sehr leiden lassen. Da ich sehr intelligent war, gehörte ich immer zu den Besten, aber im Unterricht war ich schrecklich. Wenn ein Lehrer etwas Falsches sagte, konnte ich einfach nicht den Mund halten.« Oriana ist eine sehr politische Schülerin. »Jedes Mal, wenn ich im Unterricht die Hand hob, um Einwände zu erheben oder zu diskutieren, grinste unser Philosophielehrer: ›Dann lasst uns hören, was diese Nervensäge zu sagen hat, sonst heißt es noch, wir würden ihr einen Maulkorb anlegen.‹« Mit zwei Klassenkameraden gründet Oriana eine Schülergewerkschaft und versucht sogar, zum Streik aufzurufen, doch sie wird schon bald begreifen, dass sich niemand für ihren Kampf interessiert oder dies aus den falschen Beweggründen tut. Auch den gutmütigen Priester, der an der Schule Religion unterrichtet, treibt sie zur Verzweiflung. »Wenn Don Bensi das Klassenzimmer betrat, verließ ich es. Taub für seine bekümmerten Kommentare – es war das übliche Gebrumme nach dem Motto: Ach, ich bin doch auch nur ein einfacher Mann Gottes, der deine Seele retten will – holte ich mein Pausenbrot aus der Tasche und verzehrte es auf dem Flur. Allerdings ohne irgendwelchen Tadel oder gar eine Bestrafung fürchten zu müssen. Wenigstens nicht von ihm, der mir jedes Mal sofort verzieh und mich lachend fragte: ›Na, hat's geschmeckt?‹«

Oriana hat schon früh, schon als kleines Mädchen, ihren Glauben verloren und nach einem intensiven Zwiegespräch mit sich selbst beschlossen, dass es Gott nicht gebe. Wie so oft in ihrem Leben fällt sie auch die Entscheidung, sich zur Atheistin zu erklären, aufgrund einer erlebten Ungerechtigkeit. Als sie sich auf die erste Kommunion vorbereiten muss, schickt ihre Mutter sie für ein paar Tage ins Kloster. Bevor es losgeht, gibt sie Oriana Schokolade und eine Banane mit, beides ganz besondere Leckerbissen für ein armes Mädchen wie sie. Die Nonnen im Kloster sagen zu ihr, sie solle alles als Geschenk für den Heiland am Altar zurücklassen. »Kurz darauf bin ich heimlich noch einmal zurück in die Kirche, um nachzusehen, ob das Jesuskind alles aufgegessen hatte, und das Essen war weg. Doch nicht einmal die Bananenschale lag mehr da, und auch das Silberpapier der Schokolade war verschwunden. Mir kam ein Verdacht. Ich verließ die Kirche, ging einen Flur entlang, und da saß auf einem Mäuerchen die Nonne, die meine Banane aß.« Ihr ganzes Leben lang wird Oriana sich als Atheistin verstehen und sich diese Haltung aufs Panier schreiben. Und sie wird stolz darauf sein, Gott niemals um etwas gebeten zu haben, nicht einmal in Momenten der Not.

Oriana macht mit guten Noten Abitur: »Sehr gut« in Italienisch und Kunsterziehung, »Gut« in Griechisch, Geschichte und Philosophie, »Zufriedenstellend« in Latein, Mathematik, Physik und in Naturwissenschaften. Sie nimmt die Abschlussprüfungen sehr ernst, trinkt literweise Kaffee, um nächtelang wachzubleiben. Für ihren Prüfungsaufsatz in Italienisch wählt sie das Thema: *Der Begriff des Vaterlandes von der griechischen Polis bis heute.* Es kommt ein sehr polemischer Text heraus, in dem sie die Prüfer fragt, warum man ihr einen Aufsatz zum Thema des Vaterlandes gegeben habe – das doch ständigen Veränderungen unterliege – und nicht zum Thema der Freiheit, das ewig sei. Der Vorsitzende der Prüfungskommission erinnert sich: »Ihr Aufsatz sorgte bei uns für viel Zündstoff. Entweder gaben wir ihr keine Punkte oder die Höchstzahl. Zum Schluss kam eine Eins minus heraus.« Im Anschluss an ihre Prüfungen stellt ebenjener Vorsitzende Oriana die Frage: »Was willst du später werden?« »Ich will schreiben«, antwortet Oriana genervt und reckt dem Lehrer trotzig das Gesicht entgegen.

4

Eine junge Reporterin

»Mein Vater drehte sich ruckartig um und fragte überrascht: ›Medizin? Du willst dich für Medizin einschreiben?‹ ›Ja‹, antwortete ich. ›Aber ich dachte, du wolltest auf Reisen gehen und schreiben wie Jack London. Was hat denn London mit Medizin zu tun?‹ ›Cronin hat was damit zu tun. Cronin war Arzt‹, erwiderte ich.«

Nach dem Gymnasium beschließt Oriana auf die Universität zu gehen. Das empfindet sie als moralische Verpflichtung der Mutter gegenüber. In der Familie wird die Wahl ihres Studienfachs viel diskutiert. Oriana macht klar, dass sie schreiben will, doch ihr Onkel Bruno vertritt den Standpunkt, um Schriftsteller zu werden, müsse man nicht unbedingt Literatur studieren. Lieber Medizin, sagt er, weil die Heilkunde wahre Kenntnisse über den Menschen vermittle.

Im ersten Studienjahr besucht Oriana ihre Vorlesungen – Physik, Chemie, Biologie, Histologie, Anatomie –, ohne sich mit jemandem aus den Kursen anzufreunden. Sie gehört zu den wenigen Mädchen in ihrem Fach und ist zudem ein Jahr jünger als die anderen. Schmal, stets in Kleidung, die die Mutter selbst genäht hat, und in Baumwollstrümpfen wirkt sie wie die kleine Schwester, die sich unter die Großen gemogelt hat. Sie hasst es, gehänselt zu werden, erträgt es kaum, wenn die älteren Studenten ihr mit Nachsicht oder gar von oben herab begegnen. Werden die Scherze besonders übel, kommt sie oft wütend nach Hause, und jemand muss ihr helfen, sich wieder zu beruhigen. »Während einer Autopsie haben mir diese Idioten ein Stück Hirn in die Handtasche gesteckt, das ich erst später gefunden habe, als ich nach Zigaretten kramte. Ich war fuchsteufelswild, doch mein Vater lachte nur. Das ist eine Art Initiationsritus, sagte er, nimm es einfach hin; und bring das Hirn das nächste Mal wieder mit, leg es auf den Tisch und sag, vielleicht habe einer sein Hirn in deiner Handtasche vergessen, weil er es nicht mehr brauche.« Oriana hat schon in Gymnasialzeiten mit dem Rauchen begonnen und baut sich aus den Resten der Zigaretten des Vaters neue Kippen.

»Wie stolz ich doch war, Medizin zu studieren! Ich liebte es so sehr, wie sich meine Horizonte durch die Biologie, die Physiologie, die Pathologie ins schier Unermessliche erweiterten, dass ich selbst das nervtötende Auswendiglernen von Knochenbezeichnungen (von denen ich einen – das Keilbein – besonders hasste), die beschwerlichen Anatomievorlesungen, selbst die unangenehmen Obduktionen gerne auf mich nahm. Wie schrecklich waren diese Fleischstücke, wie eklig der Geruch und das viele Blut. Ich konnte es kaum ertragen. Und heute muss ich darüber lächeln, vor allem wenn ich daran denke, wie viel Blut, wie viel Gestank, wie viele Leichen, wie viele dahingemetzelte Menschen ich später als Kriegsberichterstatterin zu ertragen hatte.« Während Orianas Professoren die Autopsien vornehmen, ist sie, um sich abzulenken, mit den Gedanken ganz woanders. Sie benutzt ihre Vorstellungskraft, um dem Geheimnis der menschlichen Seele auf die Spur zu kommen. In einem ihrer Studienhefte schreibt sie mit Bleistift an den Rand: »Kürzlich hat in der Nekroskopievorlesung jemand das Gehirn eines menschlichen Wesens seziert, das einmal ein Mann gewesen war, ein Mann, der Frauen gehabt hatte, Kinder. Vielleicht war er ja ehrgeizig, ein Mann, dem es gefiel, immer gut gekleidet und rasiert auf die Straße zu gehen.« Oriana wird ihr ganzes Leben lang mit Ärzten streiten und ihre Diagnosen anfechten, doch sie wird auch aus ihrer großen Bewunderung für sie keinen Hehl machen. Oriana hält die Mediziner für die humansten unter den Wissenschaftlern, denn sie kämpfen gegen die größte Schande – den Tod: »Ich habe immer gefunden, Ärzte müssten von Natur aus politisch engagierter sein als andere. Ärzte und schwangere Frauen.«

Orianas Eltern können ihr das Studium nicht finanzieren. Von Beginn an muss sie sich Arbeit suchen, und für sie ist Arbeit gleichbedeutend mit journalistischer Tätigkeit. Es ist die Tätigkeit ihres Onkels Bruno, ihrem ersten Lehrmeister, und das Symbol für die Meinungsfreiheit, für die während der Jahre des Faschismus ihre ganze Familie gekämpft hatte. »Eines Tages stieß ich auf eine Zeitung, in der etwas anderes stand als das, was ich in der Schule hörte. Zum Beispiel stand da, Hitler und Mussolini seien Mörder. Ich brachte das Blatt zu meinem Vater und fragte ihn: ›Was ist das?‹ Und er antwortete: ›Das ist eine Zeitung, die die Wahrheit sagt.‹ Und ich fragte ihn: ›Ist das der Grund, warum sie am Kiosk nicht verkauft wird?‹ Und mein Vater antwortete: ›Genau deshalb.‹ Ich war so betroffen und so entsetzt, dass ich (so erzählte man es mir) rief: ›Eines Tages werde ich für Zeitungen schreiben, in denen die Wahrheit steht *und* die an Kiosken verkauft werden.‹«

Eines Tages im Spätsommer zieht Oriana ihr bestes Kleid an und stellt sich in der Via Ricasoli vor, wo die drei Tageszeitungen von Florenz herausgegeben werden: *La Nazione, Il Nuovo Corriere* und *Il Mattino dell' Italia centrale.* Oriana will zur *Nazione,* wo ihr Onkel Bruno jahrelang gearbeitet hat, täuscht sich aber im Stockwerk und findet sich in der Redaktion des *Mattino* wieder, einer Tageszeitung mit christdemokratischer Orientierung. Empfangen wird sie von Gastone

Panteri, einem alten Nachrichtenredakteur, der sie von Kopf bis Fuß anschaut und es kaum glauben kann, was für eine entschlossene junge Dame er vor sich hat. Als er hört, wie sie heißt, fragt er sie, ob sie mit Bruno Fallaci verwandt sei. »Das ist mein Onkel«, antwortet Oriana fast trotzig. Der Journalist beschließt, ihr eine Chance zu geben, und reicht ihr einen Zettel mit einer Adresse am Arno, wo eine Tanzveranstaltung stattfinden soll. Er möchte, dass Oriana sie besucht und darüber schreibt. »Ich habe mich schrecklich geschämt, erinnere ich mich – allein der Gedanke, zu einer Tanzveranstaltung zu gehen! Aber ich tat es trotzdem und schrieb eine Art Sittengemälde, das bei näherer Betrachtung gar nicht schlecht war. Schlecht war nur, dass ich es mit der Hand auf liniertes Papier schrieb, wie man es in der Schule bei Klassenaufgaben benutzt. Panteri war entsetzt: ›Was soll das denn? Kannst du nicht mal tippen?‹ Dann schob er mich zu einem monströsen Ding – einer Schreibmaschine. Ich hatte nicht die leiseste Ahnung, was ich damit anfangen sollte: Ich brauchte neun Stunden, um meinen Artikel abzutippen, von zehn Uhr morgens bis sieben Uhr abends.«

Schon bald wird Oriana beim *Mattino* Reporterin und ist jeden Tag in der Stadt unterwegs, auf der Suche nach Neuigkeiten, die einen Bericht hergeben könnten. Abends sitzt sie dann zum Schreiben in der Redaktion. Oft kommt sie erst um drei Uhr nachts nach Hause, mit dem Lieferwagen, der die abgepackten Zeitungen zum Bahnhof transportiert. Um neun ist sie dann wieder an der Uni und besucht Vorlesungen. Sie ist immer müde, nimmt ab, kränkelt. Auch im zweiten Studienjahr bleibt sie zunächst für Medizin eingeschrieben, beantragt dann aber die Umschreibung an die Fakultät für Literaturwissenschaften. Schließlich verlässt sie die Universität ganz. »Als ich wählen musste zwischen der Medizin, die mir kein Geld einbrachte, und der Zeitung, bei der ich etwas verdiente, entschied ich mich für die Zeitung.«

Für all ihre Kollegen ist Oriana »das Mädchen«. Mit ihren Schuhen ohne Absätze und einem Gesicht ohne Make-up wirkt sie jünger, als sie ist. Während andere mit der Vespa herumfahren, hat sie immer noch ihr altes Fahrrad aus Schulzeiten, mit dem sie jeden Abend die Polizeistationen und Krankenhäuser abklappert, die oft außerhalb und weit von ihrem Zuhause entfernt liegen. Eines Wintertages, während sie zur orthopädischen Klinik der Toskana und danach dem Kommissariat San Jacopino unterwegs ist, erkältet sie sich und wird schließlich ernsthaft krank: »An jenem Abend wehte ein so starker Wind, dass ich auf meinem klapprigen Fahrrad kaum vorwärtskam. Einige Stunden später kriegte ich furchtbare Ohrenschmerzen, eine Entzündung, und landete am darauffolgenden Abend auf dem Operationstisch der Universitätsklinik Careggi, wo man eine schwere Mastoiditis mit beginnender Hirnhautentzündung behandeln musste.«

Oriana ist noch blutjung, zeigt jedoch jetzt schon ein außergewöhnliches Talent. Sie hat einen ganz eigenen Blick auf die Dinge und weiß das, was sie sieht, in einem schönen, ungeschminkten Italienisch zu schildern. Ein Artikel aus jenen Jahren über das Experiment einer alternativen Schule beginnt mit einer fulminanten Ouvertüre: »Als unser Wagen eines Morgens unter lautem Hühnergegacker in San Gersolé landete und drei Personen, einen Fotoapparat und ein Magnesiumblitzgerät vor der bunt verzierten Eingangstür ausspuckte, war der Unterricht in vollem Gange.« Das Porträt eines Franziskanermönches aus Pisa, der eine Stadt für Kinder gegründet hatte, um sie von der Straße zu holen, beginnt mit einer geradezu filmischen Beschreibung: »Schaut ihn euch gut an, diesen beleibten Herrn, ergraute Haare, ergrauter Bart, mit den weichen und gemächlichen Bewegungen eines alten, müden Löwen. Schaut ihn euch gut an, wenn ihr das Glück habt, ihm zu begegnen, und erwidert mit Ehrerbietung seine Begrüßung, die aller Wahrscheinlichkeit nach aus einem kräftigen Schulterklopfen bestehen wird. Schaut ihn euch an, denn Männer wie ihn gibt es nur wenige auf der Welt.«

Liest man Orianas erste Artikel, so fällt es schwer zu glauben, dass sie von einem Mädchen verfasst sind, das gerade vom Gymnasium kommt. Im Juli 1950 rekonstruiert sie den Prozess gegen eine Bande von Hehlern und Plünderern jüdischer Besitztümer und schreibt darüber eine Geschichte von beeindruckender Intensität. Sie schildert die langsame und schmerzliche Abfolge von Aussagen der Anklage – allesamt entweder von Verwandten der Deportierten oder von selbst Deportierten vorgebracht, denen vom Gericht auferlegt wird, sich streng an die Aufzählung der erlittenen Diebstähle zu halten, ihre eigene persönliche Tragödie jedoch auszusparen. Einen von ihnen, dessen Bankschließfächer geplündert wurden, schildert sie auf so unvergessliche Weise, dass schon hier ihr großes erzählerisches Talent zu Tage tritt. »›Sie müssen doch im Hinblick auf den Diebstahl zugeben …‹, hat der vorsitzende Richter zu ihm gesagt. Und er hat nur langsam den Kopf geschüttelt und gemurmelt: ›Ach was, Diebstahl.‹ Dann fügte er, so leise, dass man es in den hinteren Sitzreihen des Saales gar nicht hören konnte, hinzu, dass ihm in der Tat etwas abhandengekommen sei: seine Tochter Matilde, sein Schwager Vittorio, die Enkelkinder Amiel, dreizehn Jahre alt, und Lia, zwölf Jahre alt, die alle in Auschwitz umkamen. Und dabei drehte er permanent den Hut in den Händen, als wollte er sich selber Mut zusprechen. Als er dann, gestützt vom Sohn und einer anderen Verwandten, den Gerichtssaal verließ, zitterten ihm doch die Schultern. ›Schließfächer?‹, fragte er. ›Was für Schließfächer?‹«

Ein Kollege erinnert sich an seine erste Begegnung mit Oriana in einem Gerichtssaal, wo ein Prozess wegen der standrechtlichen Hinrichtung mehrerer Faschisten stattfindet. Er bemerkt sie in der Gruppe der Reporter: blond, unbefangen – und unübersehbar hübsch. Doch als er sich ihr in der Absicht nähert, mit ihr anzubandeln, verweist sie ihn mit nur einem Blick in seine Schranken. »Junger Mann, wir sind hier nicht zum Spaß. Drei Menschen sind zu Tode gekommen. Sicher, es waren Faschisten, aber Menschen waren sie trotzdem.« Eine junge, aber zugleich sehr entschlossene Frau, die begriffen hat, wenn sie in diesem von Männern dominierten Beruf reüssieren will, muss sie zeigen, dass sie besser ist als alle anderen. Jeden Artikel überarbeitet Oriana zigmal und bastelt geradezu besessen daran. Zu jedem Thema bereitet sie sich akribisch vor und liest nebenbei viele der großen Schriftsteller, um sich deren eleganten Stil abzuschauen.

Die Witwe eines Kollegen erinnert sich, dass Oriana ihren Ehemann oft besucht habe, um sich Bücher von ihm auszuleihen oder Ratschläge geben zu lassen. »Manchmal haben wir morgens einen Zettel gefunden, den sie während der Nacht unter der Tür durchgeschoben hatte. Sie arbeitete und rauchte sehr viel.« Obwohl Oriana bewusst ist, dass sie kaum mehr ist als eine unerfahrene junge Frau, ist sie wild entschlossen, sich das zu nehmen, was ihr zusteht. »Ich glaube, der Erfolg ist ein Geschenk, den man den Jungen gewährt«, wird sie eines Tages schreiben, als sie längst berühmt ist. »Napoleon war bereits mit sechsundzwanzig Napoleon, und Alexander der Große hat schon mit zweiunddreißig das Zeitliche gesegnet. Rimbaud schrieb seine besten Sachen mit sechzehn.«

Wenn die alten Hasen in der Redaktion Oriana mit amüsierter Nachsicht begegnen, wird sie wütend. Trotz ihrer jungen Jahre möchte sie ernstgenommen werden. »Eines Tages schickten sie mich zu einem Prozess, in dem jemand wegen unzüchtiger Handlungen angeklagt war, und ich fühlte mich dabei unwohl, hatte jedoch nicht den Mut, den Gerichtssaal zu verlassen, weil ich einen Artikel darüber schreiben musste. Mittendrin schreit der Amtsrichter: ›Raus mit diesem Kind da!‹ ›Ich bin Reporterin, Herr Richter!‹ – ›Von wegen Reporterin! Raus!‹ Und der Gerichtsdiener warf mich hinaus.«

Mit der Zeit schließt Oriana Freundschaft mit zwei Kollegen: Mario Cartoni von der *Nazione* und Elvio Bertuccelli vom *Nuovo Corriere.* »Weil wir alle drei den Corte d'Assise, das Geschworenengericht, betreuten, hatte Cartoni sich ausgedacht, wir könnten abwechselnd hingehen. Wenn ich im Gerichtssaal war, waren sie nicht da. Und umgekehrt. Hinterher haben wir uns in eine Bar gesetzt, einen Cinzano getrunken und die Neuigkeiten ausgetauscht. Wir drei waren ein Gespann, wie die drei Musketiere.« In Orianas Nachlass finden sich einige Fotos von jenen Abenden in der Kneipe. Oriana ist immer die einzige Frau inmitten großer Tafeln mit Journalisten, doch keiner von ihnen scheint ihr Interesse als Mann zu wecken. »Natürlich suchte ich ihn damals, meinen Jack London – vielleicht einen Jack London, der gar nicht wusste, dass er einer war, oder es erst noch werden würde –, doch das war so, als wollte man im Winter auf Schmetterlingsjagd gehen. Jene Zeit meines Lebens war in gewisser Weise ein elend langer Winter, den ich in der sinnlosen Hoffnung auf etwas Wärme verbrachte.«

An anderer Stelle schreibt sie: »Den Sonntag ließ ich nie aus, denn da verdiente ich fast tausend Lire mehr als an normalen Tagen. In gewisser Weise war unser Leben als Reporter wie das eines Hausarztes, der mit seiner Kutsche fährt, wohin und wann man ihn ruft, ohne dabei auf Festtage oder Essenszeiten zu achten.« Sie schreibt über alles Mögliche – Sitten und Gebräuche, Mode, Kriminalfälle –, arbeitet jeden Tag und kennt weder feste Arbeitszeiten noch Ablenkungen.

Eines Tages, im April des Jahres 1951, stößt Oriana auf eine kuriose Geschichte. In Fiesole ist ein katholischer Kommunist gestorben, der, wie sich herausstellt, nicht vom katholischen Gemeindepriester begraben werden wollte. Deshalb haben die Parteigenossen des Mannes in der Kirche liturgische Gewänder und Kerzen gestohlen und das Begräbnis selbst durchgeführt. Oriana schreibt über diese Begebenheit einen Artikel. Sie weiß, dass er im *Mattino* nie erscheinen kann, und schickt ihn deshalb an Arrigo Benedetti, den Begründer des *Europeo,* der bedeutendsten Wochenzeitung dieser Zeit.

»Ich schickte ihm den Artikel, ohne mir Illusionen zu machen, er würde ihn veröffentlichen. Eine Woche später sehe ich im Kiosk an der Piazza del Duomo, Ecke Via Cavour, den *Europeo* liegen, mit einem Foto von Oriana Fallaci riesengroß auf der ersten Seite. Und darunter den Titel ›Auch in Fiesole brauchte Gott den Menschen‹.« Als Allererster ruft ihr Onkel Bruno sie an, der fast verärgert über so viel Erfolg ist. »Er war ein berühmter Journalist und hatte Angst, ich könnte seinem Ruf schaden. Er rief mich an, sagte: ›Und was glaubst du jetzt, wer du bist – Hemingway? Schwachsinn‹ und legte auf. Ich bin in einer Zeit aufgewachsen, in der junge Leute nicht mit Samthandschuhen angefasst wurden: in der Familie, in der Schule, bei der Arbeit. Und diese Härte hat mir gutgetan.«

Auch Arrigo Benedetti lässt sich zu ihr durchstellen, neugierig geworden durch ihren überaus geistreichen Artikel: »›Sie sind sehr gut, aber erlauben Sie mir eine Frage: Sind Sie mit Bruno verwandt?‹ ›Ja …‹ ›Gut, dann schreiben Sie mir wieder etwas. Ich möchte ein langes Interview mit Professor Cocchi.‹ Cocchi war ein berühmter Kinderarzt aus Florenz. Er empfing mich, ich schrieb das Interview, schickte es an Benedetti und fügte hinzu: ›Wissen Sie, Direttore, mein Onkel Bruno hat mir letztes Mal zum Vorwurf gemacht, dass mein Name in zu großen Buchstaben geschrieben war.‹ ›Dann werden wir ihn diesmal in noch größeren Buchstaben schreiben‹, erwiderte Benedetti. Erst da begriff ich, dass er meinen Onkel nicht besonders mochte. Und mein Onkel Bruno ihn auch nicht. Mein Interview mit Cocchi kam dann groß auf Seite drei und begründete endgültig meinen Platz als Journalistin bei den Wochenzeitungen.«

Einige Monate später bittet Orianas Chefredakteur beim *Mattino* sie, zu einer Kundgebung des Generalsekretärs der Kommunistischen Partei, Togliatti, zu gehen und einen boshaften und unterhaltsamen Artikel darüber zu schreiben. »Ich denke nicht im Traum daran«, protestiert Oriana. »Ich will erst mal hören, was er sagt, und dann schreibe ich was darüber.« Kurz darauf wird sie ins Büro des Herausgebers der Zeitung zitiert. Er ist ein Mann der guten alten Schule, der von seinen Journalisten Gehorsam verlangt. Oriana hat sich bereits einmal bei ihm in die Nesseln gesetzt, weil sie es gewagt hatte, ihn zu duzen, nachdem er sie geduzt hatte. »Man spuckt nicht auf den Teller, von dem man isst«, ermahnt sie der Herausgeber der Zeitung. Sie gibt ihm eine patzige Antwort und wird entlassen. »Das Dramatischste daran war, dass ich nicht wusste, wie ich es meinem Vater und meiner Mutter sagen sollte; es war, als wäre ich gerade durch ein Examen gerasselt. Ich brauchte eine Woche, bis ich mir die passenden Worte zurechtgelegt hatte.«

Hier tritt Bruno Fallaci auf den Plan, denn er ruft sie zur *Epoca*, deren Herausgeber er geworden ist. »Mittlerweile hielt er große Stücke auf mich. Er sagte, ich sei sehr gut, weil ich ›schreibe wie ein Mann‹. Und obwohl mir diese Umschreibung nicht gefiel – denn was bedeutet es denn, wie ein Mann zu schreiben?! –, schmeichelten mir seine Worte. Das Problem war, dass mein Onkel Bruno nicht der Vetternwirtschaft verdächtigt werden wollte und mich deshalb bewusst kleinhielt. Schauen wir mal, was ich für Onkel Bruno geschrieben habe. Eine Reportage über die Mosaike von Ravenna, genauer gesagt über das Grab der Galla Placidia, dessen Mosaiksteine bröckelten. Eine über die Geschichte des Speiseeises, die später von Mondadori an Motta verkauft wurde und als Werbetext diente. Einen Artikel über die Fotoausstellung von Henri Cartier-Bresson. Und dann einen über Michelangelos David-Statue in Florenz, der ein christdemokratischer Stadtrat ein Feigenblatt verpassen wollte, nachdem ihr Studenten eine Frauenunterhose übergezogen hatten. Mit Spitze.«

Als Bruno ihr schließlich doch den Auftrag für einen politischen Artikel gibt – über die Wahl Giorgio La Piras zum Bürgermeister von Florenz im Jahre 1951 –, stellt Oriana ihr ganzes Talent unter Beweis. Schon mit den ersten Worten des Artikels weckt sie das Interesse des Lesers an der Story – »Der ehrenwerte Giorgio La Pira wollte wirklich alles andere als Schwierigkeiten machen« – und beschreibt dann diesen Ausnahmepolitiker, einen großen Mystiker, der im Kloster lebt und all seinen Besitz den Armen gibt, als wäre er eine Figur aus einem Roman von Dostojewski. Auch seine Amtseinsetzung schildert Oriana auf ihre ganz besondere Art: »Nachdem er den Blick lange über den Platz hatte schweifen lassen, bekreuzigte er sich, hielt den Mund näher ans Mikrofon und sagte: ›Im Namen des Vaters, des Sohnes und des Heiligen Geistes …‹ Dieser Beginn vergrämte die Kommunisten, die in großer Anzahl gekommen waren.« In Hinblick auf La Piras nachgiebige Variante des Antifaschismus schreibt sie: »Unter seiner vordergründigen Fügsamkeit verbirgt sich seine ganze Kraft. In der Zeit des Faschismus gelang es ihm eben durch diese Milde, die erbittertsten Staatsvertreter an der Nase herumzuführen. Als man ihm zum Beispiel auferlegte, am Heiligtum der Faschisten in Santa Croce Wache zu halten, sagte er: ›Ja, ja, mach ich schon. Die armen Toten. Aber ohne Waffe. Ich lege Blumen nieder und bete den Rosenkranz.‹ Diese Idee sagte den Faschisten ganz und gar nicht zu, sodass sie ihn zumindest wegen des Schreins nicht mehr belästigten.« Oriana ist erst zweiundzwanzig Jahre alt, zeigt jedoch bereits ihr großes Talent als Erzählerin und schreibt über politische Sujets wie niemand vor ihr.

Nach nicht ganz einem Jahr wird Bruno Fallaci seines Amtes als Herausgeber der Zeitung enthoben, und mit ihm wird auch Oriana entlassen: »Ich hatte mir ein unverzeihliches Verbrechen zuschulden kommen lassen: die Nichte meines Onkels zu sein. Onkel Bruno und ich wurden vom italienischen Journalismus nie verhätschelt. Weil wir die Dinge beim Namen nannten: Brot war Brot, Wein war Wein, und ein Idiot war einfach ein Idiot.« Zum Glück hat sie damals bereits bei Arrigo Benedetti, dem Herausgeber des *Europeo,* der ihren Stil und ihre Entschlossenheit schätzt, einen Stein im Brett. »Einmal hat er mir gesagt: ›Du musst aufpassen. Du bist gut und wirst dir in unserer Branche keine Freunde machen, weil das alles Primadonnen sind, die einer Frau wenig zugestehen. Genauer gesagt, gar nichts. Tatsache ist, dass du dir einfach alles nehmen musst, ohne darauf zu warten, dass sie es dir geben, und damit wirst du dir nicht viel Sympathie verschaffen.‹«

Benedetti erklärt ihr, wenn sie nach Rom umziehe, wo es übers Kino und die mondäne Welt viel zu berichten gebe, böten sich für sie mehr Möglichkeiten, für den *Europeo* zu schreiben. Oriana beschließt, seinen Rat zu befolgen. Im Jahre 1954 verlässt sie Florenz mit einem einzigen Koffer in der Hand, in dem sie ihre wenigen Habseligkeiten verstaut hat, und der Adresse eines befreundeten Journalisten namens Nantas Salvalaggio in der Tasche. »Nantas fand für mich ein Zimmer zur Untermiete im Parioli-Viertel, wo meine große Zeit des Hungers begann. Gott, was für ein Hunger! Ich hatte immer Kohldampf, ernährte mich nur von belegten Broten und sonst nichts, höchstens noch ein paar Keksen, die meine Vermieterin natürlich prompt im Schrank entdeckte und mich dafür ausschimpfte. ›Die locken nur Ameisen an!‹«

5

Orianas Stil

Es ist der Beginn der Fünfzigerjahre. In Rom steht die Blütezeit des großen italienischen Kinos bevor. Oriana schreibt für den *Europeo* über Theater und Boulevard, beides Themen, die ihr eigentlich nicht viel bedeuten. Ihre natürliche Strenge und ihre politische Vergangenheit als Partisanin wollen so gar nicht zu der römischen Lebenslust und Frivolität passen. Oriana träumt davon, über Politik zu schreiben – das einzige Thema, das sie wirklich interessiert –, doch ist das zu dieser Zeit ein Gedanke, den sie nicht einmal laut aussprechen kann. Sie ist eine blutjunge Mitarbeiterin, und sie ist eine Frau, folglich geht sie, wohin man sie schickt. Beim *Europeo* hat sie nur einen Menschen, der sie protegiert, und das ist Renzo Trionfera, der Chef der römischen Redaktion. »Was für ein wunderbarer, großzügiger Mann. Sicher hat er mich eingeschüchtert, und wie! Aber zugleich ermutigte er mich auch. Er sagte: ›Ach, was für einen Stil Oriana hat!‹ Oder: ›Aus der Feder von Oriana …‹ Als wäre es der Stil von Marcel Proust! Und er setzte sich – vergeblich – dafür ein, dass sie mich fest anstellten.«

In Italien gibt es damals nur wenige Frauen, die als Journalistinnen tätig sind. »Ich kam mir so einsam vor wie ein streunender Hund. Wie ein solcher Streuner musste ich mich verteidigen und andere angreifen, um zu überleben, und so gestand man mir irgendwann eine gewisse Narrenfreiheit zu. Und ich machte es zur Mode, als Frau in Italien Journalistin zu sein.« In Wirklichkeit träumt Oriana immer noch davon, Schriftstellerin zu werden, doch bis dahin muss sie sich einen Namen machen und Erfahrungen sammeln, und sie weiß, dass ihr der Journalismus dabei helfen wird.

»Dem Journalismus verdanke ich alles«, wird sie Jahre später sagen. »Ich war ein armes Mädchen und schulde dem Journalismus Dank dafür, dass ich keine arme Frau geworden bin. Ich war eine Frau voller Neugier, die sich danach sehnte, die Welt zu sehen – und das habe ich dank des Journalismus auch gekonnt. Ich war in einer Gesellschaft aufgewachsen, in der die Frauen unterdrückt und schlecht behandelt wurden; und dem Journalismus verdanke ich die Tatsache, dass ich leben konnte wie ein Mann.«

Oriana weiß, dass sie schön ist und ihr das viele Türen öffnen wird. Manchmal dient diese Schönheit auch dazu zu verbergen, wie gefährlich ihre Intelligenz ist, und bringt den Gesprächspartner dazu, unvorsichtig zu werden und seine Deckung aufzugeben. Sie hat vor niemandem Respekt, das zeigt sie oft. Schon bald wird eine ihrer Begegnungen mit einem älteren Kollegen namens Davide Lajolo legendär. Oriana stellt sich bei seiner Zeitung vor, um mit ihm über eine Kritik zu sprechen, die sie bewegt hat. Lajolo, der wie sie der Resistenza angehört hatte und unter dem Kampfnamen Ulisse bekannt war, legt zum Scherz seine Pistole auf den Tisch. Ohne mit der Wimper zu zucken, beginnt sich Oriana die Lippen nachzuziehen. Bald werden die beiden Freunde, und eines Tages wird Lajolo einmal von ihr sagen: »Ich bin mit Oriana Fallaci essen gewesen. Sie ist die Lebhaftigkeit in Person. Eine Intelligenz, wie sie nicht oft zu finden ist, und, was die Arbeit angeht, eine Tüchtigkeit, bei der so mancher Mann nicht mithalten kann. Als Journalistin und Reporterin achtet sie auf die kleinsten Details, behält dabei aber auch die allgemeine Sicht auf die Dinge im Auge. Eine schmale, fast zerbrechliche Gestalt, die doch weit gereist ist. Wenn man einen Moment innehält, um ihr tief in die Augen zu schauen, begreift man, wie viel Kraft und Energie sie entwickeln kann. Mit ihr spricht man nicht einfach, man diskutiert, man polemisiert. Stets besitzt sie die Dreistigkeit, dir zu vermitteln, dass sie längst weiß, was du ihr zu sagen hast, und stattdessen viel lieber das erfahren will, was keiner weiß – die Geheimnisse, die Kehrseite der Medaille, das Ungesagte, das Entlarvende, nicht die Umstände, unter denen sie geschehen sind. Wenn sie dich dann mit ihren inquisitorischen Fragen endgültig in die Ecke gedrängt und inkommodiert hat, lächelt sie dir zu und erobert dich, nur um dich erneut aufs Korn zu nehmen und dich dazu zu bringen, auch das zu sagen, worüber du dir vorgenommen hattest zu schweigen.«

Neugierig auf alles und draufgängerisch bis zur Unverschämtheit gelingt es Oriana im November 1954, an einer Pressereise anlässlich der Inbetriebnahme des Flugverkehrs zwischen Rom und Teheran teilzunehmen. Es ist ihr erster Kontakt mit der weiten Welt. Während sie an Bord geht, ist sie so aufgeregt, als würde sie eine Rakete besteigen, um zum Mond zu fliegen. Um ein Uhr nachts startet die Maschine in Ciampino: »Rom funkelte unter uns wie ein Schwarm Glühwürmchen, eine flirrendes Meer aus Lichtern, und war schon bald kaum mehr als ein ferner, leuchtender Punkt, wie ein Stern, der aus der Unendlichkeit auf die Erde gefallen ist.« Oriana macht während der ganzen Reise kein Auge zu, lässt sich auch die geringste Einzelheit nicht entgehen. Während die älteren Kollegen in ihren Sitzen schnarchen oder Hochprozentiges trinken, presst sie die Nase ans Fenster oder macht sich Notizen. Das Morgengrauen über dem Bosporus blendet sie: »Noch war der Himmel über uns dunkel, doch dort im Osten, wo das Marmarameer liegt, sah der Horizont aus wie entflammt; purpurrote, gelbe und violette Stichflammen züngelten über den Himmel und verblassten am Rand zu leuchtend rosa Flämmchen.« Sie betrachtet Anatolien von oben, dann die Berge Armeniens, und erblickt schließlich eine schier unendliche Wüste: »Da gab es kein Gras, keine Bäume, keine Flüsse, keine Seen auf dieser verlassenen Heide, und man glaubte, über eine Mondlandschaft zu fliegen. Das war der Iran. Nach weiteren drei Stunden Flug über braune, hügelige Erde erblickten wir endlich unsere Belohnung: die Hochebene von Teheran.« Der Iran, das alte Persien, das Land der Erzählungen aus Tausendundeiner Nacht, öffnet sich vor ihr wie eine Verheißung: Es ist ihr erster Besuch im Orient.

Die Reise ist bis ins letzte Detail organisiert, einschließlich der Besichtigungen der Stadt und der Museen. Immerhin gelingt es Oriana, eine Moschee zu betreten, nachdem sie sich einen schwarzen Tschador besorgt hat, um sich zu verhüllen. Sogar eine Einladung zur Kaiserin kann sie ergattern. Soraya ist die zweite Gemahlin des Schahs, über die man bereits tuschelt, weil der ersehnte Thronfolger immer noch auf sich warten lässt. Sie ist bereit, sich mit Oriana zu treffen, weil diese die einzige Frau in der italienischen Delegation ist. Allerdings stellt sie die Bedingung, dass die junge Italienerin keine indiskreten Fragen stellt und nicht über Politik spricht. Oriana ist einverstanden und spart politische Themen aus dem Interview aus. Für den Artikel, den sie später darüber schreibt, gilt dies allerdings nicht; sie eröffnet ihn mit dem Militärputsch, durch den man wenige Monate zuvor versucht hatte, den Schah zu stürzen. So gelingt es ihr, auf überaus subtile Weise doch noch über Politik zu sprechen, und zwar von der ersten bis zur letzten Zeile.

Das Ergebnis ist eine Schilderung, die bereits als perfekt gelungenes Beispiel für die journalistischen Fähigkeiten von Fallaci gelten kann. Wie sie, vorschriftsmäßig ganz in Schwarz gekleidet, den Palast betritt – der gesamte Hof trägt nach dem noch nicht lange zurückliegenden Tod des kleineren Bruders des Schahs Trauer –; wie der Kammerdiener die Journalistin irrtümlicherweise ins Ankleidezimmer der Kaiserin bringt, sie dort allein lässt und ihr damit die Möglichkeit gibt, einen heimlichen Blick auf Satinunterwäsche und Reitstiefel zu werfen; wie die Hofdame der Kaiserin sie, atemlos vor Aufregung ob des Missgeschicks, abholt und in den richtigen Salon bringt, den Oriana mit wenigen Worten so lebendig vor dem Leser auferstehen lässt, als wäre er selbst dort gewesen und hätte die Kristalllüster und den Teppich gesehen, der so weich ist, dass man mit den Absätzen darin versinkt; wie schließlich eine zierliche, weibliche Gestalt den Salon betritt, die Oriana zunächst für eine weitere Hofdame hält, bei der es sich aber dann doch um die Kaiserin höchstpersönlich handelt; und wie Oriana in ihrer Verwirrung prompt den im Hofzeremoniell vorgeschriebenen Hofknicks vergisst, worüber Soraya lachen muss und das Eis gebrochen ist.

Mit ihrer ganz besonderen Fähigkeit zu schreiben, die sie in der Zeit der großen politischen Interviews erst recht unter Beweis stellen wird, bringt Oriana die Kaiserin zum Reden, obwohl diese in Wirklichkeit gar nichts sagt: indem Oriana ihr Schweigen beschreibt, ihre Blicke, ihre Kopfbewegungen. Ohne es zu wollen, offenbart ihr die Kaiserin vieles. Die ganze Langeweile des Palastlebens, die sich in der angewiderten Miene zeigt, mit der Soraya ihren Tagesablauf schildert. Die Beunruhigung angesichts ihrer ausbleibenden Schwangerschaft, die sich in Sorayas Reaktion auf die Nachricht manifestiert, die Schauspielerin Silvana Mangano sei schwanger. »›Sie bekommt ein Kind?‹, stammelte die Kaiserin, und ihr Gesicht verdüsterte sich augenblicklich.« Oriana will Soraya das Geständnis abringen, dass ihre bevorstehende Reise nach Amerika dem Zweck dient, einen berühmten Frauenarzt zu konsultieren, und nicht, wie von offizieller Seite behauptet wird, einem Besuch Hollywoods. Und genau das bestätigt Soraya ihrer Interviewerin durch ihre ganze Körperhaltung, obwohl sie es abstreitet: »Ganz langsam stellte sie die Teetasse ab, senkte den Kopf, und als sie ihn wieder hob, lag ein Ausdruck der Verlorenheit in ihrem Gesicht, wie bei einem Kind, das nicht weiß, was es sagen soll. Dann antwortete sie mit gesenkter und unsicherer Stimme, als schämte sie sich dafür, eine Lüge auszusprechen: ›No, for pleasure.‹ Zum Vergnügen. Und wechselte rasch das Thema.«

Orianas Talent, Menschen zu entlarven, zeigt sich bereits hier, in diesem ersten, international rezipierten Artikel, in vollem Ausmaß. Hätten die Staatsoberhäupter, die sich zwanzig Jahre später in Orianas berühmten politischen Interviews die Blöße geben, sie jetzt schon richtig gedeutet, wären sie gewarnt gewesen. Es wird nicht das sein, was sie sagen oder nicht sagen, das die besondere Wirkung eines Interviews ausmacht, sondern die Montagetechnik, mit der Oriana jedes noch so kleine Detail einbaut. Schon damals stehen ihr Bauchgefühl und ihre persönliche Interpretation im Mittelpunkt des Interviews und bringen ihren Gesprächspartner genau dorthin, wo sie ihn haben will, denn bei einem solchen Vorgehen bleibt ihm keine Möglichkeit auszuweichen. Eine andere unverwechselbare Charakteristik ist die erzählerische Qualität ihrer Schilderungen: Oriana beschränkt sich nicht darauf, Fragen und Antworten aufzulisten, sondern baut daraus eine Geschichte mit einem Anfang und einem Ende und würzt sie mit einer gehörigen Portion Spannung, die den Leser bis zur letzten Zeile in Atem hält.

Zurück in Italien wendet sich Oriana erneut dem römischen Film und der High Society zu, wie es der neue Herausgeber des *Europeo* von ihr verlangt. Arrigo Benedetti hat die Zeitung verlassen, um den *Espresso* zu gründen, und an seine Stelle wird Michele Serra berufen. 1955 erhält Oriana eine Festanstellung und siedelt nach Mailand um, wo sich die Hauptredaktion des *Europeo* befindet. Als sie bei der angesehensten Wochenzeitung Italiens anfängt, umgibt sie noch immer die Aura des ewig kleinen Mädchens. Sie ist sechsundzwanzig, kennt niemanden, weiß nicht, wie man sich anzieht. Sie trägt sogar immer Hosen, was in jener Zeit unter Frauen eher unüblich ist, und bevorzugt die Farbe Schwarz. Michele Serra zieht sie dafür auf und sagt, sie ziehe sich an wie ein Schornsteinfeger. Damals ist in der Redaktion eine Frau federführend: Camilla Cederna, eine elegante Dame, die in den Salons von Mailand ein und aus geht, allerdings den *Europeo* bald verlassen wird, um Benedetti zum *Espresso* zu folgen. »Ich stammte aus einem proletarischen Haus, weshalb mir schon allein die Bedeutung des Wortes *Salon* nicht geläufig war, und zu allem Überfluss war ich auch noch jünger als sie. Ich wagte es nicht, den Versuch zu unternehmen, ihre Freundschaft zu gewinnen oder sie auch nur freundlich zu stimmen: Ich wusste einfach, dass sie sich für mich nicht interessierte. Oh, und ich erinnere mich voller Verbitterung an den Tag, an dem ich von einem überaus peinlich berührten Emilio Radius, dem Chefredakteur und guten Freund von ihr, sanft dafür getadelt wurde, in einem Artikel Camillas Stil ›nachgeahmt‹ zu haben – in Wirklichkeit hatte ich den Artikel nur mit einem Adverb begonnen, so wie sie es immer machte. Man sagte mir, die Cederna sei darüber erzürnt, und ich solle mir doch gefälligst einen eigenen Stil zulegen.«

Und das tut Oriana auch, und zwar schnell. Sie beschäftigt sich mit allen möglichen Themen, da sie davon überzeugt ist, nur die Übung mache den Meister. Sie schreibt über einen Vater, der versucht, seinen Sohn nach Hause zu holen, der sich der Fremdenlegion angeschlossen hat; über einen jungen Mann, der sich ohne offenkundiges Motiv das Leben nimmt; über eine Betrügerin, die ihr anvertraute Waisenkinder ausbeutet; über einen englischen Herrn, der sich einer Geschlechtsumwandlung unterzogen hat. Dabei verfolgt sie weiterhin das lokale Geschehen in Rom und spezialisiert sich nach kurzer Zeit auf Filmthemen, weil sie gewieft genug ist, Berühmtheiten aufzuspüren, und hartnäckig genug, ihnen stundenlang aufzulauern. Sie erzählt von den Liebschaften ausländischer Schauspielerinnen mit römischen Adligen und über das Leben der Schönheitsköniginnen. Über die Ferien der Reichen auf Capri und Audrey Hepburns Flitterwochen in den römischen Hügeln. Über das Hochzeitskleid Maria Pias von Savoyen und das italienische Schlagerfestival in Sanremo. Mit der Zeit werden es immer mehr Interviews, und Orianas Befragungstechnik wird raffinierter. Allmählich findet sie ihre ganz eigene Gangart. Ihre erzählerische Ader ist schier unerschöpflich und kann die karge Ausbeute an informativen Elementen, aus denen sie eine Geschichte oft aufbauen muss, mehr als wettmachen. Als man ihr auf der Biennale in Venedig die Akkreditierung verweigert, lässt sie sich nicht entmutigen und findet für ihren Artikel einen brillanten Einstieg, indem sie den Aufmarsch der Stars auf dem roten Teppich einfach aus dem Munde der Zuschauer in der Menge kommentiert.

Oriana arbeitet voller Sorgfalt, doch sie langweilt sich auch. Nur das Reisen findet sie spannend, weshalb sie jeden Auslandsauftrag, der sich bietet, annimmt. Als die Zeitung sie im April 1955 bittet, über die unmögliche Liaison zwischen Peter Townsend und Prinzessin Margaret zu berichten, die für den englischen Hof überaus peinlich ist, nimmt sie ein Flugzeug nach Belgien. Townsend lebt seit Monaten in Brüssel im Exil und weigert sich, Journalisten zu empfangen. Oriana sucht ihn an der Reitbahn, wo er jeden Tag reiten geht. Sie wartet vor dem Haus auf ihn. Sie besorgt sich seine Telefonnummer. Konkrete Informationen erhält sie keine, doch selbst daraus gelingt es ihr, eine wunderschöne kleine Geschichte zu zimmern. Statt einen Artikel zu schreiben, formuliert sie eine Art Drehbuch, montiert geschickt das Wenige, was sie zur Verfügung hat, zum Beispiel ein paar kleine Wortwechsel vor dem Haus ihres Opfers. »Townsend kommt lächelnd auf mich zu. ›Sie geben aber nicht leicht auf.‹ ›Sie aber auch nicht, Captain.‹ Noch ein Lächeln. ›Sie wissen, dass ich meinen Verpflichtungen nachkommen muss, Madame.‹ ›Ich aber auch, Captain.‹ Rhythmisch schlägt er mit der Reitpeitsche gegen seinen Stiefel. ›Es tut mir leid, dass ich Ihnen nicht sagen kann, was Sie hören wollen. Ich würde es gerne tun. Im Grunde haben Sie es verdient.‹ Noch ein Lächeln. Dann die Frage, die mir am meisten am Herzen liegt. ›Sie wollen also auch nicht abstreiten, dass Sie vorhaben, Prinzessin Margaret zu heiraten?‹« Townsend streitet es natürlich ab, doch so, wie Oriana dieses Abstreiten beschreibt – wie er mühevoll schluckt, ruckartig den Kopf hebt, wie seine Kiefer mahlen – wird aus diesem Nein auf einmal ein Ja.

Bereits hier ist Orianas Stil – für den sie auf der ganzen Welt berühmt werden wird – voll ausgebildet: die Hartnäckigkeit, mit der sie eine berichtenswerte Neuigkeit aufspürt, ihr

Talent, den Artikel wie eine Erzählung aufzubauen, die Entscheidung, sich selbst als Protagonistin der Begegnung zu gerieren. Sie bittet die Fotografen, die sie begleiten, während des Interviews ein Foto von ihr zu machen, spricht in der ersten Person, wenn sie von ihren Eindrücken und Empfindungen berichtet, wendet sich direkt an den Leser – *Verstehst du? Siehst du? Jetzt erkläre ich es dir!* –, als wäre der Artikel eine Art Gespräch.

Mit dem ungarischen Aufstand von 1956 erfährt Orianas Karriere einen entscheidenden Wendepunkt. Am 23. Oktober erheben sich die Ungarn in Budapest gegen das kommunistische Regime. Oriana beschwatzt den Herausgeber der Zeitung so lange, bis er sie vor Ort schickt; allerdings soll sie nur einen farbigen Artikel zum Ende des Aufstandes schreiben, wenn die Hauptstadt wieder frei ist. Kaum landet sie am 2. November in Wien, stellt sich heraus, dass sich die Lage in wenigen Stunden vollkommen verändert hat. Die Sowjets haben das Land besetzt, die Grenzen sind geschlossen, die Hauptstadt isoliert. Natürlich hört Oriana nicht auf die Empfehlungen des italienischen Botschafters in Wien, der ihr von einer Einreise abrät, sondern beschließt, heimlich in das Land einzureisen. Sie versucht es mit einem angemieteten Taxi, das jedoch umkehren muss. Dann gelingt es ihr, sich einem Konvoi des Roten Kreuzes anzuschließen, der wenige Kilometer hinter der Grenze von den Besatzungstruppen angehalten wird. In dem Artikel, den sie an den *Europeo* schickt, beschreibt Oriana die Nacht voller Nebel und Schlamm, das Biwak der sowjetischen Soldaten. Sie fühlt sich in den Zweiten Weltkrieg zurückversetzt, als sie als Mädchen die Erwachsenen von der berüchtigten turkistanischen Legion reden hörte; diese setzte sich aus ehemaligen sowjetischen Soldaten mittelasiatischer

Herkunft zusammen, die in deutsche Kriegsgefangenschaft geraten waren und nach dem Zusammenbruch des faschistischen Systems 1943 von Hitler in Italien zum Kampf gegen die Partisanen eingesetzt wurden. Alles ist wie damals. Nur die Sprache, mit ihren gutturalen Lauten, in der die Soldaten sie zum Umkehren bewegen wollen, ist eine andere.

Bevor Oriana nach Österreich zurückkehrt, hält der Konvoi des Roten Kreuzes an einem Grenzvorposten an, welcher von einer Gruppe Aufständischer kontrolliert wird. Ihr Anführer ist ein älterer Herr, der mit etwa dreißig Mann die Stellung hält, ohne auch nur die geringste Hoffnung auf Überleben zu haben. Oriana entgeht nichts – seine müde Haltung, sein langer Bart, die vom Krieg gezeichneten Augen. Sie denkt an ihren Vater zurück, wie er nach seiner Inhaftierung durch die Faschisten aus dem Gefängnis heimkehrte, mit zerschlagenem Gesicht und gesenktem Blick. Am liebsten würde sie dem Mann noch stundenlang zuhören, doch das Dröhnen der Panzer kommt näher, und der Konvoi des Roten Kreuzes muss aufbrechen. Auch Oriana muss gehen und überlässt den alten Widerstandskämpfer seinem Schicksal. Er kocht noch einen letzten Kaffee und verabschiedet dann die Fremden mit einer galanten Verbeugung: »Lebt wohl! Irgendwann muss jeder sterben!« Oriana weiß, dass der Alte es nicht überleben wird. Das Einzige, was sie noch für ihn tun kann, ist, ihren Lesern von ihm zu erzählen und ihm ein außergewöhnliches Porträt zu widmen, das ihm einen Platz für die Ewigkeit sichert.

In Österreich bittet sie um die Genehmigung, die Flüchtlingslager besuchen zu dürfen, um mit Ungarn zu sprechen, die auf der Flucht sind. Und sie ist erschüttert von dem, was sie sieht. Sie transkribiert die Sendungen des Untergrundradios, die der Dolmetscher für sie übersetzt hat: »Wie könnt ihr zivilisierten Menschen ihn nicht hören, den Schrei unserer

Frauen und unserer Kinder, die gerade ermordet werden? Volk der Welt! Höre den verzweifelten Schrei eines kleinen Landes!« In einer Serie von Artikeln sammelt Oriana die schrecklichen Berichte der Flüchtlinge. Den allerletzten schließt sie auf besonders meisterhafte Art, indem sie beim massakrierten Gesicht eines Studenten verweilt, dem seine Schergen aus Wut darüber, dass er ihnen die Namen seiner Kampfgefährten nicht nennen wollte, die Zunge herausgeschnitten haben. »Er wird nie wieder sprechen«, sagt die Frau, die ihr dieses Gesicht zeigt, »aber Sie können reden. Sagen Sie es, haben Sie verstanden? Sagen Sie es, wenn Sie nach Italien zurückkehren. Sagen Sie es allen, die Sie treffen.« Durch den ungarischen Aufstand entdeckt Oriana, dass ihre Stimme als Journalistin eine neue Würde erlangen kann. Sie ist nicht mehr nur da, um zu unterhalten, was sie ihren erzählerischen Fähigkeiten verdankt. Nein, sie wird zum Zeugen, zum Soldaten. Sie kämpft an vorderster Front für Gerechtigkeit und Freiheit, die beiden Ideale, mit denen sie aufgewachsen ist.

Jene Reise nach Ungarn hat Oriana zutiefst verstört, und das kann sie vor ihren Lesern nicht verbergen. »Wie können wir als Männer und Frauen mit Bewusstsein uns denn noch für die Liebschaften von Filmstars interessieren, für die Skandale der High Society, oder für die Filmpremieren, die man im Smoking und tiefem Dekolleté besucht?«, schreibt sie in einem Artikel, den sie aus Wien schickt. Ungefiltert vertraut sie diesen Seiten all ihre Gefühle und ihre Empörung an. Sie will beim Leser ankommen, will ihn aufrütteln, auch wenn sie dafür brutal sein muss: »Wer die Frivolitäten des Lebens immer noch zu schätzen weiß und den Kampf eines Volkes ignorieren will, das im Sterben liegt, der komme hierher nach Wien und werfe einen Blick auf das, was passiert.« Oriana kann sich einfach nicht vorstellen, sich als Journalistin wieder mit Klatsch und Tratsch zu beschäftigen. Doch leider geschieht genau das, als sie in die Redaktion zurückkehrt. Weniger als einen Monat später ist sie in London, auf der Spur eines Skandals im Buckingham Palace, und schreibt einen Artikel, in dem sie von der ersten Zeile an ihre Frustration nicht verbergen kann. »Dann beschäftigen wir uns heute eben mit Margarets neuester Liebschaft.«

Für Michele Serra ist Orianas Idee, nach Ungarn zu fahren, ein Hirngespinst gewesen, und er hatte die Reise nur genehmigt, weil er mittlerweile Orianas Charakter kannte. Er weiß, dass es keinen Sinn hat zu versuchen, sie aufzuhalten. Für sie hingegen war diese Reise ein Wendepunkt: »Es war eine wichtige Erfahrung. Wie die Rückkehr zu den heldenhaften Zeiten der Resistenza, als könnte man noch einmal die Luft von damals atmen.«

Genau in diesem Moment wird die Kriegsberichterstatterin Oriana Fallaci geboren. Vietnam ist nicht mehr weit. Doch bevor sie dort ankommt, muss sie ihren Chef davon überzeugen, sie reisen zu lassen. Und Auslandskorrespondentin für den *Europeo* zu werden.

6

Die Entdeckung Amerikas

Die erste Gelegenheit, sich einen Namen zu machen, erhält Oriana in Amerika. Mit diesem Land hat sie seit ihrer Kindheit eine Verabredung: »Ich wurde dazu erzogen, Amerika zu lieben, auch wenn die Amerikaner kamen, um uns zu bombardieren, und einen Jungen von dreizehn Jahren, der in der Schule neben mir saß, töteten. Am Ende, am 11. August, trafen die Amerikaner in Florenz ein. Für mich, in meiner Fantasie des kleinen Mädchens, blieben sie immer diese Engel in Khaki. Sie waren wundervoll. In mir wurde der Traum geboren, nach Amerika zu fahren, und viele Jahre später fuhr ich tatsächlich dorthin und verliebte mich buchstäblich in dieses Land, diesen Traum.«

Im Dezember 1955 nimmt Oriana an einer Pressereise anlässlich der Einweihung der Flugverbindung zwischen Rom und Los Angeles teil. Sie reist mit einer Gruppe italienischer Journalisten, und wieder einmal ist sie die einzige Frau. Sie besucht Hollywood, Washington und New York. Noch ein halbes Jahr später erinnert sich Giovanna Govoni Salvadore, die Dolmetscherin, genau an sie. Sie sei die Kleinste und Schmalste gewesen, berichtet sie, doch niemals sei sie unbemerkt geblieben: »Oriana hatte eine starke Persönlichkeit und nahm kein Blatt vor den Mund.« Von jener Reise sind auch einige Fotos erhalten. Auf einem sieht man Oriana auf den Straßen New Yorks, ein anderes zeigt sie während des Besuchs eines Friedhofs; Oriana macht zum Scherz das Zeichen des Gehörnten in die Kamera. Sie trägt einen Mantel, der viel zu groß für sie ist, das runde Gesicht blickt keck unter dem kurz geschnittenen Pony hervor. Hütchen, Handschuhe, Tasche, eine Perlenkette und Schuhe mit flachen Absätzen. Sie sieht aus wie eine Dorfschullehrerin.

»Englisch konnte sie nicht gut. Deshalb bat sie mich darum, ihr bei den Interviews als Dolmetscherin zur Seite zu stehen«, erinnert sich Giovanna. Als die Gruppe einige Tage in New York Halt macht, kündigt Oriana ihrem Chef an, sie wolle Marilyn Monroe interviewen, die unnahbarste aller amerikanischen Filmdiven, die seit fast einem Jahr nicht mehr in der Öffentlichkeit gesehen wurde. Die Schauspielerin hat den Vertrag mit ihrem Filmstudio gebrochen, Hollywood verlassen und ist nach New York gezogen, wo sie in einer Wohnung wohnt, von der niemand die Adresse kennt. Man sagt, das Haus verlasse sie nur mit einer schwarzen Perücke, um unerkannt zu bleiben. Giovanna begleitet Oriana auf ihrer Jagd: »Alle sagten uns, wir seien verrückt. Einmal gingen wir auf die Premiere einer von Marilyns Freundinnen vom Theater, suchten in der Garderobe nach ihr, wurden schließlich sogar dort eingeschlossen und mussten es uns nachts im Theatersaal auf den Sitzen bequem machen, um zu schlafen. Der Nachtwächter des Theaters fand uns dann bei Morgengrauen und schmiss uns raus.«

Die Suche nach der Diva entwickelt schon bald eine Eigendynamik. Oriana besucht an zwei Abenden Dutzende Restaurants, achtzehn Nachtclubs, acht Kinos und vierzehn Theater. Die italienischen Korrespondenten in New York machen sich über sie lustig. Schlag es dir aus dem Kopf, rät ihr einer von ihnen, ich suche sie schon seit sechs Monaten vergeblich. Bei 20th Century Fox, wo Oriana anruft und nach der Adresse der Diva fragt, gibt man sich geistreich und antwortet, man wäre ihr dankbar, wenn sie der Firma ihre Adresse mitteilen würde, falls sie sie fände. Schon bald wird diese junge italienische Journalistin auf der Jagd nach Marilyn Monroe selbst zur Nachricht. Ihre amerikanischen Kollegen rufen sie an und fragen, wie denn ihre Suche laufe. Man schließt Wetten auf sie ab. Am Schluss der Reise muss Oriana notgedrungen mit leeren Händen und ohne Interview nach Hause fahren, doch noch gibt sie sich nicht geschlagen. Sie beschließt, eine Reportage darüber zu schreiben, wie sie Marilyn Monroe *nicht* interviewt hat, indem sie die Situation umkehrt und sich selbst zur Protagonistin der Geschichte macht. Das Ergebnis kann sich mehr als sehen lassen und gefällt dem Herausgeber der Zeitung sehr.

Ein Jahr später, im Jahre 1957, überzeugt Oriana ihn davon, sie zu einem Aufenthalt nach Hollywood zu schicken. Damals war das eine sehr kostspielige Angelegenheit für eine italienische Zeitung: »Man schickte mich mit fünfhundert Dollar dorthin, eine Summe, die für einen Monat in Los Angeles vollkommen unzulänglich war, weshalb ich gezwungen war, die Gastfreundschaft einer italoamerikanischen Dame anzunehmen, die mir in einer Garage auf ihrem Anwesen Unterschlupf bieten wollte. Es war eine Garage ohne Auto, aber mit einem Bett, einem Tisch und einer Toilette. Dafür lief es mit den Reportagen gut, und ich war in der Lage, viele Filmstars zu interviewen.« Auch diesmal braucht Oriana jemanden, der ihr mit dem Englisch hilft. Sie macht Paola Brandt Kenealy zu ihrer Begleiterin; die gebürtige Italienerin ist ihrem Mann Bill, einem Journalisten und Drehbuchautor, nach L. A. gefolgt. Paola erinnert sich gut an den Monat, den sie in Hollywood in Begleitung Orianas verbracht hat. Dass Oriana in einer Garage lebt, ist ihr nicht bewusst; vielmehr geht sie davon aus, dass sie zu Gast bei einer Familie aus der italoamerikanischen Gemeinde ist: »Ich habe ihr den ganzen Klatsch aus Hollywood erzählt, damit sie sich auf jedes Treffen vorbereiten konnte, und gab ihr Tipps, an welchen Orten man sich blicken lassen sollte.«

Sie fahren mit dem roten Cadillac der Kennealys durch die Stadt. Da Oriana nicht Auto fahren kann, lässt sie Paola ans Steuer, die sich aus der Distanz der Jahre mit großer Zuneigung an sie erinnert. »Sie war wie ein aufgescheuchtes Vögelchen – sehr jung, anmutig, mit einem ausdrucksstarken Gesicht, doch wenn man ihr in die Augen schaute, sah man auch eine große innere Verwirrung.« Oriana weiß nichts über dieses große Land, sie spricht die Sprache nicht gut. Trotzdem kann sie sich keine Fehler erlauben. Wie ihre Eltern ihr oft genug gesagt haben, muss sie immer gut sein in dem, was sie tut. Und so senkt sie den Kopf zum Angriff und legt los, spielt die Furchtlose. Auch Giovanna, die Dolmetscherin dieser ersten Reise, erinnert sich an ihren komplexen Charakter: »Sie war zerbrechlich, benutzte ihre Aggressivität wie einen Panzer. Stets griff sie zuerst an. Das Ergebnis war, dass die Amerikaner oft Angst vor ihr bekamen.«

Freunde hatte Oriana nicht viele, erinnert sich Paola, und vor allem hatte sie keine Freundinnen. Frauen möge sie nicht, behauptete sie, denn sie neigten zur Falschheit. »Ihre Helden waren der Vater Edoardo, ihr Onkel Bruno, ständig sprach sie von ihnen.« Oriana freundet sich sehr mit Paolas Mann Bill an. »Er inspirierte sie zu der Idee, ihre Interviews aufzuzeichnen. Bill hatte immer ein Aufnahmegerät dabei, was damals noch sehr ungewöhnlich war.« Seltsamerweise hat ausgerechnet Oriana, die leidenschaftlich und viel auf Reisen gehen wird, Flugangst: »Ich erinnere mich noch, wie sie während eines gemeinsamen Fluges kurz nach dem Start einen Stickrahmen aus der Tasche zog und sich an die Arbeit machte. Das brauche ich, um nicht an die Tatsache zu denken, dass wir so hoch in der Luft sind, erklärte sie mir.« Oriana ist eine ausgezeichnete Stickerin. Auf der Strecke Paris – Mailand schaffe sie zwei Blätter, schreibt sie an einen Freund, und von Rom nach New York könne sie zwei ganze Blumen mitsamt Blättern anfertigen.

Den Monat in Kalifornien nutzt Oriana, um die Welt der amerikanischen Filmstars aus der Nähe zu betrachten. Hollywood kann damals auf kaum mehr als ein halbes Jahrhundert Geschichte zurückblicken. 1887 – als eine puritanische Pionierin namens Daeida Hartell Wilcox Beveridge aus dem Mittelwesten beschließt, das Sündenbabel Los Angeles hinter sich zu lassen und sich an diesem Ort anzusiedeln – befindet sich dort nur eine Ebene voll wilder Orangenbäume und Stechpalmen. Nach diesen Gewächsen nennt Mrs Wilcox Hollywood – Stechpalmenhain. Damals weiß sie nicht, dass nur kurze Zeit später der Bürgermeister einem gewissen William Selig, »Filmfabrikant«, die Erlaubnis geben wird, in nur geringer Entfernung von ihr im Freien Filme zu drehen. Bald darauf mieten drei junge Männer, die gegen den Trust der Motion Pictures Patents Company in New York aufbegehren – Samuel Goldwin, Jesse Lasky und Cecil B. DeMille – einen Stall der Ranch für Dreharbeiten. Der Rest ist Geschichte.

Oriana versucht, alles mit kritischem Auge zu betrachten, und entdeckt zusammen mit den Lesern vom *Europeo* die amerikanische Wirklichkeit. Wie gewohnt schreibt sie, was sie denkt, mit großer Aufrichtigkeit. Die Hauptstadt des Films erscheint ihr zugleich »dumm und genial, sündhaft und prüde, unterhaltsam und langweilig«. Seltsamerweise ist die Stadt von einer großen Anzahl von Ratten bevölkert, die auf den Bäumen von Beverly Hills nisten und am Abend mit ihrem Knabbern mehr Lärm machen als die Zikaden in der Toskana. Oriana entgeht nichts, ob es nun amüsant oder ernst ist. Sie freundet sich mit Jean Negulesco an, einem ehemaligen Flüchtling aus Rumänien, der früher Maler in Paris war, damals zu den größten Regisseuren in L. A. gehört und geradezu zwanghaft Kunst kauft, um sich jeden Tag daran zu erinnern, wie reich er ist. Sie besucht die Villa von Greta Garbo, die eines Tages, viel später, in New York ihre Nachbarin sein wird. Auch begegnet sie einer der großen Legenden aus den Glanzzeiten des Kinos vor dem Weltkrieg: der Schauspielerin Mary Pickford, die sie auf Französisch willkommen heißt, weil sie davon überzeugt ist, in Europa spreche man nur diese Sprache.

Oriana füllt ganze Notizbücher und schmückt ihre Schilderungen gekonnt mit kleinen farbigen Pinselstrichen aus. Der junge Taxifahrer, Philosophiestudent im sechsten Semester an der University of California, der sie mit einer unerwarteten Frage überrascht: »Wenn Sie aus Italien kommen, sagen Sie mir doch eins: Wann schließen sich Nenni und Saragat endlich zusammen?«[3] Der katholische Priester in Hollywood, der immer wartet, bis alle Schauspieler in der Kirche sind, dann »Okay!« ruft und mit dem Gottesdienst beginnt. Der Führer auf dem örtlichen Friedhof, der ihr eine Gruft zeigt, die mit einer Reproduktion des *Abendmahls* von Da Vinci ausgeschmückt ist, und ihr erklärt, warum er diese Version dem Original in Mailand vorzieht: »Das hier ist neu, und größer ist es auch.«

Abends geht Oriana mit Paola und Bill aus. Sie will alles sehen. Man besucht die damals angesagten Lokale: das Mocambo, das Bentham Cock's, das Romanoff's. Sie stellt ständig Fragen, löchert ihre Begleiter. So oft sie kann, lässt sie sich zu den Schauspielern nach Hause einladen, isst mit ihren Familien zu Abend, planscht in ihren Swimmingpools. Während eines Abends bei Regisseur Henry Hathaway wird es ihr schnell zu langweilig, mit der Ehefrau über häusliche Themen und Küche zu plaudern, deshalb setzt sie sich zu den Ehemännern, um sich einen Boxkampf im Fernsehen anzuschauen. Die Welt der amerikanischen Filmstars liegt ihr, und sie weiß über jeden von ihnen sehr persönlich zu schreiben. Oft erahnt und erkennt sie mit ihrer großen Sensibilität auch deren Schwächen. In Judy Garland zum Beispiel sieht sie immer noch das Mädchen, das eigentlich nur zum Spaß singen wollte, jedoch gezwungen ist, ein Star zu werden und immer Diät zu halten. Loretta Young schildert sie als eine sehr einsame Frau, die im Auto einen Rosenkranz am Rückspiegel hängen hat, um sich bei Wartezeiten an der Ampel oder im Stau die Zeit mit Beten zu vertreiben.

In einigen Fällen erlaubt Oriana sich, eine kleine Rache zu nehmen. Zum Beispiel beschreibt sie Elvis Presley, der sich geweigert hatte, sie zu treffen – »Die kommt aus Italien, um mich zu interviewen? Ist mir doch egal, andere kommen aus China« – als Minderbemittelten mit Schmollmund, in den nur Bewegung kommt, wenn er eine Horde ausrastender Teenager vor sich hat, die »Elvis! Elvis!« kreischen. Mit anderen ist sie nachsichtiger. Auch Frank Sinatra hat einige Jahre zuvor ein Interview mit ihr brüsk zurückgewiesen, während er mit Ava Gardner in Rom weilte, und Oriana hat sich geschworen, nie wieder ein Wort mit ihm zu wechseln. Eines Abends in Hollywood sitzt er bei einer Filmpremiere neben ihr: »Ich schaute auf die Leinwand und tat so, als hätte ich ihn nicht gesehen. Doch Frank Sinatra hat ein Gedächtnis wie ein Elefant. Kurz bevor im Saal das Licht ausgeht, tippt er mir auf den Arm und sagt mit seinem schönsten Blenderlächeln: ›Hallo. Immer noch böse?‹ Na gut: Der würde ja sogar eine Schlange zähmen. Ganz zu schweigen von einer Frau.«

In Hollywood verzeiht sie nichts, ebenso wenig wie in Cinecittà. Eine römische Freundin, die sie einst unter den italienischen Stars herumführte, schreibt ihr: »Mittlerweile vermissen wir dich hier ein bisschen. Und in der Tat sind die Schauspieler alle ganz beruhigt, keiner ist sauer oder wettert gegen diese teuflische Oriana, die sie alle immer vorführt. Schade.« Unter allen Schauspielern, die sie trifft, gefällt ihr Jayne Mansfield am besten, weil sie eine Eigenschaft hat, die sie in Orianas Augen über alle anderen stellt: den Mut. »Es ist das netteste, ehrlichste und am meisten kritisierte Mädel in Hollywood. Und die Einzige, die mich nicht enttäuscht hat«, schreibt sie über sie. Sie macht ein langes Interview mit ihr, ergötzt von ihrem frechen Gesicht, und lauscht gebannt ihrer Erzählung von ihrem anormal schnellen Aufstieg, der sich nicht auf ihren schauspielerischen Qualitäten begründet hat, sondern ihrer Entschlossenheit, ein Star zu werden.

Was Oriana an Hollywood verachtet, ist das, was nach Falschheit und Arroganz riecht – sozusagen fast alles. Das erklärt sie ihren Lesern so: »Oft, wenn ich mich einem sogenannten Star nähere, versuche ich herauszufinden, ob das ein ehrliches Wesen ist. Sie sprechen nur selten von sich. Sofern es sich nicht um besonders dumme oder besonders verzweifelte Kandidaten handelt, erspüre ich in ihren Gesten und ihren Worten immer eine Falschheit, die mich argwöhnisch macht und erschüttert. Die sind so sehr daran gewöhnt, als etwas zu erscheinen, was sie nicht sind, dass sie nicht mehr spontan sein können, es sei denn, sie haben einen Regisseur vor sich.« Sobald Oriana eine Falschheit erahnt, macht sie sie dingfest und zieht sie dann ins Lächerliche. So kommt zum

Beispiel der sehr eitle Yul Brynner, der sich nur mit Überheblichkeit bereiterklärt hat, sie am Set zu empfangen, in einem ihrer Artikel sehr schlecht weg: »Er zündete mir mit einstudierter Langsamkeit eine Zigarette an und blies das Streichholz mit geschürzten Lippen aus. Es war ein Pusten, das kraftvoll und gespielt zärtlich zugleich war. Bestimmt würde ich Herrn Brynner enttäuschen, wenn ich nicht schriebe, dass mir ein Schauder über den Rücken lief. Doch er lief nicht.«

Oriana schildert den Zeitungslesern, wie sich die Filmstudios ihre Stars zurechtzimmern, und nennt als Beispiel Kim Novak, eine eher unscheinbare junge Frau tschechischer Herkunft, die sich von Kopf bis Fuß hat runderneuern lassen und jetzt – in eine Diva verwandelt – in einem roten Kleid vor ihr posiert. »Glatt und wohlgeformt wie die kalifornischen Äpfel, die man auf dem Bauernmarkt in Los Angeles kaufen kann.« Anschließend lässt sie sich von Kims Agenten verraten, wie genau diese Neuschöpfung vonstattenging, und zitiert ihn amüsiert für ihre Leser: »Sie watschelte wie eine Ente, wusste nie, wo sie mit den Händen hinsollte, zerdrückte permanent ein Taschentuch zwischen den Fingern und brach mitten unter den Leuten in albernes Gekicher aus. Und sie zog sich unmöglich an. Wir mussten ihr so viel beibringen.« Trotz allem kann sich Oriana nicht erklären, warum Kim ein so berühmter Star geworden ist, und sie macht sie ihrem Artikel nieder. Abschließend schreibt sie über Kims Reise nach Europa, ein Muss für einen aufsteigenden Filmstar: »Kim fuhr mit neunzehn Gepäckstücken und in vollkommener Unkenntnis des Handkusses nach Cannes. ›Wenn ein Mann mir die Hand küsste, ließ ich es geschehen und küsste dann umgekehrt ihm die Hand. Alle hielten das für einen Scherz und lachten. Aber jetzt weiß ich es besser.‹«

In Hollywood begreift Oriana, wie groß mittlerweile die Macht des Journalismus ist. In diesem kleinen Städtchen arbeiten Tausende von Journalisten, unzählige Rezensionen werden in Zeitschriften gedruckt, die sich nur dem Kino widmen und jede Woche in Millionenauflage im ganzen Land verkauft werden. Die Journalisten beobachten jede Geste der Schauspieler und geben sie an ihre Leser weiter. Aus diesem Grund fürchten die Stars sie und behandeln sie folglich mit großer Hochachtung. Oriana studiert sorgfältig die Arbeitsweise der berühmtesten Kolumnisten – Louella Parsons, Hedda Hopper, Sheilah Graham –, die Rubriken über Klatsch, Tratsch und Klamotten schreiben, welche zeitgleich in Hunderten von Blättern in den gesamten Vereinigten Staaten erscheinen. Von Hedda Hopper wird sie sogar empfangen und darf sich Notizen machen, als die Zeitungsveteranin ihr Ratschläge erteilt: »Niemals jemanden schonen. Und immer schlecht über die Leute reden. Sich damit abfinden, dass die Leute einen für eine Schlange halten.«

Bei ihren Erkundungen nähert Oriana sich den Mitgliedern der italoamerikanischen Gemeinde an. Sie freundet sich mit den Schwestern Pierangeli, Marisa und Anna Maria, an, Letztere berühmt geworden als die große, unmögliche Liebe von James Dean. Um sich William Holden zu nähern, der ein großer Automobilfan ist, lässt sie sich von Gregorio Bernardini helfen, einem jungen Mann, der die Geschäftsstelle von Fiat in San Fernando Valley leitet. Sie wendet sich an Valentina Cortese, damals mit dem Schauspieler Richard Basehart verheiratet, damit ihr die Ehre zuteilwird, als einzige Journalistin zum Jahresfest bei Joseph Cotten eingeladen zu werden. Es ist ein sehr exklusives Fest, doch Oriana verlässt es zusammen mit Orson Welles und seiner italienischen Ehefrau Paola Mori früh wieder, weil sie sich langweilt. Von ihrem ersten

Zusammentreffen mit Welles erzählt sie offen ihren Lesern: »Mir war er so unsympathisch, dass ich, um ihn zu ärgern, höchstens einen halben Meter von der Stelle entfernt, wo er saß (oder besser: hing), in den Pool sprang. Es gab ein ordentliches Platschen, und ich spritzte ihm seinen wunderschönen Seidenanzug nass. Na, und wisst ihr, was er machte, während ich wie ein Otter im Wasser herumtollte? Er brach in ein bellendes Lachen aus, zog sich Jacke und Hose aus, hängte sie sorgfältig zum Trocknen auf und stürzte sich zu mir ins Wasser, wobei er den ruhigen Pool in ein schwappendes Meer verwandelte, zog mich dann wie ein nasses Küken mit dem kleinen Finger an sich heran und sagte: ›Ich hasse Frauen. Sie sind feinfühlig, realistisch, effizient, unvorhersehbar und undurchschaubar – wie Tiere. Und Tiere mag ich, weil sie mich amüsieren. Gehen Sie mit mir essen?‹«

Nach diesem Aufenthalt häufen sich Orianas Reisen nach Hollywood. Mittlerweile besitzt sie ein uneingeschränktes Einreisevisum und legt großen Wert darauf, es auch zu behalten. Mit der Regelmäßigkeit eines Metronoms besteigt sie ein Flugzeug nach New York, wobei sie in ihrer Tasche immer den Stickrahmen dabeihat, ebenso wie eine Liste mit Themen, die sie gerne abarbeiten möchte. »Etwas über die Queen auf Staatsbesuch in den Vereinigten Staaten; über Gangster; über Mickey Spillane; Nachforschungen über den Broadway; etwas über Weihnachten; und ein Artikel über das Ehepaar Miller.« Öfters zieht es sie jedoch nach Hollywood, wo sie bestimmte Gewohnheiten entwickelt: »Worüber ich mich in Los Angeles wirklich nicht beschweren kann, ist, wie man hier behandelt wird, denn ich werde wirklich sehr, sehr gut behandelt. Man braucht nur anzurufen, und schon heißt es, komm vorbei und bring deinen Badeanzug mit. Ich bin schon dunkler als Sidney Poitier, und vom vielen Schwimmen tun mir die Knochen weh.« Mittlerweile ist Orianas Englisch ausgezeichnet, und viele Schauspieler und Schauspielerinnen werden ihre Freunde.

Jahre später unternimmt sie eine Autofahrt mit Shirley MacLaine. Die beiden wollen die USA von Westen nach Osten durchqueren, doch die Reise wird früher als geplant abgebrochen, weil sie heftig in Streit geraten. Die Schauspielerin erinnert sich: »Ich hatte ihr erklärt, dass für die Indianer ein Foto gleichbedeutend mit dem Diebstahl ihrer Seele ist, doch Oriana wollte nichts davon hören und machte trotzdem Fotos. Wir bekamen Krach und gingen getrennte Wege. Oriana kapierte es einfach nicht. Es war eine Vergnügungsreise, aber im Grunde war sie immer im Dienst.« Das Notizbuch, das Oriana während der Reise führt, ist in der Tat voller Einträge. In Texas nimmt ein Polizist sie wegen Geschwindigkeitsüberschreitung fest und locht sie für eine Nacht ein. Oriana ist überrascht von der rigiden Einhaltung der Straßenverkehrsordnung: »In Amerika überholt keiner. Man wartet, auch wenn das Auto nur noch fünf oder zehn Meilen pro Stunde fährt, und dann heißt es: ›Es ist gefährlich.‹ Ich verstehe nicht, wie die es überhaupt schaffen, Unfälle zu haben.« In der Wüste platzt den beiden Frauen ein Reifen, und sie haben ein Problem. »Diese Leere, diese Stille. Ich sehe ein Auto in der Ferne. Ich fange an zu laufen, verzweifelt: Denn es ist nur eine alte Frau mit weißen Haaren in einem Renault, die sich verfahren hat. ›Bitten Sie mich gar nicht erst um Hilfe. Ich bin auch ratlos.‹« An der Grenze zwischen Nevada und Arizona geraten sie in eine Polizeikontrolle. »Sie fragen uns, ob wir Obst oder Gemüse an Bord haben – wir sind beim Zoll gelandet. Nein, sage ich. Die typische Antwort einer Italienerin. Sie kontrollieren uns, und natürlich ist der Wagen voller Orangen, Bananen, Trauben, Pfirsiche. Wir haben sogar Karotten, Sellerie und grünen Paprika gebunkert, den Shirley gern mit einer Prise Salz isst.« In Alabama halten sie in einer kleinen Stadt namens Florence, ein Detail, über das sich Oriana sehr amüsiert.

Orianas Artikel über das amerikanische Kino erscheinen im Laufe des Herbstes 1957 im *Europeo* in einer Serie mit dem Titel *Hollywood dal buco della serratura,* Hollywood durchs Schlüsselloch betrachtet, und werden ein großer Erfolg. Die italienischen Leser sind es nicht gewöhnt, dass so über Filmstars berichtet wird, wie in diesen Artikeln. Oriana zeigt keinerlei Unterwürfigkeit den Stars gegenüber, und das kommt beim Publikum ausgezeichnet an. Außerdem ist sie unterhaltsam, temperamentvoll, neugierig, nimmt den Leser an die Hand und führt ihn buchstäblich bis ins Zuhause der Berühmtheiten. Oriana ist in ihren Artikeln immer präsent und wird irgendwann selbst zur Figur, die im Gedächtnis bleibt, das bringt ihr große Sympathien ein. Außerdem ist sie so respektlos, dass der Leser es in seinem grauen Alltagsleben geradezu als Genugtuung empfindet.

Im Frühjahr 1958 schlägt das Verlagshaus Longanesi vor, ein Buch mit einer Sammlung ihrer Artikel zu veröffentlichen. Es trägt den Titel *I sette peccati di Hollywood.*[4] Für Oriana, die immer davon geträumt hat, wirklich zu schreiben, ist das ein entscheidender Moment. »Schon als kleines Mädchen hatte ich Lust, Bücher zu schreiben. Nicht Schriftstellerin zu sein, sondern Bücher zu schreiben, denn ich liebe Bücher, liebe ihr bedrucktes Papier. Und sie werden nicht dazu benutzt, Schuhe auszustopfen. Ja, eines Tages habe ich tatsächlich meine Schuhe zum Schuster gebracht, um mir neue Absätze machen zu lassen, und als er sie mir zurückgab, waren sie in einen von meinen Artikeln gewickelt. Der Gedanke, dass du einen großen Text schreiben kannst und eine Woche später schon vergessen bist, als hätte es dich nie gegeben, als wärst du einfach tot, bereitet mir Unbehagen.«

Bücher standen immer im Mittelpunkt von Orianas Überlegungen darüber, was ihre Zukunft angeht. »Nie im Leben werde ich vergessen, wie aufgeregt ich war, als ich mein allererstes Buch in Händen hielt. Es war, als hätte ich ein Kind zur Welt gebracht. Ich begann zu zittern und lief rasch ins Bad, um zu weinen.« Für das Vorwort kann sie Orson Welles gewinnen, der aus seiner Bewunderung für die junge italienische Journalistin, die mit Talent und frecher Schnauze die Filmwelt entblößt hat, keinen Hehl macht. »Oriana Fallaci hat ein scharfes toskanisches Auge, und man kann es durchaus als glückliche Fügung verstehen, dass sie beschloss, es eine Zeitlang auf unsere Karawanserei Hollywood zu richten.« Der Regisseur ist der Erste, der eines von Orianas Geheimnissen lüftet – nämlich dass sie ihre Haltung als kämpferische Journalistin unter der täuschendsten weiblichen Larve zu verstecken weiß. »Auch Mata Hari war schön. Jede dieser fähigen Spioninnen hat sich auf ihre Art und zu ihrer Zeit das wohlbekannte Vorurteil der Männer zunutze gemacht, nach dem im sogenannten schwachen Geschlecht Intelligenz nur den weniger Attraktiven vorbehalten ist. In Hollywood gibt es nichts Gewöhnlicheres als eine schöne Frau. Die faszinierende Anmut Oriana Fallacis diente ihr dazu, unbemerkt zu bleiben.«

In der Widmung heißt es: »Für meine Mutter und meinen Vater.« Das Buch verkauft sich sehr gut. Allmählich beginnt sich Oriana, die bei den Lesern des *Europeo* bereits wohlbekannt ist, auch bei einem breiteren Publikum einen Namen zu machen. Die Kollegen bitten sie um Interviews, überrascht vom plötzlichen Erfolg dieser jungen Frau mit den toupierten Haaren. Der eine oder andere macht sich zwar noch lustig über ihr harmloses Aussehen und beschreibt sie als die »superblonde Sonderberichterstatterin mit dem Herzmündchen.« Doch schon bald haben alle gemerkt, dass sie eine Rivalin vor sich haben, die in nur wenigen Jahren jeden anderen großen Namen im Journalismus des Landes in den Schatten stellen und die einzige italienische Vertreterin ihrer Zunft sein wird, die in der ganzen Welt bekannt ist und gelesen wird. Giorgio Fattori, der neue Herausgeber des *Europeo*, hat schon vor geraumer Zeit begriffen, dass sich die Verkaufszahlen der Zeitung erhöhen, wenn auf dem Titelblatt ein Artikel von Oriana angekündigt wird. Endlich hat Oriana nationalen Ruhm erlangt. Eigentlich könnte es ein sehr glücklicher Moment für sie sein. Doch in Wirklichkeit macht sie in jener Zeit gerade eine der schwierigsten Erfahrungen ihres Lebens durch. Es ist eine unglückliche Liebe, die sie für immer verändern wird.

7

Erste Liebe

Er heißt Alfredo Pieroni und arbeitet in London als Korrespondent einer Zeitung namens *Settimana Incom Illustrata*, die es heute nicht mehr gibt. Als sie ihn kennenlernt, ist Oriana gerade aus Hollywood zurückgekehrt und bereitet das Erscheinen ihres ersten Buches vor. Sie ist sechs Jahre jünger als er und viel berühmter. Bis zu diesem Moment hat sie nur an ihre Karriere gedacht, doch bei diesem Kollegen passiert es ihr zum ersten Mal, dass sie von der Begegnung mit einem Mann beeindruckt ist. Sie ist nicht vorbereitet auf das, was auf sie zukommt, und vollkommen unerfahren.

Die verliebte Oriana ist eine unverfälschte Oriana, ein weiches, zerbrechliches Wesen. Es fällt schwer zu glauben, dass sie tatsächlich die Autorin jener kleinen Briefe ist, die Alfredo von damals aufbewahrt hat. Die Frau, die das schreibt, ist eine Frau, die von einem Leben als Paar träumt und für diesen Traum sogar bereit wäre, alles aufzugeben, auch ihre Arbeit. Eine Frau, die um Liebe bettelt, die alles verzeiht und alles rechtfertigt, die sich erniedrigt und gegenüber dem Mann, den sie liebt, auslöscht. Zum ersten – und vielleicht einzigen – Mal in ihrem Leben ist Oriana schutzlos. Und sie wird im Laufe dieser Beziehung zutiefst verletzt, verliert ein Kind und fast ihr eigenes Leben. Das wird tiefgreifende Auswirkungen auf ihren Charakter und auf ihre Haltung dem Leben gegenüber haben.

In ihren ersten Briefen an Alfredo versucht Oriana noch,

ihre Gefühle herunterzuspielen und das Ganze als Flirt darzustellen. So legt sie einem Brieflein zum Beispiel eine scherzhafte Zeichnung von sich selbst bei, die sie selbst als verliebtes Frauchen Oriana mit großer Schleife auf dem Kopf zeigt, das die Signorina Fallaci fragt, was denn Erfolg sei. In einem anderen Schreiben erklärt sie ihm, sie wolle ein gutes Wort für diese Oriana einlegen, die ihr leidtue, denn die Ärmste leide an Liebe, nachdem sie ihn kennengelernt habe. Doch schon bald schreibt Oriana ohne Filter. Sie erklärt ihm ihre Liebe – eine zärtliche, hartnäckige Liebe, aus der es keinen Ausweg gebe, wie sie sagt – und tut alles, um die Distanz zu überwinden, die sie trennt. Sie überschüttet ihn mit Briefen, verbringt ganze Tage neben dem Telefon und wartet auf die Gelegenheit, mit ihm zu sprechen. In Wirklichkeit besteht zwischen ihnen gar keine richtige Beziehung, denn Alfredo erwidert ihre Gefühle nicht. Es ist ein Monolog: ein langer Brief an einen Menschen, der nie antwortet.

Zu Beginn ist Alfredo neugierig auf diese Kollegin mit der zarten Figur einer Puppe, eine Frau, die kämpferisch wie ein Mann ist und so brillant schreibt wie sonst kaum jemand, und über die alle Journalisten in Italien reden – die einen voller Bewunderung, die anderen erfüllt von Neid. Geschmeichelt von ihrer Aufmerksamkeit ist Alfredo bereit für ein Abenteuer, doch für mehr nicht. Schon bald macht ihm der Ernst von Orianas Gefühlen Angst. Je mehr Liebesbriefe sie ihm schreibt, desto nachdrücklicher versucht er sie in ihrem Ungestüm zu bremsen. Er will nicht, dass sie anderen von ihrer Beziehung erzählt, lädt sie erst nach London ein, als sie darauf besteht. Er schreibt ihr nie. Ab und zu macht er den Fehler und verspricht ihr, sie anzurufen, um es gleich darauf wieder zu vergessen, und Oriana sitzt den ganzen Tag vor dem Telefon. Er verbirgt ihr nicht, dass er andere Beziehungen hat. Sie ist sehr eifersüchtig, nimmt jedoch auch das hin, so wie sie alles an Alfredo akzeptiert.

Für ihre Artikel über die High Society waren schon immer Rom und Paris Orianas wichtigste Jagdgebiete. Jetzt jedoch bemüht sie sich mit allen Mitteln um Aufträge, die ihre Anwesenheit in London unabdingbar machen. Dafür ist ihr jede Ausrede recht: ein Skandal in Verbindung mit Alexandra von Kent, eine neue Liebschaft von Ingrid Bergman, ein indonesischer Guru, der berühmte Persönlichkeiten durch Meditation kuriert. Für die Zeitung nach London zu fahren bedeutet, Alfredo zu sehen, bei ihm zu schlafen, auch wenn es nur für eine Nacht ist. Oriana, die ihr Leben lang die Liebe auf Distanz preisen wird, ersehnt sich, was Alfredo angeht, das genaue Gegenteil. Sie träumt von einem gemeinsamen Haus, einem Zusammenleben als Paar, von Kindern. Was in jenen Jahren der gutbürgerliche Traum einer jeden Frau war.

Oriana liebt es, all die kleinen Dinge des Alltags für Alfredo zu erledigen. Die wenigen Male, die es ihr gelingt, ein paar Tage hintereinander bei ihm in London zu übernachten, ist sie die glücklichste Frau der Welt. Sie kocht, kümmert sich um das Haus, möchte, dass er nicht einmal eine Putzfrau kommen lässt, damit sie das alles für ihn erledigen kann. Sie sagt ihm, am liebsten wäre sie mit einem Piloten der Linie London–Mailand verwandt, denn dann könne sie sich jeden Tag seine schmutzigen Hemden bringen lassen und sie am nächsten Tag gewaschen und gebügelt zurückschicken. Sie bombardiert seine Londoner Adresse mit Päckchen: eine Basilikumpflanze, eine Krawatte von Pierre Balmain, eine Focaccia von Cova, ein Morgenrock aus Seide, ein Schirm für den englischen Nieselregen, Medikamente, wenn er krank ist, eine goldene Taschenuhr für die Westentasche, die sie beim Juwelier ihres Vertrauens auf dem Ponte Vecchio gekauft hat. Unzählige Stoffe für seinen Schneider, oder auch nur Stoffmuster, aus denen er sich dann etwas aussuchen kann.

Alfredo ist ein sehr eleganter Mann. Dank ihm lernt Oriana einen Grisaille-Stoff von Schurwolle zu unterscheiden und einen Dreiteiler vom Zweireiher. Was ihre eigene Kleidung angeht, war es ihr immer am wichtigsten, dass sie praktisch ist, doch nun gibt sie ein Vermögen bei der Schneiderin aus und kündigt in jedem Brief ein neues Kleidungsstück an. Vor allem in Blau, denn das ist Alfredos Lieblingsfarbe. Sie strickt ihm einen Wollpullover, nur um ab und zu beim Maßnehmen die Schneiderpuppe umarmen zu können und sich dabei vorzustellen, es sei er. »Im Stricken bin ich mittlerweile schneller als im Artikelschreiben«, verkündet sie stolz in einem Brief.

Sie erklärt sich bereit, eine Weile nach Paris zu gehen, um eine lange Reihe von Porträts großer Modemacher zu schreiben. Bei ihren Interviews mit den Designern zeigt sie sich, wie gewöhnlich, respektlos. So beschreibt sie den jungen Yves Saint Laurent als schüchternes Jüngelchen, das vor der Presse Angst hat: »*Enchanté,* sagte der kleine König, und selbst diese kurze Begrüßung kostete ihn so viel Kraft, dass wir einen Moment lang fürchteten, er würde ohnmächtig zu Boden sinken. Er verlor nicht die Besinnung, schwankte jedoch.« Coco Chanel präsentiert Oriana als furchterregenden Teufel im Bleistiftrock, allerdings in Miniaturformat: »Sie war so winzig; so winzig, als hätte man sie mit dem kleinen Finger hochheben können.« Es sind alles Porträts, die vor beißender Kritik strotzen. Nur für Pierre Balmain, den lebensfrohen Schürzenjäger, zeigt sie eine gewisse Wertschätzung: »Er ist der einzige Schneider, der nicht wie einer aussieht, unter all diesen Herrn, die den Job einer Frau machen.« Unter dem

Strich gefällt Oriana diese frivole Welt noch weniger als das Kino.

In Orianas Augen – den Augen einer Frau, die in Armut aufgewachsen ist – sind die Modehäuser streng wie Ministerien, die Fotomodelle arme, unterernährte Kreaturen und die Kleider skandalös teure Fummel. Jedes Mal, wenn sie von einem Modeschöpfer empfangen wird, fühlt sie sich, als würde sie einer Prüfung unterzogen: »Für eine Frau ist es immer peinlich, sich dem Urteil eines großen Couturiers zu unterziehen«, gesteht sie ihren Lesern. Doch dann ist sie wieder da, die alte Oriana, die ihre Artikelserie mit einer offenen Aufforderung zur Unabhängigkeit beschließt: »Jetzt wisst ihr, wer sie sind und wie sie denken: jeder auf andere Weise. Bildet euch euer eigenes Urteil und steht über den Dingen. Nein, seid schlicht. Tragt Schwarz. Nein, tragt Rot. Tragt die Hosentaschen auf der richtigen Seite. Nein, über dem Hintern. Seid schmal. Nein, seid normal. Folglich ist der logische Schluss folgender: Zieht euch an, wie ihr wollt, verehrte Damen.«

Der Gedanke an Alfredo verfolgt Oriana überallhin, es ist wie eine Obsession. Sie hat von Anfang an begriffen, dass die Beziehung unausgewogen ist. Die Vorstellung, ihn zu verlieren, erschreckt sie, lässt den Gedanken in ihr aufkommen, sich etwas anzutun. Als die Zeitung sie nach Paris schickt, wo sie über eine Romanautorin schreiben soll, die sich aus Liebeskummer das Leben genommen hat, ist sie zutiefst verstört. Auch sie denkt oft an den Tod. Allein der Gedanke, Alfredo könne mit ihr Schluss machen, bringt sie fast um, sie denkt, das wäre ihr sicheres Ende. Eigentlich wolle sie keine großen Worte machen, entschuldigt sie sich in jedem Brief, doch dann tut sie es doch und gesteht ihm, dass er zum Mittelpunkt ihres Lebens geworden ist.

Es scheint nichts anderes mehr zu existieren als dieser

Mann. Selbst ihre Arbeit, die noch bis vor kurzem die einzige Antriebskraft ihrer Existenz war, hat jeglichen Sinn für sie verloren. Die Zeitung schickt sie noch einmal nach Teheran, weil sich die Stimmen über eine bevorstehende Scheidung zwischen dem Schah und Soraya häufen, doch auf dieser Reise geht Oriana jedes noch so kleine Erlebnis auf den Geist. Sie beklagt sich darüber, am Journalismus kein Interesse mehr zu haben, sowohl das Reisen als auch die Leute zu verachten. Zurück in Italien, schreibt sie einen wütenden Artikel über das iranische Kaiserpaar und eröffnet ihn mit einem Satz, der ebenso gut auf sie und Alfredo passen würde: »Ihre Liebesgeschichte ist vorüber. Vielleicht hat sie nie existiert.«

Im Frühjahr 1958 bemerkt Oriana, dass sie schwanger ist. Sie weiß, dass Alfredo nicht die geringste Absicht hat, mit ihr ein Kind in die Welt zu setzen, ja, dass ihn das für immer von ihr entfremden würde. Und so muss sie sich entscheiden, ganz allein und in großer Eile, was sie mit dem Kind machen soll. Es ist eine entscheidende Phase in Orianas Leben, die später nie einen Hehl daraus gemacht hat, dass sie die verpasste Mutterschaft als Tragödie empfunden hat, und zugibt, mehrere Schwangerschaftsabbrüche durchlebt zu haben, allerdings immer in Form von spontanen Fehlgeburten.

In einem Briefwechsel scheint sie tatsächlich eine Abtreibung in Betracht zu ziehen, und sie informiert sich darüber, wer ihr in London oder Paris behilflich sein könne. Auch in England ist Abtreibung strafbar und wird nur heimlich praktiziert, doch hier würde sie wenigstens von der Neugier der Kollegen und Verwandten verschont. Ihre Idee, so erklärt sie Alfredo, ist, sich dem Eingriff in London zu unterziehen und dann nach Paris zu reisen, die einzige fremde Stadt, in der sie sich, selbst wenn es ihr nicht gut gehe, ein paar Tage ausruhen könne, ohne Verdacht zu erregen. Sie behauptet, zwei oder drei Adressen gefunden zu haben, und dass ihr nur wenig Zeit bleibe, sich zu entscheiden.

Die Informationen, die in Orianas Nachlass erhalten geblieben sind, sind nicht klar genug, um mit Genauigkeit zu rekonstruieren, was dann geschah. Die einzige Gewissheit ist, dass Oriana im Mai 1958 wenige Schritte von ihrem Hotel in der Rue de Berri ohnmächtig zusammenbricht. Das Kind im Mutterleib ist tot, und wenn sie nicht auf der Stelle operiert wird, besteht auch Gefahr für ihr eigenes Leben. Eine deutsche Freundin, die um ihren Zustand weiß, ist ihre Rettung. Als sie von dem Zusammenbruch erfährt, lässt sie Oriana ins Krankenhaus bringen und unterrichtet die Ärzte von der Situation. Oriana wird notoperiert. Einen Monat später muss sie sich einem weiteren Eingriff unterziehen, weil ihre Blutungen nicht aufhören und zusätzliche Komplikationen auftreten. Die Ärzte machen keinen Hehl daraus, dass der Vorfall dazu führen könnte, dass sie keine Kinder mehr bekommen kann.

Für Oriana ist es ein schreckliches Trauma. Sie weiß nicht, wie sie nach Italien zurückkehren kann – so resigniert und wieder zusammengeflickt, wie sie in einem Brief schreibt –, und vor allem, weil sie alle zu Hause anlügen muss. Sie erleidet einen Nervenzusammenbruch, dessen Ursache sie all denen, die ihr nahestehen, ob in der Redaktion oder der Familie, verschweigt. Sie kann nicht mehr schlafen und beginnt, Schlafmittel zu nehmen, die sie mit Beruhigungsmitteln und Antidepressiva kombiniert. Oft ist sie bettlägerig, hat Fieber, schreckliche Kopfschmerzen, kann nur mit Mühe schreiben, ist den Tränen nah. Der Herausgeber des *Europeo* schickt sie für einige Monate zur Kur, zwingt sie dazu, eine Auszeit zu nehmen. Er glaubt, Oriana arbeite nur zu viel, und hat keine Vorstellung davon, was sie wirklich durchmacht. Von außen wirkt sie immer noch wie eine junge Frau voller Entschlossenheit, doch in ihrem Inneren ist sie nur noch ein Trümmerfeld. »Meine Güte, wie habe ich mich verändert!«, schreibt sie in einer Notiz. »Ich fühle mich alt, auch wenn mir das niemand glaubt, weil ich so klein bin und dieses Gesicht und diesen Körper habe.«

Die Beziehung zu Alfredo wird immer schwieriger. Vielleicht auch erschrocken von dem Vorgefallenen, zieht er sich ganz zurück. Aus diesem Grund versucht Oriana ihn mit einem beruflichen Projekt an sich zu binden, das es ihr erlaubt, ihm weiterhin zu schreiben und ihn anzurufen. Im Herbst 1958 überredet sie ihn dazu, ein Buch über das politische Establishment in Italien zu schreiben, indem er seine Artikel dazu sammelt und ergänzt. Sie findet seine Arbeiten ausgezeichnet, und wenn sie allein ist, liest sie sie immer wieder, als handelte es sich um Liebesbriefe. Sie verspricht ihm, sich um alles zu kümmern: einen Vertrag bei ihrem Verlag zu bekommen, Recherchen anzustellen, ihm mit ihren Kontakten unter die Arme zu greifen. Monatelang beschäftigt sie sich mit nichts anderem. Sie macht einige Interviews für ihn, schickt ihm dann die kompletten Abschriften der Tonbandaufzeichnungen, benutzt ihre Kontakte, um weitere zu bekommen. In den Briefen an Alfredo, die sie kontinuierlich weiterschreibt, fasst sie immer wieder das Gesagte zusammen, wie eine ergebene Sekretärin: Sie habe telefonisch das Interview mit den Geschäftsführern der Bergbaugesellschaft Montecatini vereinbart, über einen befreundeten Börsenmakler einen Bericht über Mediobanca gefunden, habe Giorgio La Pira in Florenz interviewt. Sie bietet Alfredo sogar an, den Text abzutippen. Mittlerweile ist sie schnell, sicher und fehlerlos im Maschineschreiben, besser als eine Stenotypistin.

In der gleichen Zeit beauftragt die Zeitung sie mit einer langen Fortsetzungsreihe über das römische Kino, mit dem an den großen Erfolg ihrer Serie über Hollywood angeknüpft werden soll. Unter dem Titel *Dietro le luci di Cinecittà* – Hinter den Lichtern von Cinecittà – läuft die Serie monatelang, allerdings holprig, weil Oriana nicht mit dem Herzen bei der Sache ist. Sie hat nur Alfredos Buch im Kopf. Und sie hat nur einen einzigen Wunsch: sich beruflich auszulöschen, um sich ganz ihm widmen zu können – »Ich habe keine Lust mehr, gut zu sein. Du bist gut, und das gefällt mir.«

Die ehrgeizige Oriana scheint verschwunden, ebenso wie die kämpferische, die notorisch widerspenstige und jähzornige. Nach jeder Diskussion mit Alfredo ist sie es, die den Versöhnungsbrief schreibt, die sich entschuldigt und einen Kompromiss sucht. Sie überschwemmt Alfredo mit Post. Sie schreibt Briefe, die sie dann bereut, und schickt als Entschuldigung andere Briefe, die sich auf die vorhergehenden beziehen. Sie fühlt sich töricht, versteht aber nicht, was mit ihr passiert. »Aber was kann ich denn machen, wenn ich dich nun liebe und für den Besseren halte, wenn es neben dir keine anderen gibt und ich mich deshalb sogar schlecht behandeln lasse, ohne mich zur Wehr zu setzen? Diese Dinge habe ich noch nie jemandem gesagt, ich habe sie nie empfunden und hätte es auch nicht gekonnt.«

Ihre Fernbeziehung wird immer mehr zum Teufelskreis. Oriana begreift, dass Alfredo sie nicht liebt, und weint. Er verachtet sie für ihre Tränen und geht ihr aus dem Weg. Die letzten Briefe, geschrieben im Frühjahr 1959, sind dramatisch. Mittlerweile will Alfredo sie nicht mehr sehen. Er geht auch nicht mehr ans Telefon, wenn sie anruft. Er hat eine Beziehung zu einer anderen Frau in London und macht daraus keinen Hehl. Oriana besteht darauf, mit ihm zu telefonieren, stundenlang, ohne sich dafür zu schämen, auch nachts. Sie ist außer sich. Sie hat zwei Jahre lang in der Überzeugung gelebt, Alfredo sei der Mann ihres Lebens, und kann es nicht akzeptieren, dass das alles nur ein Missverständnis war. Ihre letzten Briefe sind verzweifelt: »Du warst das Ziel meines Lebens. Ich habe nichts verlangt, mir genügte es zu wissen, dass es mich für dich gab und dass ich mit dir reden konnte, dich ab und zu sehen, dir nahe sein, dir helfen. Jetzt habe ich nicht einmal mehr das, und diese Entscheidung ist eine Bürde, die mir zu schwer ist. Ich werde daran sterben.«

Am 28. Juni gelingt es ihr während einer Durchreise für den *Europeo,* in London zwischenzulanden. Sie hat Alfredo geschrieben und ihm mitgeteilt, sie bleibe vierundzwanzig Stunden im Hotel Normandie, bevor sie nach Brüssel weiterreise, und werde sich nicht aus ihrem Zimmer wegbewegen, in der Hoffnung, dass er sie anruft. Am nächsten Tag ist ihr Geburtstag. Obwohl alles vorbei ist, fleht sie ihn an, einen letzten Abend mit ihr zu verbringen. Es vergehen vierundzwanzig Stunden, in denen sie auf dem Bett liegt, neben sich das Telefon, das stumm bleibt. Dann nimmt sie die Schachtel mit den Schlaftabletten aus der Handtasche, die sie mittlerweile immer dabei hat, und schluckt alle. Als das Hotel ihre Familie informiert, schicken die Fallacis eine der Schwestern, die sich diskret um alles kümmert, um einen Skandal zu vermeiden.

8

Eine Reise um die Welt

Die unglückliche Liebe zu Alfredo ist ein Wendepunkt in Orianas Leben. Sie wird nie über ihn sprechen, doch in den Interviews, die sie im Laufe der Jahre gibt, lässt sie, wenn es um ihre Jugend geht, ab und zu etwas durchblitzen. »Wie besessen von der Angst, an die Leine genommen zu werden und durch einen Maulkorb meine Bissigkeit zu verlieren, war ich jahrelang wie ein Hund ohne Hundemarke: knurrend, aber frei. Ich wies diejenigen ab, die sich in mich verliebten, und gestattete es mir selbst nicht, mein Herz an jemanden zu verlieren. Ganz gewiss litt ich und ließ leiden, aber einen Anker warf ich nicht. Ich warf ihn nicht einmal, als ich meine erste Liebe kennenlernte. Außerdem war meine erste Liebe kein Spaß. Sie diente nur dazu, in mir die Überzeugung reifen zu lassen, dass Liebe bedeutet, in Handschellen vor seinen Richter zu treten.«

Oriana braucht sehr viel Zeit, um wieder auf die Beine zu kommen. Erneut von der Familie aufgenommen begibt sie sich in eine psychiatrische Klinik, eine traumatische Erfahrung, von der sie später in einem Brief an einen guten Freund berichten und ihm die Betten mit den Ledergurten und die vergitterten Fenster beschreiben wird. In demselben Brief schildert sie ihre Depressionen, die häufigen Todesgedanken, den Eindruck, von Alfredo weggeworfen worden zu sein, samt dem Kind, das sie zusammen hätten haben können. Sie erzählt von dem schrecklichen Anblick des Fötus, winzig klein wie eine Nuss, wie er von dem Arzt einfach zu den Abfällen, der Gaze und den Ampullen geworfen wurde. Es ist ein Bild, das sie verfolgt. Es fühle sich an, als wäre auch sie tot, gesteht sie, und die ganze Zärtlichkeit und die Wärme, zu der sie fähig war, scheinen zusammen mit dem Kind und ihrer Liebe zu Alfredo gestorben.

Vier Monate lang unterbricht Oriana ihre Arbeit beim *Europeo.* Doch sie weiß sehr gut, dass das Schreiben für sie der einzige Weg ist, zu überleben. Das Erste, was von ihr Ende Oktober 1959 erscheint, ist eine überaus persönliche und bissige Anleitung für das Leben im Hotel. Unter den Ratschlägen findet sich auch ein deutlicher Bezug zu der grauenvollen Episode, die sie erst im Juni durchlebt hatte. »Bring dich nicht im Hotel um: Das haben die dort gar nicht gern.« Oriana meldet sich zurück, sie hat beschlossen, es allen zu zeigen, aber auf ihre Weise. Mit einem Pokerface.

Um ihr dabei zu helfen, wieder auf die Beine zu kommen, schlägt der Herausgeber des *Europeo* Oriana eine Reise vor: Sie soll in verschiedenen Ländern der Erde die Lebensbedingungen von Frauen erkunden. Zu Beginn ist Oriana dagegen. Sie war noch nie besonders begeistert davon, über Frauenthemen zu schreiben: »Die Frauen sind keine exotische Spezies, und ich verstehe nicht, aus welchem Grund sie eigentlich, besonders in der Presse, ein eigenes Thema darstellen sollten, so wie der Sport, die Politik oder der Wetterbericht.« Dann jedoch löst ein Abendessen mit einer Freundin, einer erfolgreichen Frau, die in Tränen ausbricht, als sie ihr von ihrem Leben berichtet, etwas in Oriana aus: »Angesichts einer solchen Frau, die jeden Morgen auf dem Posten ist und erst dann merkt, dass etwas nicht stimmt, wenn sie ernsthaft erkrankt, wurde mir bewusst, dass bei den Männern die grundlegenden

Probleme ihres Lebens aus wirtschaftlichen, rassischen oder gesellschaftlichen Gründen entstehen, bei den Frauen hingegen auch und hauptsächlich aus einem anderen Grund: weil sie Frauen sind.«

Im Winter 1960 reist Oriana ab, zusammen mit dem Fotografen Duilio Pallottelli. Die Idee ist, eine Weltreise zu machen und Frauen außerhalb Europas zu treffen. Folgende Länder wollen die beiden besuchen: die Türkei, Pakistan, Indien, Indonesien, Malaysia, Hongkong, Japan, Hawaii. Im Gepäck haben sie ein Dutzend Fotoapparate, eine Schreibmaschine, vier Koffer sowie einen Pelzmantel, den Oriana in Japan brauchen wird, denn dort ist es kalt. Erste Etappe der Reise ist die Türkei, wo sie auf Städterinnen treffen, für die die laizistische Revolution Atatürks eine Befreiung war. Sie begegnet Richterinnen, Soldatinnen, Pilotinnen, die ihr viel emanzipierter vorkommen als die Frauen bei ihr zu Hause: »Muslimische Frauen, die keinen Schleier tragen und deshalb frei sind, ebenso respektiert und unglücklich wie wir im Westen, aber sich dessen bewusst sind – was immer von Vorteil ist.«

In Pakistan folgt die erste traumatische Begegnung mit dem Islam. In Karatschi wohnt Oriana zufällig einer Hochzeitsprozession bei. Die Menge trägt eine Person, die unter kiloweise rotem Stoff verborgen ist, wie ein Paket. Wer das sei, fragt Oriana. Nichts, eine Frau, antwortet man ihr. Empört über diese Ausdrucksweise bittet Oriana darum, die Frau kennenzulernen. Die Hochzeitsgäste sind einverstanden, auch wenn sie nicht verstehen, was für diese ausländische Journalistin daran so interessant ist. Sie lüften die Schleier, und darunter befindet sich die Braut. Es ist ein junges kreidebleiches Mädchen, seine Augen sind geschlossen und die Lider mit Silberpulver bestrichen, unter denen eine Träne hervorquillt. Oriana versucht die Kleine zu trösten: »Ich sagte ihr, es gebe keinen Grund zum Weinen. Ich hätte den Bräutigam gesehen, er sei gutaussehend und wirke sanftmütig.« Doch das stimmt nicht. Der Mann ist ein schmieriger Zeitgenosse, der bereits versucht hat, sich an diese ausländische Journalistin mit den unbedeckten Armen heranzumachen. Doch Oriana ist zutiefst betroffen von den Tränen dieser Kindbraut und möchte ihr helfen. Die Frauen in ihrer Umgebung können ihre Bestürzung nicht nachvollziehen. Alle Bräute würden weinen, sagt eine von ihnen; sie selbst habe drei Tage lang geweint.

Genau hier, angesichts dieses verschnürten Brautpakets mit Beinen, entstehen Orianas erste Vorbehalte gegen den Islam. Schon damals findet sie für diese Religion und für die Art und Weise, wie sie Frauen behandelt, härteste Worte: »In diesem Landstrich, in dem es weder Junggesellinnen noch Liebesheiraten gibt und die Mathematik eine Sache der Meinung ist, leben gut sechshundert Millionen Menschen, von denen, Pi mal Daumen, gut die Hälfte Frauen sind, die entweder im dichten Nebel eines Schleiers ihr Dasein fristen oder, noch schlimmer, unter einem Bettlaken, das sie von Kopf bis Fuß bedeckt wie ein Leichentuch – um sie vor den Blicken aller zu verbergen, außer es handelt sich um ihren Ehemann, ein Kind oder einen bedeutungslosen Sklaven. Dieses Leintuch, das sich Parda, Burka, Tschador, Hidschab oder Nikab nennt, hat auf Höhe der Augen zwei Löcher oder ein dichtes Geflecht, das zwei Zentimeter hoch und sechs breit ist. Und genau durch diese Löcher, die eigentlich nichts anderes sind als ein Gitter, betrachten die Frauen den Himmel oder andere Menschen wie durch schwedische Gardinen, als wären sie Gefangene. Es ist ein Gefängnis, das sich vom Atlantik bis zum Indischen Ozean erstreckt, über Marokko, Algerien, Nigeria, Libyen, Ägypten, Syrien, den Libanon, Irak, Iran, Jordanien, Saudi-Arabien, Afghanistan, Pakistan bis nach Indonesien:

das gesamte, grenzenlose Reich des Islam.« Von ihrer Reise berichtet sie: »Der erste Eindruck, den eine westliche Frau in streng muslimischen Ländern wie zum Beispiel Pakistan bekommt, ist, dass sie sich wie die einzige Überlebende nach einer globalen Sintflut fühlt, in der alle Frauen der Welt ertrunken sind.« Oriana lässt sich nichts vorschreiben und will sich frei bewegen, was oft auf Verärgerung und Proteste stößt. In der Straßenbahn schubst man sie wütend beiseite, weil sie im Abteil der Männer einsteigt. Auf der Bank lässt man sie stundenlang warten, bis ihr Fotograf kommt, weil einer Frau kein Geld ausgezahlt wird. Sie weiß, dass sie keine Frau ist, die unbemerkt bleibt, und ist an Komplimente gewöhnt. Doch in Pakistan geht ihr die Aufmerksamkeit der Männer schrecklich auf die Nerven, denn sie hasst es, das Gefühl zu haben, mit Blicken ausgezogen zu werden. Ihre Entdeckungsreise zu den Lebensbedingungen der Frauen hat gerade erst begonnen, doch sie hegt keine Zweifel daran, dass sie dafür mit den Frauen, die in diesen islamisch geprägten Ländern lebten, bereits das schlimmste Beispiel auf der Welt gefunden hat. »Dann sind sie also die unglücklichsten Frauen der Welt, diese Verschleierten, und das Paradox ist, dass es ihnen oft gar nicht bewusst ist, weil sie das, was außerhalb des Leintuches liegt, das sie einsperrt, nicht kennen.«

Entscheidende Etappe der Reise ist Indien. Oriana besucht Neu Delhi, wo sie entdeckt, dass Prohibition herrscht und man Alkohol nur heimlich trinkt. In Kalkutta ist sie erschüttert über die vielen Menschen, die auf der Straße schlafen. Sie besucht Jaipur, das ihr jemand als das Florenz Indiens beschrieben hat. Sie begegnet der betagten Rajkumari Amrit Kaur, der einzigen Tochter des Maharadschas von Kapurthala, die sich daran erinnert, ihre Großmutter habe, wenn sie ans Meer ging, »weiß getragen und sich ein weißes Taschentuch auf den Kopf gelegt, um sich vor der Sonne zu schützen«. Oriana probiert einen Sari, den sie ihr ganzes Leben lang zugleich als das schönste, aber auch unpraktischste weibliche Kleidungsstück ansehen wird. Sie ist beeindruckt von den Fortschritten der indischen Frauen, die schon seit Jahren an der Macht sind. Als sie ein paar Experten zum Thema Geburtenkontrolle interviewt, bestürzt sie jedoch ein Detail. Man erzählt ihr, die Frauen, die sterilisiert würden, verließen weinend die Klinik und seien untröstlich, denn, so fragten sie: »Wozu ist ein Baum gut, wenn er keine Blätter haben darf?« Nach dem, was Oriana ein Jahr zuvor in Paris durchgemacht hat, trifft diese Frage sie wie ein Messer, das in ihr eine alte Wunde aufreißt.

Nach Indien reist Oriana nach Kuala Lumpur, wo sie die Matriarchinnen Malaysias trifft: Frauen, die im Dschungel leben und das Land und die Nachkommen unter sich aufteilen, während Männer nur zur Reproduktion dienen. In Singapur interviewt sie Han Suyin, Ärztin und Schriftstellerin, das Kind einer flämischen Mutter und eines chinesischen Vaters. Han ist noch jung, hat jedoch bereits ein abenteuerliches Leben hinter sich. Ihren ersten Ehemann hat sie in China verloren, wo er von kommunistischen Untergrundkämpfern getötet wurde, und ihre große Liebe, einen westlichen Journalisten, im Koreakrieg. Mittlerweile ist sie mit einem britischen Staatsbürger verheiratet, kümmert sich um ihre Patienten und schreibt immer noch. Oriana hört ihr lange zu, macht sich Notizen. Sie bittet sie, über die Frauen in China zu sprechen, die sie hofft, auf ihrer nächsten Etappe zu besuchen. Han Suyin erzählt stundenlang, und auch wenn sie mit dem kommunistischen Regime noch einige Rechnungen offen hat, macht sie keinen Hehl daraus, wie positiv sich Maos Regime für die Frauen ausgewirkt hat: »Vielleicht ist es nicht gerade das, was man von einer Katholikin erwartet, die über China schreibt. Doch ich bin Ärztin und sehe die Wahrheit. Die, ebenso wie das Besteck eines Chirurgen, wehtun kann, aber auch heilt.«

Oriana bekommt für China kein Visum, weshalb sie sich damit zufriedengibt, in Hongkong Halt zu machen. Sie fährt bis zur Grenze, um sich von dort aus das große, verbotene Land anzuschauen. Als sie im Zug von dort zurückkehrt, sieht sie eine alte Chinesin mit verkrüppelten Füßen. Entsetzt beobachtet sie, wie die alte Dame auf ihren Stümpfen herumhumpelt wie ein verletztes Vögelchen. »Sie erzählte mir: ›Sehen Sie, zu meiner Zeit mussten wir möglichst kurze Füße haben, nicht mehr als neun Zentimeter lang. Meine sind länger, weil ich sie seit vierzig Jahren nicht mehr binde. Mit dem Binden begann man im Alter von fünf Jahren, mit Baumwollstreifen, die anderthalb Zentimeter breit und zwei Meter lang waren. Alle Zehen bis auf den großen wurden so fest zusammengebunden, dass einem fast die Knochen brachen, nach und nach immer enger, damit sich die Zehen unter den Fußballen bogen. Dafür musste man im Bett liegen, und es tat entsetzlich weh. Eines Nachts habe ich es nicht mehr ausgehalten und die Füße aufgebunden, doch meine Mutter schlug mich, und ich wagte es nie mehr. Wenn du große Füße hast, wird dich niemand heiraten, sagte sie. Und tatsächlich fragte ein Mann, bevor er eine Frau heiratete, immer, wie kurz ihre Füße seien.‹«

In Hongkong besucht Oriana Nachtlokale, wo man für wenig Geld Mädchen kaufen kann, fährt nach Shau Kei Wan, die Bucht, in der die Frauen auf Dschunken leben, bei der Arbeit kleinere Kinder auf dem Rücken tragen und sich die größeren mit einer Schnur an den Knöchel binden. Der *Standard,* die Zeitung der Insel, macht ein Interview mit ihr, als wäre sie ein Star auf Welttournee. Während sie auf die Fragen antwortet, nimmt Oriana die Perücke ab, die sie zu dieser Gelegenheit trägt, und legt sie gedankenverloren in eine Schublade. Erstaunt fragt der Journalist sie, warum sie denn eine Perücke trage, wenn sie doch Haare habe. »Weil es mir gefällt und ich so immer frisiert bin«, antwortet sie schlagfertig. Während sie auf ihre Abreise zur nächsten Etappe, Japan, wartet, lässt sie sich ein Cheongsam schneidern, das enge traditionelle Gewand der Frauen, und kauft eine unendliche Menge Geschenke für die Familie: Reisschalen, Buddhastatuen, besticktes Briefpapier.

Japan ist ein Land, das ihr mehr Schwierigkeiten bereitet. Zu viele Widersprüche in zu kurzer Zeit. Die japanischen Frauen gehören zu den emanzipiertesten in ganz Asien, halten aber dennoch an ihren alten Traditionen fest. Oriana interviewt eine alte Prinzessin vom Kaiserhof, die alle Veränderungen, die die Amerikaner gebracht haben, miterlebt hat und sie mit Macht verteidigt: »Bitte schreiben Sie, dass auf den Ruinen unserer zerstörten Städte eine neue Generation von Frauen entstanden ist, Frauen, die kein Schönheitssymbol oder Prestigeobjekt mehr sind, sondern Individuen, die ihr Schicksal selbst in die Hand nehmen. Schreiben Sie, dass die Japanerinnen von heute lesen und schreiben können, und dass sie Bestseller verfassen, ob das den sturen Traditionalisten gefällt oder nicht. Schreiben Sie, das alles ist wegen des Krieges geschehen. In Japan sind die Frauen die einzigen Gewinner des Krieges.«

Letzte Etappe der Reise ist Hawaii. Oriana entdeckt, dass hier einst die freiesten Frauen der ganzen Welt gelebt haben, Frauen, die keine Eifersucht kannten und auch außerhalb der Ehe der körperlichen Liebe frönten, ohne sich dafür zu schämen. Besonders beeindruckt ist sie von Mary Kawena Pukui, die das örtliche anthropologische Museum leitet und versucht, den neuen Generationen die Traditionen ihres Volkes nahezubringen: »Sie war fröhlich und ein bisschen verrückt. Urplötzlich sprang sie auf und begann den Hula zu tanzen. ›Sehen Sie?‹, sagte sie. ›Das heißt *Ich liebe dich*‹. Sie verschränkte die Arme über der Brust und wackelte mit den Fingern. ›Das hier heißt Kind‹, sagte sie und bewegte die gefalteten Arme hin und her, als wollte sie ein Kind in den Schlaf wiegen. ›Das hier ist der Baum‹, sagte sie, hob die Arme zum Himmel, verbog die Handflächen. ›Der wahre Hula ist nicht der, den man für die Touristen in Honolulu aufführt. Der Hula erzählt mit Gesten eine Geschichte, begleitet von einer langsamen Musik. Wie kann man zum Rhythmus dieser modernen Lieder eine Geschichte erzählen? Das hat keine Poesie mehr.‹« Als Oriana den Archipel verlässt, versteckt sie einige exotische Blumenzwiebeln in ihrem Koffer, was verboten ist, doch sie will sie unbedingt dem Vater mitbringen.

Oriana hat ihre Reise beendet, macht dem Leser gegenüber jedoch keinen Hehl daraus, dass sie verwirrt ist. »Überall auf der Welt leben Frauen, ebenso wie Männer, auf verkehrte Weise, ohne das gesunde Gleichgewicht, das Gerechtigkeit und guter Menschenverstand ihnen schenken könnten. Mal leben sie abgetrennt, wie Tiere in einem Zoo, und betrachten den Himmel und die Menschen durch das vergitterte Fenster eines Schleiers, der sie verhüllt wie ein Leichentuch, mal leben sie wie Dompteure in einer roten Livree mit Schnürbesatz und lassen die Peitsche knallen. Ich weiß nicht, wer mich mehr gedauert hat – die Muslima, die um einen Platz im Hospiz betteln musste, oder die Soldatin in Ankara, die gegen Männer um die Wette schoss und damit blinkende Orden gewann. Und ich weiß nicht, wer mir mehr Angst machte – die indische Ärztin, die ihrem Land dabei hilft, dass weniger Kinder auf die Welt kommen, oder die Geisha in Kyoto, die so reglos sein konnte wie ein aufgespießter Schmetterling. Gewiss, Sklaverei ist schrecklich und grausam, doch falsch verstandene Freiheit kann ebenso schrecklich und grausam sein. Sehr oft im Verlauf dieser Reise konnte ich nicht ausmachen, was von beiden das kleinere Übel ist.«

Bevor Oriana nach Mailand zurückkehrt, macht sie einen Zwischenstopp in New York, einer Stadt, die ihr gewöhnlich sehr gut gefällt, diesmal jedoch Angst macht. Sie findet die Wolkenkratzer dreckig und den Lärm auf den Straßen ohrenbetäubend, und ihr scheint, die Frauen seien immer gehetzt und befänden sich im Kriegszustand mit den Männern. Die ganze Reise über hat sie sich müde und traurig gefühlt. Die Depression, in die der Bruch mit Alfredo sie gestürzt hat, ist noch nicht vorüber. Wenn sie traurig sei, habe sie keinerlei Lust am Reisen, erklärt sie in einem Brief. In Ländern, in denen nichts ihr vertraut ist, fühlt sie sich verloren. Dabei kommt ihr alles gleich vor. Alles, was sie sieht, ihr Leben voller Gefühle, aber auch als unabhängige Frau, erscheint ihr wie das Scheitern ihrer Jugendträume, ein Schutzschirm, hinter dem sie ihre Traurigkeit verbirgt. Das ist ihr Gemütszustand, der sich auch in den Reportagen widerspiegelt, die sie für den *Europeo* schreibt, und in dem Buch, das sie danach verfasst.

Veröffentlicht 1961 unter dem Titel *Il sesso inutile*[5], ist es ihrer Schwester Neera gewidmet; es gehört nicht zu ihren gelungensten Publikationen. Doch es führt dazu, dass zwei wichtige Dinge in ihrem Leben geschehen. Einerseits markiert es den Übergang von den eher mondänen Themen zum engagierten Schreiben, zum anderen wird Oriana dadurch zu einer internationalen Berühmtheit, denn das Buch wird in elf Sprachen übersetzt und verkauft sich sehr gut. Der Name Oriana Fallaci wird weit über die Grenzen Italiens bekannt, und ihre

Artikel werden von großen europäischen Zeitungen abgedruckt. Mittlerweile verfügt sie, die die journalistische Arbeit als eine globale betrachtet, dank ihrer ausländischen Kollegen, die sie auf ihren Dienstreisen kennengelernt hat, über ein dichtes Netz von Beziehungen und kann selbst Publikationen vorschlagen.

Vor allem zielt Oriana auf die amerikanischen Zeitungen. »Ihr seid die mächtigste Presse der Welt«, wird sie später bei einem Vortrag vor einem Verband amerikanischer Reporter sagen. »Weil ihr einem mächtigen Land angehört, weil ihr reich seid und alle Hilfe bekommt, die ihr euch mit diesem Reichtum kaufen könnt, aber auch, weil die englische Sprache weiter verbreitet ist als die italienische, die französische oder die deutsche. Wenn ihr eine Information herausgebt, dann ist das *die* Information. Ich kann sie in meinen italienischen, meinen französischen oder deutschen Zeitungen abstreiten, aber meine Version wird nie jenseits unserer Grenzen gehört werden, wenn wir sie nicht auf Englisch drucken.«

Oriana, die ein Kollege einmal als die »turbulenteste Journalistin Italiens« bezeichnet, empfängt ihre Interviewer in ihrer Wohnung in Mailand. Es ist eine Wohnung, in der sie eigentlich nur selten ist, nur wenn sie sich zwischen zwei Reisen ausruhen will. Ein Interviewer beschreibt die Wohnung so: »Sie liegt in einem kleinen, unbekannten Sträßchen, das nicht einmal allen Taxifahrern geläufig ist, und ist der ehemalige Dachboden einer kleinen Villa, von deren Fenstern aus man auf andere Villen und Bäume schaut. Einen Fahrstuhl gibt es nicht, weil die Fallaci, die ständig mit dem Flugzeug in der Weltgeschichte unterwegs ist, Angst vor Aufzügen hat. Man gelangt über zwei Treppen nach oben. An der Tür steht: ›Telegramme und Expressbriefe bitte unter der Tür durchschieben.

Päckchen bitte bei der Dame ein Stockwerk tiefer abgeben.‹ Das klingt eigentlich nach einem ordentlichen Mädchen, doch hinter der Tür lebt das unordentlichste Mädchen von ganz Italien, in einem gewaltigen Chaos aus Büchern, Koffern, Zeitungen, Schuhen, Flaschen und allerhand kuriosen Gegenständen. Oriana ist leidenschaftliche Sammlerin von wertvollen ebenso wie von unnützen Dingen: etruskische Vasen, antike Uhren, Schwerter, Revolver, ausgediente Telefone, Apothekerdosen, hässliche Puppen, napoleonische Briefmarken, orientalische Gewänder.«

Oriana ist immer in Eile, stets mit irgendeiner journalistischen Arbeit beschäftigt, praktische Dinge hingegen sind ihr vollkommen gleichgültig. Eine Übersetzerin, die ihr einige Jahre zuvor dabei geholfen hatte, die Interviews mit den Filmstars in Hollywood zu transkribieren, erinnert sich: »Wir arbeiteten in der Wohnung in Mailand, und da war dieses Hündchen, das winselte und winselte. Am Ende fragte ich Oriana: ›Hast du dem eigentlich was zu essen gegeben?‹ Der Ärmste war am Verhungern. Oriana hatte vergessen ihn zu füttern.« Als die Journalisten zwecks der Promotion für ihr Buch zu ihr nach Hause kommen, lässt sich Oriana mit offenem Haar und maliziösem Blick fotografieren. Warum sie ihr Buch *Das unnütze Geschlecht* betitelt habe, fragen sie. Um es zu verkaufen, antwortet sie, und wirft den Kopf in den Nacken, um einen Schwall Zigarettenrauch in die Luft zu pusten. Sie ist gerade dabei zu entdecken, wie unterhaltsam es sein kann, eine Persönlichkeit zu sein – vor allem eine, über die diskutiert wird.

9

Die Revanche der Penelope

Mittlerweile reagiert Oriana mit offener Unduldsamkeit auf die Themen, die der Herausgeber ihr für ihre Artikel vorschlägt, und nicht selten schreibt sie sie unter Pseudonym. Auch die Welt des Kinos hat sie ermüdet. Zu oft hat sie die Festivals von Cannes und Venedig besucht, zu oft ist sie nach Hollywood gefahren. Ihr scheint, als würde sie jeden dort kennen, und wenn sie die Partys der Kinowelt besucht, schlendert sie nur mit einem Glas in der Hand und gelangweilter Miene im Saal herum. Angelo Rizzoli, Filmproduzent und ihr Verleger, schätzt sie sehr. Scherzhaft nennt er Oriana »das schönste Ärschchen der Firma« und versucht sie dafür zu gewinnen, Drehbücher für den Film zu schreiben.

Doch Oriana träumt davon, sich mit anderen Dingen zu beschäftigen. Wenn sie denn wirklich Artikel über Society-Themen schreiben muss, rächt sie sich mit Interviews, die kleine Meisterwerke der Bosheit sind. Immer mehr wird sie selbst zur Hauptperson ihrer Artikel, die dem Leser nicht verschweigt, wie wenig sie von dem Star hält. »Ich rege mich nie wegen eines Interviews auf. Mein Gemütszustand vor dem Gespräch ist entweder Gleichgültigkeit oder Langeweile«, gibt sie in einem Artikel zu. Das Einzige, was ihr noch Spaß macht, ist, die Begegnung in eine Erzählung zu verwandeln, eine Mischung aus Theaterstück und Satire. Das heißt, das zu sein, wovon sie immer geträumt hat: Schriftstellerin.

Damals wird ein Routineartikel über den Sänger Claudio

Villa zu einer unterhaltsamen Anekdote darüber, dass Oriana zwar selbst nicht neugierig auf den Star ist, über den alle reden, sich aber schließlich von der Aufregung ihrer Freunde anstecken lässt. Sie hat eine kleine Gruppe von Freundinnen zu sich zum Abendessen eingeladen. Als sie ankündigt, noch am selben Abend Villa zu treffen, wird die Tischrunde so aufgeregt, es ist wie im Theater. Das Dienstmädchen stößt einen Schrei aus und lässt das Tablett mit dem Fasan fallen, das Vittorio Gassman Oriana geschenkt hatte. Alle Freundinnen springen wie auf Kommando auf, wie aufgeschreckte Hühner. »›Ja, um Gottes Willen, warum warst du denn dann heute Morgen nicht beim Friseur? Setz dir wenigstens einen Hut auf. Du wirst doch nicht etwa diesen Pullover anziehen? Schnell, schnell suchen wir was für sie aus!‹ Die Frauen trampeln auf Gassmans Tablett herum, als wäre es ein Teppich, und betreiben dann meine Einkleidung mit einer Sorgfalt, die sonst nur einem Torero zuteilwird oder einer Dame, die eine Loge in der Scala hat. Um zehn, erinnere ich mich, war ich dann fertig, obwohl die Verabredung erst um elf war. Viertel nach zehn waren wir bereits auf der Straße und unterwegs in Richtung Fonit auf der Via Meda: ein langer Konvoi von Autos, wie bei einer Hochzeit.«

Mittlerweile erlaubt sich Oriana, sich offen über die Stars lustig zu machen. Cary Grant, der das Pech hat, im Flugzeug neben ihr zu sitzen, wird von ihr als Scherzkeks mittleren Alters geschildert, der sie von den gesundheitlichen Vorteilen einer Behandlung mit Hypnose überzeugen will: »›Natürlich gehört große moralische Stärke dazu, und viel Erfahrung‹, sagte er. ›Allein kann man das nicht machen. Möchten Sie, dass ich Sie hypnotisiere?‹« Ohne eine Antwort von ihr abzuwarten, begann er ihr starr in die Augen zu sehen, von Pupille zu Pupille. »›Ich habe dich überzeugt. Du trinkst nicht, du rauchst nicht, du trägst keine Sonnenbrille. Entspann dich. Du fühlst dich sicher, genügst dir selbst, auch ohne all diese Gifte. Entspann dich. Du …‹ Doch wie könnte ich ihn vor den Kopf stoßen oder ihn enttäuschen? Sein Bedürfnis, anderen Menschen zu helfen, ist so aufrichtig, und sein Blick so angenehm.« Salvador Dalí, der den Fehler macht, in einem venezianischen Hotel mit einer Spielzeugpistole scherzhaft auf Orianas Hündchen zu zielen, wird in einem Artikel von der ersten bis zur letzten Seite durch den Kakao gezogen. Am Schluss heißt es: »Ich habe ganz vergessen zu sagen, dass er ein Freund von Franco ist, und unsympathisch noch dazu.« Ein Interview mit Gina Lollobrigida beginnt Oriana mit dem Satz: »Ich glaube nicht, dass du so dumm bist, wie alle glauben.« Um sie dann zu fragen: »Findest du es nicht unmoralisch, beim Film Millionen und Abermillionen zu verdienen?«

Wenn sie kann, versucht Oriana sich an ernsteren Themen, vor allem an der Politik. Sie schreibt ein Porträt über Antonio Segni, den frischgebackenen Präsidenten der Republik, und eine Chronik über die Hochzeit von Anna Maria Fanfani, der Tochter des Präsidenten des Ministerrats. Sie interviewt Nilde Iotti, Gefährtin des Generalsekretärs der Kommunistischen Partei, Palmiro Togliatti. Als die Zeitung sie nach Athen schickt, um über die Hochzeitsfeierlichkeiten von Juan Carlos und Sophie von Griechenland zu berichten, eröffnet sie den Artikel mit einem Bericht über die Arbeiterstreiks in Asturien. Als man sie bittet, ein Interview mit dem Schauspieler Maximilian Schell zu führen, stellt sie ihm hauptsächlich Fragen über die antifaschistische Gesinnung seiner Familie, die vor den Nazis aus Wien fliehen musste, als er noch ein Kind war.

Als man sie nach Monaco beordert, damit sie über die Steuerkrise zwischen Frankreich und dem Fürstentum berichtet, leitet sie den Artikel wie einen ironischen Bericht von der Front ein: »Ich stehe hier, an exponiertester Stelle der Schlacht, falls der Krieg zwischen Frankreich und dem Fürstentum Monaco tatsächlich ausbrechen sollte: in einem Zimmer im zweiten Stock des *Hôtel de Paris*. Ich fühle mich wie vor sechs Jahren, als wir Kriegsberichterstatter – denn mittlerweile ist es klar, dass wir als Kriegsberichterstatter hier sind – die Geschehnisse des ungarischen Aufstandes verfolgten und man fürchtete, die sowjetischen Panzer könnten jeden Moment vor den Toren Wiens stehen.« Nachdem sie das Pathos der Einleitung dadurch aufgelöst hat, dass sie es ins Lächerliche zieht, und Rainier, den zuvor kriegsentschlossenen Herrscher, als einen Mann schildert, der doch nur ein bisschen schlechte Laune habe, während seine Frau Grace, von der man glaubte, sie sei in Paris als Geisel festgehalten worden, nur auf Shoppingtour in verschiedenen Boutiquen sei, schließt sie den Artikel mit dem perfiden Ausruf: »Ach, es geht doch nichts über die Via Veneta …«

Oriana hat jetzt die Gewissheit, dass sie über andere Dinge schreiben will. Thematisch sehnt sie sich zu den heroischen Zeiten des Krieges zurück, und um dies zu tun, braucht sie ein Sujet, das sie für immer vom Boulevardjournalismus wegbringen wird. Es wird eine andere Art von Krieg sein, nämlich der Wettlauf um die Eroberung des Alls, durch den sich ihr diese lang ersehnte Gelegenheit bieten wird. Doch zuerst steht ihre Abrechnung mit Alfredo an, damit ein schmerzliches Kapitel ihres Lebens endlich abgeschlossen wird.

Oriana gelingt diese mit einem Roman, der den Titel *Penelope im Krieg* trägt und 1962 veröffentlicht wird. Einen ersten Entwurf dazu hat sie 1959, nach dem Bruch mit Alfredo, in weniger als einem Monat geschrieben, doch ein Jahr später schreibt sie ihn um und macht sich anschließend, 1961, an die dritte und letzte Version. »Mir fehlte etwas, ich war noch auf der Suche. Und so nahm ich den Flieger nach New York. Ich blieb fast zwei Monate.«

Denn *Penelope im Krieg* ist die Geschichte einer Frau, die die Liebe entdeckt und zugleich die Stadt New York. Die Protagonistin Giovanna, genannt Giò, ist eine italienische Drehbuchautorin, die auf der Suche nach Ideen für einen Filmstoff nach Amerika fährt und dort auf Richard trifft, den Mann, in den sie sich während des Krieges verliebt hatte, als sie noch ein Mädchen war, das dem Vater bei Aktionen für die Resistenza geholfen hatte, und er ein junger Soldat auf der Flucht. Sie wird versuchen, sich von ihm verführen zu lassen, was sich als unmöglich herausstellt, denn Richard ist homosexuell. Das Ganze ist ein Roman, doch wie immer in Orianas Büchern, ist es ein Roman, der auf wahren Begebenheiten beruht.

Penelope im Krieg spricht in der Tat auf jeder Seite von ihr selbst. Giò ist in ihrem Alter, sie hat ihre Frechheit, ihre Leidenschaft fürs Schreiben. Wie sie bleibt sie niemals unbemerkt: »Sonderbares Mädchen. Auf ihre Art bezaubernd. Sie redet wenig und hat wunderschöne Augen. Wenn sie sich ärgert, wird sie wild.«[6] So heißt es im Roman.

Das Buch ist Roman und Manifest zugleich, und Oriana setzt damit einen wichtigen Punkt auf der Landkarte ihres Lebens. Sie ist dreiunddreißig Jahre alt. Sie hat eine unglückliche Liebe überlebt. Und sie hat beschlossen zu reagieren und »die Fallaci« zu werden.

Im Roman erzählt sie von zwei Lieben: der zu einem Mann und der zu New York. Erstere ist von Anfang an zum Scheitern verurteilt, Letztere wird ein ganzes Leben lang anhalten. Der Blick der Protagonistin auf die Stadt ist Orianas Blick, die während ihrer ersten Pressereise nach New York kommt und sich sofort von der Stadt erobern lässt: »New York ist ein Wunder, das mich von Tag zu Tag mehr in Erstaunen versetzt … Man findet keine Statuen auf dieser in senkrechte gleiche Rechtecke zugeschnittenen Insel, keine Kuppeln und keine Gärten. Der Wald aus Zement erhebt sich tragisch und grau ohne jede Kurve, bizarre Volute oder ein bißchen Grün. Wohin auch immer du blickst, du findest nur scharfe Kanten, geometrische Eisentreppen, Steinblöcke. Aber bei all diesem Mangel an Anmut übt es einen gewissen Zauber aus: von den Wolkenkratzern, die zu steinernen Riesen erstarren, bis hin zur Angst, die dir den Atem benimmt, wenn du dich auf den unendlich langen Straßen bewegst, doch ist am Ende jeder Straße ein Fetzen Azurblau, der dich von deiner Angst befreit. Unter der Sonne strahlen die Glasscheiben heller als Diamanten. In der Dunkelheit funkeln sie heller als die Sterne.«[7]

Im Roman kann Oriana von persönlicheren Aspekten ihrer ersten Reise in die Vereinigten Staaten erzählen. Sie kann ihre Nervosität am Zoll schildern, wo jedes Gepäckstück kontrolliert wird, und dann die Erleichterung, als sich herausstellt, dass alles in Ordnung ist und die Polizisten sie begrüßen, »mit derben Schulterschlägen und köstlichen Namen wie Honig, Frischkäschen und mein Zuckerchen«[8]. Sie kann das New York beschreiben, das sie in wenigen Tagen erobert hat, Tagen, in denen sie nicht geschlafen hat, um alles zu sehen. Die Lichter, die des Nachts im Wind flirren, die Aufzüge in den Wolkenkratzern, bei denen es dir den Magen umdreht, der Times Square mit seinen Pennern, die Heilsarmee, das Krokant, die Schießbuden. Und dann noch die großen gelben Taxis, die Sonntagszeitungen, so dick wie Bücher, die riesigen Steaks, die ratternde Subway.

1963, ein Jahr nach der Veröffentlichung von *Penelope im Krieg*, zieht Oriana in die Vereinigten Staaten. »Ich löste meine Wohnung in Mailand auf, eine recht hübsche Dachwohnung mit vier Zimmern, packte das Allernötigste in zwei kleine Koffer und zog nach New York, genau wie damals, als ich nach Rom umsiedelte, ohne auch nur zu wissen, wo ich wohnen sollte.« New York ist eine Stadt, die sie magnetisch anzieht. In einem Artikel vertraut sie den Lesern an: »Ich habe ein solches Bedürfnis danach, New York zu sehen, diese Brücke zwischen dem alten Europa und diesem betörenden Mysterium, das man Amerika nennt.« Sie mietet eine Wohnung in einem Wolkenkratzer in Manhattan, auf der East Side: Sie ist winzig, doch man sieht den Himmel über der Stadt. Ein Freund, der von Orianas immer noch andauernder Trauer über den Bruch mit Alfredo weiß, nennt sie einen Käfig für ein Vögelchen, das weint.

Für Oriana ist es eine Entscheidung, die ihr Leben prägt, eingegeben vom Instinkt, aber auch geleitet von Vernunft. Sie hat sehr früh begonnen, in globalen Begriffen über ihre Arbeit nachzudenken, weit über die Grenzen des italienischen Journalismus hinaus, und diese Metropole ist das Sprungbrett, das sie braucht. »Ich lebe in New York, weil es eine internationale Stadt ist, so wie es Paris für unsere Großeltern war. Sie ist ein Windrad der Kulturen, der ethnischen Gruppen, ein solch buntes Zusammenspiel von Intelligenzen, Interessen, ein Jahrmarkt der Möglichkeiten. Und ob es uns nun gefällt oder nicht – der Imperialismus von heute ist der der englischen Sprache. Englisch ist die Sprache der Wissenschaft, der Alltagskultur: Um gelesen zu werden, muss ein Autor auf Englisch schreiben oder in diese Sprache übersetzt werden. Zu Zeiten des Römischen Reiches war die Weltsprache Latein, und hätte meine Wiege in Karthago gestanden, so wäre ich früher oder später nach Rom gegangen.«

Nicht alles, was sie in Amerika sieht, gefällt ihr, und daraus macht sie keinen Hehl. Zum Beispiel eine gewisse gefährliche Oberflächlichkeit: »Die Amerikaner kennen kein anderes Glück als das materielle, das man Wohlstand nennt. Und da sie wie fast alle, die sich gut ernähren, großzügig sind, möchten sie dieses Glück auch an die ganze Welt weitergeben: Als wäre das Glück etwas, das man essen kann.« Oder die harte Gangart dieser Metropole, die nie stehenbleibt und jeden, der strauchelt, überrennt: »Die Tage hier sind kürzer als in jedem anderen Teil der Welt, und das Leben härter als sonst irgendwo. Da muss man ein Soldat sein wie ich, *rough people*, mit dickem Fell, um zu widerstehen, zu überleben. Zwischen New York und mir herrscht eine Art Krieg, und ich habe nicht die geringste Absicht, ihn zu verlieren: Wer hier unterliegt, der ist tot.« Orianas Beziehung zu Amerika wird immer gespalten sein. Sicher ist nur, dass zwischen ihr und diesem Land etwas begonnen hat. Amerika erscheint ihr als der Ort, an dem man ein zweites Mal geboren werden kann. Und das ist genau das, was sie in diesem Moment braucht.

Penelope im Krieg ist auch ein Buch über die Liebe, das deutlich beeinflusst von Orianas persönlicher Geschichte ist. Es ist ein feministisches Buch, ein Etikett, das sie selbst irgendwann dafür in Anspruch nehmen wird. Vor allem ist es ein Buch, das eine These hat: dass die Beziehung zwischen den Geschlechtern sich verändert hat, und dass der wahre Mann heutzutage die Frau ist. Die Geschichte von Giò und Richard erzählt genau das – eine Liebesbeziehung zwischen »einem verfehlten Mann und einer verfehlten Frau«[9] – und knüpft eng an Orianas Erfahrungen an.

Alle Etappen ihrer unglücklichen Beziehung zu Alfredo tauchen auch im Roman wieder auf und werden von der Protagonistin durchlebt, eingedampft auf ein beeindruckendes Konzentrat. Da ist die romantische Illusion, die Oriana erfasst hat, als sie Alfredo kennenlernt: »Es gibt nur eine Art, es zu etwas zu bringen, wenn du als Frau geboren bist, nämlich einen Mann zu lieben. Ich bin ein normales menschliches Wesen. Und ich wünsche mir, was sich alle normalen Frauen wünschen: einen Ehemann und Kinder.«[10]

Da ist die Blindheit, mit der sie jedes negative Signal missverstanden hat, indem sie die Augen vor der Realität verschloss: »Eine erste flüchtige Lektüre ließ sie ahnen, daß man sie vor die Tür gesetzt hatte. Eine zweite, aufmerksamere Lektüre ließ sie verstehen, welchen Kampf es Richard gekostet haben mußte, sich einen solchen Brief abzuzwingen. Erst eine dritte, sehr genaue Lektüre offenbarte ihr, was in dem Brief nicht stand, sie sich aber darin gewünscht hätte.«[11] Da ist das tagelange Warten vor dem Telefon auf einen Anruf, der nicht kommt. »Wieder einmal, so dachte Giovanna, wurde dieses stumme Telefon mit den starren Zahlen in den starren Löchern zu etwas Bösem und Lebendigem, das ihr Kopfzerbrechen machte.«[12] Da sind die langen, schlaflosen Nächte: »Sie wußte auch, von welchen Gedanken Giovanna des Nachts gequält wurde: wenn sich ihre glühende Zigarettenspitze in der Dunkelheit bewegte, dann beim Ausdrücken in Funken erlöschte, und man nur auf den Schein eines weiteren Streichholzes zu warten brauchte, um zwei wache Augen und zwei verhärmte Wangen zu sehen. Gedanken des Zorns, des verletzten Stolzes quälten Giovanna; dazu die Müdigkeit derjenigen, die entdeckt, dass man ihr ihre Gefühle geraubt hat, und das Elend derjenigen, die ihr Kapital an Zuneigung in ein Unternehmen investiert hat, das zum Scheitern verurteilt war.«[13]

Und da ist schließlich auch, besonders heftig, die Beschreibung der Verzweiflung im Krankenhaus, als ihr der tote Körper des Kindes entfernt wird, von der sie noch nie jemandem erzählt hat und die sie hier, brennend heiß, auf die Seiten ergießt. »Es war Ostersonntag. Der Klinik gegenüber stand eine Kirche, deren Glocken läuteten und läuteten und läuteten. Ein sonnengebräunter alter Mann mit dicken Adern an den Händen kam zu mir herein und sagte: ›Ich bin der Chirurg. Gehen wir jetzt, meine Liebe.‹«[14]

Orianas starrsinnige Heldin wird das ganze Buch brauchen, um die Wirklichkeit zu akzeptieren, nämlich dass Richard sie nicht liebt, und dass sie ihr Leben wieder in die Hand nehmen muss. Sie wird ganz tief fallen müssen und – in einen Raum neben Richard eingeschlossen – die Absurdität des Gefängnisses erkennen müssen, in das sie selbst sich eingesperrt hat. »Und plötzlich war ihr, als erstickte sie. Gott, wie klein war doch ihre Welt geworden! Mit zwölf war die Erde noch groß und die Aussicht vom Fenster ihrer Gefühle grenzenlos.«[15] Hier spricht keine andere als Oriana, die endlich aus der besessenen Liebe zu Alfredo erwacht ist, die sie fast umgebracht hätte. Sie hatte beschlossen, umzukehren und wieder ihren Träumen zu folgen.

»Giò, die Protagonistin, war damals ich. Und da ist eine Episode in dem Buch, die den wahren Begebenheiten sehr nahe kommt. Es ist die Episode, in der Giò ihre Jungfräulichkeit verliert. Genau so ist es auch mir widerfahren. Als er entdeckte, dass ich noch unberührt war, fing er an zu weinen. Und ich tröstete ihn, sagte ihm: ›Es ist nichts, gar nichts, nicht weinen!‹« Damals war der Verlust der Jungfräulichkeit in Italien noch eine sehr ernste Angelegenheit. Die Heldin des Romans hingegen befreit sich davon, als wäre sie ihr lästig. »Giò kämpft für etwas mehr als das Recht, in Gleichheit zum Mann zu leben und zu arbeiten: für die Abschaffung der Jungfräulichkeit als Tugend, das heißt, für die sexuelle Gleichstellung«, erklärt Oriana in einem Interview. »Denk an die Szene, in der sie – weniger als ein Akt des Willens als der Freiheit oder der Liebe – zum ersten Mal mit einem Mann ins Bett geht. Denn nach der Defloration ist nicht sie es, die weint, sondern der Mann.«

Es ist die Frau, die darauf besteht, mit dem Mann aufs Zimmer zu gehen, indem sie ihn buchstäblich bis zur Tür schiebt, die sich neben ihn aufs Sofa setzt; es ist die Frau, die angesichts seiner Ausflüchte die Geduld verliert, die die Augen auf ihn richtet und betont: Ich habe keine Lust nach Hause zu gehen, und ich habe keine Lust fernzusehen. Die Sache – so nennt Oriana es im Roman – wird ohne großes Federlesens gemacht. Erst als sie wieder bei sich zu Hause ist, wird der Heldin bewusst, was da gerade geschehen ist: »Zuerst überkam sie eine große Verwunderung, dann eine riesengroße Angst: als öffne sich dieses Zimmer über einer schwarzen Schlucht, die sie geradewegs in die Hölle fahren ließ. Sie betastete ihren Leib, um zu prüfen, ob er sich verändert habe: Er war noch der gleiche.... Sie fand nur eine angstvolle Frage: ›Und was jetzt?‹ – ›Nichts jetzt‹, sagte sie mit lauter Stimme. ›Ich nehme ein Bad.‹«[16]

Es ist eine außergewöhnliche Passage, wenn man bedenkt, wann sie geschrieben wurde. Und sie führt zu heftigen Diskussionen in Italien. In einem Interview wird Oriana von einer Kollegin gefragt, ob sie denn nicht finde, unterm Strich sei eine Frau besser bedient, wenn sie eine untergeordnete Rolle spiele: »Nicht einmal im Traum denke ich das, soll das ein Witz sein? Das sind doch nur Märchen für dumme Männer und dumme Frauen. Die Unterordnung ist immer moralisch verwerflich. Und der, der sich unterordnet, kommt in die Hölle, ebenso wie der, der die Oberhand hat.«

An diesen Worten lässt sich ermessen, wie groß die Distanz bereits geworden ist, die Oriana mittlerweile zwischen sich und jene verzweifelten Briefe gebracht hat, die sie damals an Alfredo geschickt hatte. *Penelope im Krieg* wirft alles, was sie bislang über die Liebe gelernt hat, in die Waagschale. Es ist eine harte Lektion, aber Oriana ist auch realistisch. Auf die Frage, ob denn die Liebe für eine moderne Frau, die auch arbeiten will, eher nützlich oder schädlich sei, antwortet sie: »Nur unbequem; denn sie kompliziert unsere Existenz, lenkt vom Erfolg ab, frisst Energien auf. Dennoch ist sie unverzichtbar: Die Arbeit dient zu so vielen Dingen, dazu jedoch nicht.«

Penelope im Krieg erzählt davon, wie Oriana die Liebe gern gelebt hätte und wie sie sie dann gezwungenermaßen erleben musste. Sie ist ein romantischer und ungezügelter Mensch, weil sie von Natur aus leidenschaftlich ist, doch sie lernt ihre Lektion schnell. Nach der Enttäuschung, die sie mit Alfredo erlebt hat, bemüht sie sich, die Liebe auf andere Weise zu sehen, eher wie ein Fieber, das früher oder später vergehen wird. Sie nimmt für sich die Freiheit in Anspruch, nach Belieben mit jemandem ins Bett zu gehen, ohne Verpflichtungen. »Wie die Männer nach dem Bauch zu leben und Bedürfnisse zu haben«, schreibt sie. Wenn eine zerbrochene Liebesbeziehung sie mehr verletzt als sonst, so hat sie gelernt, es nicht allzu sehr zu zeigen. Auch das hat sie entdeckt: dass psychische Probleme weniger akzeptiert werden. So lässt sie ihre Romanheldin sagen: »Nicht zu glauben, dachte sie voller Verzweiflung, wie viele Menschen doch einem Schmerz gegenüber stumpf sind, der kein körperlicher ist. Schmerzt dich dein Magen oder dein Fuß, versuchen sie alle, dir zu helfen und respektieren dich. Schmerzt dich deine Seele, hilft dir keiner.«[17] Es verstärkt sich auch Orianas aufbrausender Charakter, der von Natur aus schwierig ist und sich jetzt erst recht festigt, um sich eine Rüstung zu bauen. Um weitere Verletzungen zu vermeiden, erklärt sie in einem Brief, kultiviere sie ihre Rolle als »Satansbrut«, als wäre das ein Kompliment. Es ist eine Wahl, von der sie niemals abweichen wird. Jahre später wird sie zu einem Freund, der ihr vorwirft, schwierig zu sein, sagen: »Nicht ich bin schwierig. Es ist das Leben, das für mich schwierig ist.«

Oriana ist nicht bereit, mit irgendjemandem eine ernsthafte Bindung einzugehen. »Jahrelang erlaubte ich niemandem mehr, mein Kerkermeister zu sein, und die Flugzeuge waren die treuesten Gefährten auf meinen Fluchten. Zu fliehen kostete mich keine allzu große Mühe, oft gar keine. So gefeiert und manchmal auch hoch angesehen diese Männer waren – meistens waren sie nicht der Rede wert.« Ohne Verstellung gibt sie zu, dass sie nicht gerne alleine schläft, besonders nicht, wenn sie dienstlich in einer fremden Stadt ist, und deshalb gerne Gesellschaft sucht. Kollegen, Schauspieler, Fotografen: Es sind viele Männer, die sie sich nimmt und dann wieder vergisst. Es sei eine so lange Liste, schreibt sie in einem Brief, dass sie sich manchmal gar nicht mehr an alle erinnere.

Oriana wird härter, beinahe zynisch. Ein Mann ist gut genug, ihr Gesellschaft zu leisten, und wenn er nicht dumm ist, kann er sogar ein Freund bleiben, doch von Liebe will sie nichts wissen. In einem Brief schreibt sie: »Ich sag dir mal was Schreckliches: Ich verliebe mich nie. Was soll ich machen? Ich kriege es einfach nicht hin. Und so tue ich jedes Mal so, aber nach einer Weile merken diese armen Kerle, dass ich ihnen nur was vorgaukele, und sind gekränkt. Und ist das etwa meine Schuld? Es ist so wie mit dem Whisky: Ich trinke ihn aus Höflichkeit. Richtig schmecken tut er mir nicht, denn wenn er mir schmeckt, wird mir das nicht gut bekommen.

Tatsache ist, dass es einem nicht guttut, wenn man sich verliert, und ich will nicht, dass es mir schlecht geht.«

Nach zehn Jahren beim *Europeo* und drei erfolgreichen Buchveröffentlichungen ist Oriana Fallaci berühmt. Sie steht mit einer Selbstverständlichkeit mit Stars auf Du und Du, die kein anderer Journalist in Italien für sich in Anspruch nehmen kann. Mit einigen der Schauspieler ist sie eng befreundet – mit Ingrid Bergman, Anna Magnani, Sophia Loren, Sean Connery – und lernt von ihnen die Geheimnisse des Berühmtseins, die ihr schon bald nützlich sein werden, wenn sie selbst der große Star des internationalen Journalismus sein wird.

Manch einer versucht sie sogar davon zu überzeugen, selbst Schauspielerin zu werden. Als 1965 die Truppe, die an der amerikanischen Verfilmung des Irving-Stone-Romans *Inferno und Ekstase* über das Leben von Michelangelo arbeitet, nach Italien kommt, um mit dem Drehen zu beginnen, fragt der Produzent Oriana, ob sie Lust habe, eine Edelfrau aus der Familie der Medici zu spielen. Er sagt, sie habe das richtige Gesicht dafür. Einen Moment lang zieht Oriana das Angebot tatsächlich in Betracht, doch der Herausgeber des *Europeo* weigert sich, einen ganzen Monat lang auf seine berühmteste Journalistin zu verzichten. Mit den Jahren wird sie weitere Angebote ablehnen, weil sie beruflich zu sehr eingespannt ist. Sie wird sogar Luchino Visconti eine Abfuhr erteilen, der sie für die Rolle der Nonne von Monza in den *Promessi sposi* engagieren möchte und trotz mehrfacher Absagen nicht lockerlässt. »Sie sind eine Schauspielerin. Ich kann es einfach nicht verstehen, dass sie nie als Schauspielerin gearbeitet haben und es auch jetzt nicht tun.«

Aus Neid auf ihren Erfolg nennen die italienischen Kollegen sie gerne »die Hexe von der Piazza Carlo Erba«, nach der Adresse, an der sich die Redaktion des *Europeo* befindet. Es wird über die Freizügigkeit ihres Liebeslebens getuschelt. Oriana tut so, als würde sie das nicht kränken. Sie hat beschlossen, eine neue Frau zu sein und sich von der Vergangenheit zu befreien. Als ein amerikanischer Journalist sie einmal fragt, was sie in ihrem Leben anders machen würde, wenn sie die Zeit zurückdrehen könnte, antwortet sie: »Zuallererst würde ich viel früher mit den Tabus Schluss machen, mit denen ich aufgewachsen bin. Was für Arten von Tabus? Gesellschaftliche Tabus, religiöse Tabus, sexuelle Tabus, alles. Weißt du, was es heißt, als katholisches Mädchen in einem Land aufzuwachsen, in dem man dir sagt, alles sei Sünde und alles sei falsch? Sex ist Sünde, bis du verheiratet bist, und dann ist er es nicht mehr. Du wächst auf, ohne zu wissen, ob Sex und Liebe ein und dieselbe Sache sind oder ob es da einen Unterschied gibt.«

Oriana lebt als freie Frau, verkündet laut und deutlich, die Liebe sei eine Falle, um die Menschen unter Kontrolle zu halten, und fordert für sich sowohl Freiheit als auch das Recht auf Diskretion. »Ich bin eine sehr verschwiegene Frau, was meine Liebesbeziehungen angeht, meine Beziehungen zu Männern. Das war ich immer schon: so sehr, dass nur selten jemand erfahren hat, wen ich liebte oder wer mich liebte. In diesem Sinne weiß man so wenig über mich, dass man mich bei einem Interview für *Life* sogar gefragt hat, ob ich lesbisch sei.«

Die Einsamkeit hilft ihr auch beim Arbeiten: »Ich kann nicht schreiben, wenn mir jemand zwischen den Füßen herumläuft. Während es den Männern gelingt, sich für die Arbeit einzuigeln, weil ihre Frauen es nicht wagen, sie zu stören, können Frauen das nicht, denn die Männer stören sie ständig. Und sei es auch nur für eine kleine Zärtlichkeit, oder um dich um einen Kaffee zu bitten. Du sitzt und schreibst an einem schwierigen Text, und da kommt er und will, dass du ihm einen Kaffee machst, oder mit der Ausrede, du sollst dich ein bisschen ausruhen. Wenn er dann zufällig den Mund hält, was aber selten und fast ein Wunder ist, spürst du trotzdem seine Anwesenheit. Nicht einmal in der Stille bist du allein. Und fürs Schreiben muss ich allein sein.«

Oriana durchlebt all ihre Liebesbeziehungen in dem Wissen, dass sie enden werden. Manchmal auch auf dramatische Weise. Doch mittlerweile hat sie erkannt, dass man am Schmerz nicht stirbt, sosehr man sich auch Mühe gibt. Sie hat beschlossen, jedem Mann, der sie verletzt, das zu sagen, was sie ihrer Romanheldin in den Mund legt: »Ich brauche nichts und niemanden.«[18] Und die Einsamkeit mit einer Geste aufzufüllen, die mehr und mehr die ihre wird: ein leeres Blatt Papier in die Schreibmaschine einzuspannen, sich eine Zigarette anzuzünden, kurz die Augen zusammenzukneifen, um sie gegen den Rauch zu schützen, und mit dem Tippen anzufangen.

10

Die Eroberung des Mondes

1963 kommt ein neues Buch von Oriana Fallaci heraus. Es trägt den italienischen Titel *Gli antipatici*[19], und darin versammelt sind einige ihrer Interviews mit Personen des Jetsets, die berühmt für ihren schlechten Charakter sind. Die Anregung dazu kam vom Rizzoli-Verlag, der bereits *Das unnütze Geschlecht* und *Penelope im Krieg* veröffentlicht hat und auch alle weiteren Bücher von Oriana Fallaci herausbringen wird. Eigentlich ist Oriana nicht besonders interessiert an der Idee, doch sie lässt sich überreden. Schließlich betrachtet sie das Projekt als eine Möglichkeit, sich von der Welt der Reichen und Schönen zu verabschieden, in der sie immer weniger verkehrt. Beim *Europeo* sind ihre Ausflüge in die Welt jenseits des Jetsets mittlerweile zur Regel geworden. Sie interviewt die italienische Senatorin Merlin, die Bordelle für illegal erklären ließ, den Literaturnobelpreisträger Quasimodo, für den sich Oriana nicht begeistern kann, und den Drehbuchautor Cesare Zavattini, der seit Jahren ein guter Freund von ihr ist.

Ein Interview, das für sie von besonderer Bedeutung ist, führt sie mit Natalia Ginzburg, die für ihren Roman *Lessico famigliare*[20] gerade den renommierten Premio Strega gewonnen hat. Die Schriftstellerin war schon immer ein Mensch, den Oriana ganz besonders bewundert hat. Mit großer Würde ist Natalia dem Tod ihres Mannes, Leone Ginzburg, begegnet, der unter der Folter der Nazis gestorben ist, hat an den

Zusammenkünften des *Partito d' Azione* teilgenommen, hat Bücher geschrieben, die Oriana ganz besonders liebt. Ihr gefällt sogar Natalias Aussehen: »Ihr männliches, vom Schmerz gezeichnetes Gesicht, das wie geschnitzt wirkt.«

Während des Interviews erklärt sich Natalia Ginzburg bereit, über den Tod ihres Mannes zu sprechen. »Leone hatte nie die Hoffnung, mit dem Leben davonzukommen. Er war ein zweites Mal von den Deutschen zusammengeschlagen worden, und sie hatten ihm den Kiefer gebrochen. In jener Nacht ging es ihm gar nicht gut, und er bat den Wärter, ihm einen Arzt zu rufen. Doch der Wärter hat niemanden gerufen und ihm bloß einen Kaffee gegeben. So ist Leone gestorben, und niemand war da, als er gestorben ist. Als am Morgen geputzt werden sollte, hat man ihn gefunden.« Natalia ist auch bereit, das Gedicht vorzulesen, das sie zum Tode ihres Mannes verfasst hat. »Die Männer kommen und gehen auf den Straßen der Stadt. / Sie kaufen Essen und Zeitungen, sind zu ihrem Tagwerk unterwegs. / Ihre Gesichter sind rosig, ihre Lippen prall und voller Leben. / Du hobst das Leintuch, um ihm ins Gesicht zu schauen, / du beugtest dich hinab, um ihn zu küssen, eine gewohnte Geste. / Doch es war das letzte Mal. Es war das gewohnte Gesicht / nur ein bisschen müder. / Und auch die Kleidung war wie immer. / Und die Schuhe waren wie immer. / Und die Hände waren die, / die das Brot brachen und Wein einschenkten. / Doch heute, in der Zeit, die vergeht, hebst du das Tuch an / um ihm zum letzten Mal ins Gesicht zu sehen. / Wenn du durch die Straßen gehst, ist niemand an deiner Seite / Und wenn du Angst hast, ist keiner da, der deine Hand nimmt. / Und es ist nicht deine Straße, und nicht deine Stadt.« Oriana hat während des ganzen Interviews einen Kloß im Hals, so bewegt ist sie. Danach schreibt sie einen Artikel, in dem sie ihren Lesern gesteht: »Ich hörte ihr schweigend zu, und zum ersten Mal, seit ich diese Interviews mache, musste ich das große Bedürfnis unterdrücken zu weinen.«

Doch mittlerweile gibt es nur noch wenige Menschen, die Oriana wirklich beeindrucken. Sie braucht ein Projekt, das sie vom Alltag der Zeitungswelt wegbringt. Einen Moment lang denkt sie daran, ein Buch über die Helden ihrer Jugend zu schreiben – über die Partisanen der Aktionspartei. Sie sucht einige von ihnen auf, begreift aber, dass es ein Fehler ist. Die Wirklichkeit ist immer enttäuschend, wenn man sie mit der Erinnerung vergleicht. Die Helden ihrer Kindheit sind alt geworden, aus dem Leim gegangen, und wirken auf sie viel kleiner als damals, als sie sie noch mit den Augen eines kleinen Mädchens betrachtete.

Einem von ihnen, dem Schriftsteller Carlo Cassola, der dazu aufgefordert hat, einen Appell zur einseitigen nuklearen Abrüstung des Westens zu unterzeichnen, antwortet sie mit großer Härte: »Der Grund, warum ich Ihrer Aufforderung nicht Folge leisten will, liegt nicht darin, dass ich mit Ihrer Idee der einseitigen Abrüstung nicht einverstanden wäre. Es ist die Rechtfertigung, die Sie mir in Ihrem Brief liefern: ›Was könnte uns schlimmstenfalls passieren? Eine Invasion? Angesichts des bevorstehenden Endes der Welt ist es doch gleich, ob wir frei sind oder unterdrückt. Das heißt, es ist auch egal, ob wir weiter die Früchte der Freiheit genießen können oder im Faschismus leben.‹ Nun, man liest so viele schreckliche Dinge. Doch selten habe ich eine so schreckliche und unheilvolle und moralisch selbstmörderische Aussage gelesen.« Der einzige Protagonist des Partisanenkampfes, dem bis zum Schluss Orianas tiefe Verehrung gilt, ist der Sozialist Pietro Nenni. »Sie bezaubern mich, ohne sich darum zu bemühen. Sie sind ein Teil meiner Erziehung, meiner Kultur, meiner Gefühle«, schreibt sie ihm.

Danach beschließt Oriana, einen Blick darauf zu werfen, wie die neuen Helden ihrer Zeit so beschaffen sind – die amerikanischen Astronauten, die alles daransetzen, vor den Russen auf dem Mond zu landen. 1957 hat die Sowjetunion den Sputnik ins All geschickt, den ersten Satelliten auf der Umlaufbahn der Erde, und damit begann der Wettlauf der beiden Supermächte ums All. Das ist ein Krieg, und Oriana will die Männer kennenlernen, die ihn ausfechten. Alles an diesem Abenteuer scheint darauf angelegt, ihre Begeisterung zu wecken. Sie glaubt fest an den Fortschritt – »in der Welt, in der ich lebe, ist mir nichts recht außer den Errungenschaften der Wissenschaft« – und erinnert sich gut an ihre Kindheitsträume, als sie die Romane von Jules Verne las.

Sie bittet den Herausgeber des *Europeo*, eine Artikelreihe über das Thema schreiben zu dürfen. Zweimal ist sie länger bei der NASA zu Gast, einmal im Jahre 1963, einmal 1964, und bleibt fast ein Jahr bei den Astronauten. Daraus entstehen viele Artikel für die Zeitung und ein Buch: *Se il Sole muore*[21]. Die Widmung ist länger als gewöhnlich: »Meinem Vater, der nicht auf den Mond will, weil auf dem Mond keine Blumen sind, noch Fische, noch Vögel. Theodore Freeman, der, von einer Gans getötet, starb, als er dem Mond entgegenflog. Meinen Freunden, den Astronauten, die zum Mond gelangen wollen, weil die Sonne sterben könnte.«[22]

Wenn die Sonne stirbt ist ein autobiografisches Buch, wie alle ihre Bücher. Es ist aufgebaut wie ein Dialog aus der Distanz mit dem Vater, der ein altmodischer Mensch ist und das Streben danach, in den Weltraum zu reisen, nicht nachvollziehen kann. Edoardo Fallaci will von dem ganzen modernen Spuk nichts wissen. Oriana hat ihn nicht einmal dazu überreden können, an Bord eines Flugzeuges zu gehen. Einmal wäre es ihr fast gelungen, als sie ihn mit den Wundern der Royal

Botanical Gardens vor den Toren Londons locken wollte. Doch am Ende hat er es sich anders überlegt, und sie ist mit der Mutter gereist, die dies jedoch sogleich bereute, den ganzen Flug über nervös aus dem Fenster blickte und sagte: »Dein Vater hat recht, was soll diese Hast?«[23]

Im Laufe dieses langen und überaus intensiven Jahres, das sie bei den Astronauten verbringt, fühlt sich Oriana zum ersten Mal weit weg von ihrem familiären Hintergrund. Während sie die großen Raketen betrachtet, mit denen die NASA die Männer ins All bringen will, denkt sie lächelnd an ihren Großvater Antonio zurück, der während der Bombenangriffe auf Florenz nicht in den Luftschutzkeller ging, sondern seinen Hut aufsetzte, den Stock gen Himmel schwenkte und schrie: »Ihr Flegel, ihr Flegel!«[24]

Wie immer bereitet Oriana sich mit großer Sorgfalt vor. Sie interviewt berühmte Autoren des Genres wie Ray Bradbury und Isaac Asimov. Sie liest viele Bücher über das Raumprogramm, schaut sich das Filmmaterial der NASA an. Sie will alles sehen, alle treffen, überall hinein. Sie lässt sich bis an die Spitze einer Rakete bringen, um zu begreifen, wie hoch sie ist. Sie bittet darum, in einen Raumanzug schlüpfen zu dürfen. Sie unterzieht sich dem Verhaltenstest beim Psychologen der Mission, in San Antonio, mit katastrophalem Ergebnis, denn sie hat eine zu starke Tendenz zum Fabulieren. Als der Psychologe ihr beim Rorschach-Test verschiedene Tintenflecken vorlegt und sie fragt, was sie sehe, treibt sie ihn mit ihren Antworten in den Wahnsinn: »Ein Hüftgürtel, eine Maus, die Pfeife meines Großvaters, der Perlenohrring, den ich in Paris verloren habe, eine Kugel Kaliber 22, eine Anemone und ein Huhn.«

Als Oriana die Produktionsstätten der NASA in Downey, California, besucht, wird ihr bewusst, dass sie die Gegend zum ersten Mal bereist, ohne sich mit der Kinowelt zu beschäftigen. Jetzt sind die großen Stars hier die Piloten, die sich darauf vorbereiten, den Raum zu erobern. Ein italienischer Freund, der nach Kalifornien gegangen ist, um Schauspieler zu werden, beklagt sich bitterlich: »Du also auch. Alle kommen jetzt deshalb hierher. Mittlerweile kräht kein Hahn mehr nach uns Schauspielern.«

In Houston erhält sie die Erlaubnis, einige der Astronauten zu interviewen. Sie leben dort in kleinen, ordentlich aufgereihten Häuschen nebeneinander, die ihr vorkommen wie die Mönchszellen in einem Kloster. Alle haben Frau und Kinder, kurz geschorenes Haar und klare Vorstellungen. Zunächst trifft sie eine Gruppe von sieben Männern – Shepard, Grissom, Glenn, Carpenter, Schirra, Cooper, Slayton – und führt mit ihnen eine Reihe von Interviews, die von der Presseabteilung der NASA genau abgesteckt sind. Sie hat nur wenig Zeit zur Verfügung und das Gefühl, Klonen gegenüberzusitzen. Es bedarf ihrer ganzen journalistischen Fähigkeiten, bei jedem das herauszuarbeiten, was ihn ausmacht. Doch das ist auch der Teil, der sie am Raumprogramm am meisten fasziniert, so wie bei jedem Thema, das sie im Laufe ihrer Karriere verfolgen wird: der menschliche Faktor.

Jedem Astronauten sitzt sie mit ihrem Aufzeichnungsgerät in der Handtasche und dem Mikrofon in der Hand gegenüber. Sie bietet eine Zigarette an, um das Eis zu brechen. Alle fragt sie, ob sie Angst haben, und fügt dann lachend hinzu: »Wenn ich in einem Flugzeug sitze, denke ich immer daran, dass die Dinger abstürzen können.« Sie steht all ihren Gesprächspartnern wohlwollend gegenüber, weil sie mutige Menschen liebt. Doch ihr Pokerface hat sie nicht abgelegt. Zu Alan Shepard, dem ersten Menschen, der auf der Umlaufbahn um die Erde gekreist ist, sagt sie: »Mir scheint, Sie haben einen Komplex, Commander. Den Komplex, immer der Erste sein zu wollen.«

Im Januar 1964 erhält Oriana ein Telegramm, in dem man ihr mitteilt, Tosca habe einen Herzinfarkt erlitten. Sie unterbricht ihren Aufenthalt bei der NASA und reist Hals über Kopf nach Florenz, wo sie ihre Mutter bettlägerig vorfindet, noch am Leben, doch wie über Nacht gealtert. Sobald ihr die Ärzte es erlauben, bringt sie ihre Mutter zur Erholung aufs Land. Einige Jahre zuvor hat sie dort, mit ihren Einnahmen aus den Buchveröffentlichungen, ein kleines Landgut in Casole, nahe Greve in Chianti, gekauft, mit dem Gedanken, es könne zum Rückzugsort für die Eltern im Alter und zum Mittelpunkt des Familienlebens werden, dem Ort, an dem Oriana ihre Lieben antreffen kann, wann immer sie wieder in Italien ist.

Wie allen Menschen, die im Geiste Nomaden sind, sind Oriana ihre Wurzeln wahnsinnig wichtig. Für das Landhaus hat sie eine Gegend ausgesucht, die ihr von Kindesbeinen an vertraut ist und wo die Ursprünge der Familie Fallaci liegen. Sie liebt das kleine Dörfchen Casole, das inmitten der herrlichen Landschaft der Toskana liegt. »Mein Haus auf dem Lande ist sehr schön, wie aus einem Landschaftsbild von Leonardo da Vinci, und man sieht die Hügel, die Berge und die Zypressen.« Und da ist noch ein Detail, das sie verzaubert hat: Giovanni da Verrazzano, der Seefahrer, der als Erster den Hudson River hochfuhr und die Bucht entdeckte, aus der später New York entstanden ist, stammte ursprünglich aus Greve, ebenso wie Amerigo Vespucci, nach dem die Neue Welt später benannt wurde.

Im Laufe der Jahre, ebenfalls dank ihrer Tantiemen, kauft Oriana ein weiteres Grundstück hinzu und baut das Landhaus aus, das zu einem schönen kleinen Anwesen wird: einem ausladenden Herrenhaus mit zweiundzwanzig Zimmern, einer Mühle, einer Reihe von kleinen, verstreuten Häuschen, die renovierungsbedürftig sind, und rundum jeder Menge Land.

Zu dem Herrenhaus gehört ein Turm, den Oriana für sich reserviert. Sie möchte, dass es in Casole alles gibt, sie lässt ein Schwimmbad und einen Fischteich anlegen. Sie sorgt dafür, dass im Garten alles Mögliche angepflanzt wird: Erdbeerbäume, Zitronen, Eichen, Zypressen, Obstbäume. Oriana hegt eine wahre Leidenschaft für Bäume, sie liebt sie, weil sie sanfte und schweigende Kreaturen sind, die sich nur von Wasser und Sonne ernähren und niemandem etwas zuleide tun.

»Im Garten meines Hauses auf dem Lande steht eine Zypresse, eine hohe, herrliche Zypresse, und die liebt eine andere Zypresse, die auf der anderen Straßenseite steht. Ihre Liebe wird erwidert, und des Nachts reden die beiden miteinander, werfen sich ihre leichten Samen zu, die auf dem Waldboden und auf der Wiese landen, und im Frühjahr gibt es dann immer ein oder zwei neue kleine Zypressen, die ihre Kinder sind – geboren aus jenen Nächten der Liebe.«

Oriana liebt Casole vor allem im Herbst, wenn sich im Wald die Blätter verfärben. Es ist ihre liebste Jahreszeit, obwohl sie sich von den Touristen gestört fühlt, die dann in die Gegend einfallen und Trauben, Maroni und Pilze plündern. In Casole wird kiloweise Marmelade eingekocht, es wird Öl gepresst und Wein gekeltert, der so teuer ist wie Champagner, weil man ihn nach uralten Methoden herstellt. Seit er seine kleine Kunsthandwerkstatt in Florenz aufgegeben hat und in Pension ist, hat Edoardo Fallaci großen Spaß daran, sich als Landmann zu betätigen und Tiere zu halten, die zu töten sich dann niemand traut, weshalb sie auf dem Hof ihr Gnadenbrot bekommen und friedlich mit ihm alt werden. Es gibt Kaninchen, Hühner, Bienenstöcke. Außerdem große Rosenstöcke und einen Gemüsegarten voller Lavendel und Rosmarin, die, zu kleinen Sträußchen gebunden, die Schubladen mit ihrem Duft erfüllen.

In der Küche befindet sich ein Kamin, der so groß ist, dass ein Mensch aufrecht darin stehen kann. Überall im Haus sammeln sich Möbel und andere Erinnerungsstücke an, die Oriana von ihren Reisen mitgebracht hat. Es gibt jede Menge Mäuse, die alles anknabbern, sogar die Bücher, doch Oriana möchte keine Fallen aufstellen, um sie zu töten. Sie mag es, im Bett zu liegen, ihrem Geraschel zu lauschen und sich vorzustellen, es wären die Seelen von Verstorbenen: »Vielleicht sind es ja wirklich Geister, was mir sehr gut gefällt, weil sie niemandem etwas zuleide tun; sie trippeln einfach hin und her, treppauf, treppab, und erinnern dich an die, die vor dir gelebt haben. Man braucht Geister, denn es ist unmöglich zu leben, ohne daran zu denken, dass auch vor dir schon Menschen gelebt haben.«

Während Toscas Rekonvaleszenz sitzt Oriana oft mit ihr im Garten von Casole und redet mit ihr über die Eroberung des Mondes. Sie erzählt ihr jede Einzelheit, jede Kuriosität. Sie mag es, wenn ihre Mutter vor Staunen die Augen aufreißt wie ein Kind. Oriana hat ihr Tüten mit der Trockennahrung der Astronauten mitgebracht, doch ihr Vater lässt eine nach der anderen verschwinden, rührt sie mit Wasser an und füttert damit die Tiere auf dem Landgut, um deutlich zu machen, wie wenig er von dieser Raumfahrt hält. Oriana muss sich Nachschub schicken lassen, den ihre Mutter dann in der Vitrine unter Verschluss bringt; darin sammeln sich im Laufe der Jahre so manche Trophäen an, die ihre berühmte Tochter von ihren Reisen mitbringt: ein Stein vom Parthenon, eine Puppe aus Kyoto, gezapfter Kautschuk aus Malaysia, ein Topas aus Brasilien, ein Ring aus Kalkutta.

Als es Tosca langsam besser geht und sie die ersten, noch unsicheren Versuche macht, wieder am Herd zu stehen, bleibt Oriana bei ihr und schaut aus dem Fenster nach draußen, wo die Blätter im Wind rauschen. Der Anblick der Bäume ist etwas, das sie immer von Neuem verzaubert: »Hast du bemerkt, wie schön unsere Zypressen vom Küchenfenster aus aussehen? Am liebsten würde man sie streicheln, den Finger ausstrecken und ihre pinselartigen Spitzen berühren, die so weich wie Samt sind.«

Oriana bleibt vier Monate in Italien. Ab und zu muss sie für einen Auftrag der Zeitung ins Ausland, jedoch nie außerhalb Europas. Sie schreibt eine Serie von Artikeln über die skandinavischen Königshäuser. An den alten König von Schweden, Gustav VI., der jeden Sommer nach Italien kommt, um seinem Hobby – den archäologischen Ausgrabungen etruskischer Gräber – zu frönen, erinnert sie sich voller Sympathie und schildert, wie sie ihm einige Jahre zuvor in Florenz auf den Fersen war: »Er besuchte die Uffizien, und ich folgte ihm mit dem Fotografen. Auf einmal drehte er sich um und sagte in tiefem Bariton: ›Sie wissen, was für eine Arbeit ich mache?‹ – ›Ja, Majestät.‹ – ›Dann wissen Sie auch, dass das hier meine Ferien sind?‹ – ›Ja, Majestät.‹ – ›Dann werden Sie jetzt aufhören, mir hinterherzulaufen?‹ – ›Nein, Majestät.‹ Gut. Und was meint ihr, ist er wütend geworden und hat mich festnehmen lassen? Weit gefehlt. Er schaute mich mit entwaffnender und überraschter Miene an und machte nur entrüstet: ›Pah!‹«

Um sich den norwegischen König Olaf V. aus der Nähe anzuschauen, besucht Oriana ein Skirennen, obwohl sie schrecklich unter der Kälte leidet und sich im Vorfeld extra Stiefel, Mantel und eine Pelzmütze zugelegt hat. Und um den Schwiegersohn des Königs kennenzulernen, einen Bürgerlichen, der ein Bekleidungsgeschäft hat, treibt sie die Verkäuferin im Laden in den Wahnsinn, indem sie sich die gesamte Kollektion vorlegen lässt, bis endlich der Chef höchstpersönlich aus dem Hinterzimmer kommt, um nach dem Rechten zu sehen. Doch so sehr sie sich auch bemüht – alles an Europa kommt ihr alt und verstaubt vor. »Wir schreiben das Jahr 1964«, schreibt sie in einem der Artikel, »und es gibt andere Planeten, die auf uns warten.«

Als es der Mutter besser geht, verspürt Oriana große Lust, zu den Astronauten zurückzukehren. Sie hat beschlossen, ein Buch über sie zu schreiben und muss noch einiges an Material zusammentragen. Auch die Nachricht, dass die Ford-Stiftung beschlossen hat, ihr ein Stipendium zu gewähren, mit dem sie ihre Reisekosten decken kann, ermutigt sie zur Abreise aus Italien. Doch die Freude währt nicht lange, denn angesichts allzu vieler Fragen, die ihr der zuständige Mitarbeiter der Stiftung vor der Gewährung des Stipendiums stellt (Ob sie an Gott glaube? Eine Diät befolge? An ansteckenden Krankheiten leide?) verliert Oriana die Geduld und sagt, er solle sich zum Teufel scheren.

Vor allem akzeptiert sie nicht, dass man ihr einen Begleiter an die Seite stellen und schon im Voraus genauestens über ihre Pläne Bescheid wissen will. »Ich weiß nie, wann ich abreise und wann ich ankomme. Zum Beispiel kann es sein, dass ich mich in St. Louis befinde und mir urplötzlich die Idee kommt, nach Mexico City zu fahren, um mir einen Sombrero zu kaufen. Das mag Ihnen bizarr vorkommen, und mein Vater würde sogar sagen, es ist verrückt – aber Leute, die schreiben, sind eben immer ein bisschen verrückt«, erklärt sie in einem langen, pikierten Brief, der umgehend dazu führt, dass ihr die Unterstützung gestrichen wird.

11

Miss Root Beer

Im Mai 1964 reist Oriana erneut in die Vereinigten Staaten. In Houston trifft sie eine weitere Gruppe Astronauten. Wie im Protokoll vorgesehen, interviewt sie die Männer in einem kleinen, leeren Raum. Acht Astronauten, jeweils zehn Minuten lang. Jede Minute mehr muss sie der Presseabteilung abringen: »Es ist mühsam, einen Menschen zu interviewen. Man nimmt sich gegenseitig unter die Lupe, was anstrengend für die Aufmerksamkeit und die Nerven ist«, erklärt sie. Ein Astronaut nach dem anderen tritt ein, salutiert, setzt sich. Wie zuvor kommen ihr zunächst alle gleich vor. Doch als einer von ihnen sich weigert, das Kabuff zu betreten – das ihm wie die Praxis eines Zahnarztes vorkommt, protestiert er lautstark, und beim Zahnarzt sei er bereits gewesen –, begreift Oriana, dass sie endlich jemanden gefunden hat, mit dem sie wirklich reden kann.

Er heißt Charles Conrad, wird aber von allen Pete genannt. Er ist ein kühner, athletischer und selbstbewusster Mann, wie alle Astronauten, doch zugleich ist er auch ein wenig verrückt und von hinreißender Fröhlichkeit. Pete und Oriana werden unzertrennlich. Conrad weiß es zu schätzen, dass die Italienerin keine der üblichen Bewunderinnen ist, die bloß darauf aus sind, einen der Raumfahrer vor den Traualtar zu bringen, auch wenn die Männer alle längst verheiratet sind. Allerdings versteht er auch nicht, wieso diese reizende italienische Journalistin ihrerseits nicht verheiratet ist. »Ist es dir nicht langweilig so allein?«, fragt er sie. »Ich bin immer allein«, antwortet sie ihm, »auch wenn ich unter Leuten bin.«

Die beiden haben jede Menge zu lachen. So planen sie das Projekt Käse und wollen auf dem Mond – der sich ihrer Ansicht nach als Käse herausstellen wird – eine Kette von Drive-Ins einrichten und Getränke verkaufen. Abends gehen sie aus, tanzen Twist und trinken. Auch hier kann Oriana durchaus mithalten: »Ich kann alles trinken, sogar Whisky, obwohl er meiner Meinung nach stinkt«, sagt sie. Das einzige Getränk, das sie nicht ausstehen kann, ist Root Beer, wofür Pete ihr prompt den Spitznamen »Miss Root Beer« verpasst.

Die Monate, die sie mit Pete und seinen Kollegen verbringt, sind eine fröhliche Zeit, alle feiern sich selbst und die beste Zeit ihres Lebens. »Dreißig Jahre alt zu sein ist eine tolle Zeit. Man fühlt sich frei, rebellisch, schrankenlos, denn die Angst des Wartens ist vorbei, doch die Melancholie des Niedergangs hat noch nicht eingesetzt, denn wir leuchten vor Lebenskraft. Wir sind wie ein reifes Getreidefeld, nicht mehr grün und noch nicht trocken.« Abends gehen sie, mit den Schuhen in der Hand, am Strand spazieren und proben, was Pete sagen wird, wenn er auf dem Mond landet. Oriana ist glücklich, weil sie das Gefühl hat, zu ihnen zu gehören.

Petes Witwe, Jane Dreyfus, erinnert sich noch nach vielen Jahren an die Zeit, die sie zusammen mit Oriana verbracht haben: »Sie kam immer zu uns nach Hause, setzte sich an den Rand des Swimmingpools und entspannte sich. Sie redete stundenlang, erzählte die ganze Geschichte ihrer Kindheit während des Krieges. Damals war sie wirklich mutig gewesen. Ich glaube, ihr gefiel es, sich mit den Astronauten abzugeben, weil sie bei ihnen eine ähnliche Haltung dem Leben gegenüber fand, auch sie waren so mutig. Vor allem das prägte Orianas Verbindung zu ihnen.« Sie erzählt lachend, die Ehefrauen der

Astronauten seien Oriana gegenüber zunächst misstrauisch gewesen, und das ist auch kein Wunder. Oriana ist eine Frau, die in ihrem Gefühlsleben vollkommen frei ist und kein Blatt vor den Mund nimmt – »Was die für Schimpfwörter kannte! Sie sagte sie zwar auf Italienisch, aber alle kapierten sie trotzdem!«, lacht Jane. Ihre Ungebundenheit trägt Oriana vor sich her wie eine Flagge. »In sexueller Hinsicht bin ich heute und schon seit Jahren vollkommen frei«, erklärt sie einmal in einer Zeitung. »Sex ist so verdammt wichtig. Er ist nicht unverzichtbar, wie die Intelligenz, aber wenn es ihn nicht gibt, bist du auch weniger intelligent. Er ist eine Art Nahrung für das Leben, wie Essen, wie Schlafen.«

Jane hat ihre Korrespondenz mit Oriana aufbewahrt, fröhliche Briefe voller Beschreibungen der Päckchen, die aus Italien in die Vereinigten Staaten geschickt werden. Sie erinnert sich, dass Oriana sehr gerne lachte und es liebte, anderen Geschenke zu machen. Sie überhäuft ihre Freunde mit Aufmerksamkeiten, was oft witzig, manchmal auch anstrengend ist. Pete schenkt sie zum Beispiel massenhaft Hüte, die sie beide sammeln, und einen Toreroanzug, weil die Einkleidezeremonie der Astronauten sie an die der Stierkämpfer erinnert: »Mit der Traurigkeit, die mit der Angst wächst«. Jane schickt sie ein sündhaft teures Kleid von Pucci, damit sie auf einer Party in Houston damit angeben kann: »Es ist wundervoll und vielleicht nicht ganz dein Schnitt, aber ich bringe es dir trotzdem mit. Es ist aus Samt; dieser besonderen Art von bedrucktem florentinischem Samt, den Emilio vor Jahren auf den Markt gebracht hat. Das Kleid hat alle Farben, die ich gerne an dir sehen würde, Gelb und Rot und Grün und Braun, kräftige Farben, und es hat lange Ärmel. Wenn es dir nicht gefällt, werden wir gemeinsam ein paar Tränen vergießen, und ich nehme es wieder mit, wenn ich nach Florenz zurückfahre.« Sie gesteht Jane, dass sie sich zum ersten Mal in ihrem Leben bei jemandem zu Hause fühlt: »Die Freundschaft mit euch allen ist mir sehr kostbar. Durch die Astronauten habe ich in Amerika etwas gefunden, das ich bisher weder in Europa noch im Rest der Welt gefunden hatte.«

Jim Lovell, der 1970 Kommandant der unglücklichen Apollo-13-Mission sein wird, ist mit seiner Familie in Casole zu Gast.

Ein halbes Jahrhundert später erinnert er sich daran, wie Oriana von allen bei der NASA akzeptiert wurde: »Wenn sie mit uns Jungs zusammen war, war sie eine von uns.« Er berichtet von einem Abend, an dem sie ausgegangen waren und nach einem Restaurant suchten. »Oriana sagte mit ihrem lustigen italienischen Akzent: ›Ich 'abe 'uungerrrr! Wo essen wirrr?‹«, sagt er und imitiert dabei eine Frau mit lauter Stimme und betonter Aussprache. Es gab keine Restaurants, und am Ende haben wir nur ein Lokal gefunden, wo es Hamburger gab. Oriana schaute uns perplex an. ›Wie soll ich das essen?‹ fragte sie. ›Na ja‹, sagten wir, ›du nimmst ihn in beide Hände und beißt rein.‹ Doch sie kreischte: ›Aberrr ich esse nicht mit die Hände!‹ Auf dem Tisch standen Zahnstocher, und so hat sie den ganzen Hamburger mit Zahnstochern gegessen. Wir haben unseren Augen nicht getraut.« Oriana ist anstrengend, ist sich dessen aber bewusst. »Klar bin ich eine Nervensäge«, erzählt sie Jahre später einem Journalisten. »Weißt du, was die amerikanischen Astronauten gesagt haben? Wenn wir sicher sein wollen, dass wir vom Mond zurückgeschickt werden, brauchen wir bloß Oriana mitzunehmen.«

Als Oriana erfährt, dass einer ihrer Astronautenfreunde, Theodore Freeman, bei einem Trainingsflug tödlich verunglückt ist, ist sie am Boden zerstört. Sie fährt zu seinem Begräbnis nach Washington. Die anwesenden Astronauten sind alle sehr still, keiner weint. Oriana ist darüber empört, stellt sie zur Rede. Am Ende bringt Pete sie zum Schweigen, indem er ihr eine Lektion erteilt, die sie nie vergessen wird: »Glaubst du denn wirklich, das lässt uns kalt, dass er für immer auf der Bahre liegt? Morgen früh könnte ich derjenige sein, der dort in diesem Grab landet. Wenn ich tauschen könnte, würde ich es vielleicht machen. Ich habe mir die Frage nicht gestellt – aber vielleicht würde ich tauschen. Doch weil der Tod nicht mit sich handeln lässt, bin ich am Leben. Weil ich lebe, stimme ich kein großes Gejammer an. Und weil ich kein großes Gejammer anstimme, werde ich mir jetzt einen Martini genehmigen. Und zwar einen doppelten.«

Im Herbst 1964 beendet Oriana ihren langen Aufenthalt unter den Astronauten und fliegt nach Italien zurück. Als sie in ihre Wohnung in Florenz zurückkehrt, wartet ein Brief von ihrem Vater auf sie. »Ich hab dir einen Baum gekauft. Erinnerst du dich an die Eiche oberhalb der Quelle? Die große, mit den freigelegten Wurzeln, auf die du als Kind so gern geklettert bist? Nun, der Besitzer wollte sie fällen, weil er das Holz brauchte. Und so habe ich sie ihm abgekauft, damit sie dortbleiben kann. Deine Mama war nicht damit einverstanden: Dieses ganze Geld, sagte sie, für irgendeinen Baum. Doch ich wusste, dass es dir leidgetan hätte, wenn ich es zugelassen hätte, dass man ihn tötet, und so habe ich ihn gekauft und schenke ihn dir. Du wirst ihn vorfinden, wenn du zurückkommst, er wartet dort auf dich. Immer am gewohnten Platz, oberhalb der Quelle.« Für Oriana ist es ein Brief wie aus einer anderen Welt.

Sie nimmt ihre Arbeit bei der Zeitung wieder auf und widmet sich ihrem Buch über die Astronauten, über die sie voller Bewunderung und Bedauern schreibt. »Ich habe so viele Menschen in Amerika getroffen und spüre, dass die Astronauten die besten sind, denen ich je begegnet bin. In Italien hat man mir großen Respekt für Eigenschaften wie Mut, Aufopferungsbereitschaft und Disziplin in die Wiege gelegt. Als der Krieg zu Ende war, schaute ich mich um, weil ich wissen wollte, ob denn diese Tugenden noch irgendwo zu finden seien. Dabei hatte ich immer einen Test, um Personen einzuschätzen. Ich schaute mir jemanden an und fragte mich: ›Hätte er geschwiegen, wenn er von den Faschisten eingesperrt und gefoltert worden wäre?‹ Und oft genug lautete meine Antwort: Nein. Der Grund, warum mir diese jungen Männer so gefielen, war, dass ich in ihnen gleich eine ganze Gruppe von Menschen gefunden hatte, bei denen die Antwort Ja gelautet hätte.«

Oriana hätte alles gegeben, um mit auf den Mond fliegen zu dürfen. In einem ihrer Notizbücher findet sich der folgende Dialog mit einem der Astronauten: »Dann begleitet mich Dick ins Hotel zurück. ›Schade‹, sagt er, ›dass wir dich nicht mit da hoch nehmen können. Du würdest wirklich mitfahren, stimmt's?‹ – ›Auf der Stelle‹ sage ich. ›Aber du würdest dein Leben riskieren.‹ ›Klar‹, erwidere ich. ›Sterben muss man sowieso, und das ist eine unterhaltsame Methode zu sterben, es lohnt sich.‹ ›Danke‹, sagt Dick, ›das ist das schönste Kompliment, das man meinem Beruf jemals gemacht hat.‹«

Wenn die Sonne stirbt wird ein großer Erfolg, in Italien wie auch im Ausland. Oriana tritt im Fernsehen auf. Noch nie zuvor hat jemand die Astronauten so beschrieben wie sie, mit dieser Mischung aus Kameradschaft, Bewunderung und Ironie. Vor der Fernsehkamera nimmt Oriana kein Blatt vor den Mund. Sie fühlt sich wie eine Botschafterin ihrer fernen Freunde, die zu loben sie nicht müde wird. »Vor allem sind es Leute, die lernen und studieren. Sie lernen tags, sie lernen nachts, sie lernen im Training. Alle sind Ingenieure und haben einen Abschluss in Raumfahrttechnik. Sie studieren Geologie, Chemie, Mathematik, Physik, Biologie. Sie studieren nicht nur, sondern sind einem extrem strengen Training unterworfen, in der Wüste, im Dschungel. Ihr Tagesablauf ist der eines Zwangsarbeiters.«

Zum Zeitpunkt der allerersten Mondlandung im Juli 1969 ist Oriana mit Tausenden von anderen Journalisten in Cape Kennedy, um für ihre Zeitung über das Ereignis zu berichten. Der erste Mann auf dem Mond ist Neil Armstrong, den Oriana nur vom Sehen kennt. Pete hat die große Ehre nur um einen Hauch verpasst, wird aber die darauffolgende Mission leiten und wenige Monate später, im November 1969, auf dem Mond landen. Um ihn wird nicht mehr ganz so viel Wirbel gemacht wie bei der ersten Mondlandung, doch er wird ein Foto von Oriana mitnehmen, das sie als kleines Mädchen auf dem Arm ihrer Mutter zeigt. Er hat Oriana versprochen, mit ihrem Konterfei im Raumanzug einen Spaziergang zu machen. Nach Orianas Tod fand sich in ihrem Nachlass auch dieses Foto mit einer Aufschrift von Pete auf der Rückseite: »Liebe Tosca, dieses Foto haben wir an Bord des Yankee Clipper bis zum Ozean der Stürme auf dem Mond gebracht. 14.–27. November 1969, für Oriana. Unterzeichnet: Der Kommandant von Apollo 12.«

Petes Mission betrifft Oriana ganz persönlich. Sie findet die Idee amüsant, einige persönliche Objekte an den besonders strengen Kontrollen der NASA vorbeizuschmuggeln. Außer dem Foto ihrer Mutter vertraut sie ihm auch einen Anhänger an. Vor allem jedoch nimmt sie ihm das Versprechen ab, ihr bei seiner Rückkehr ein paar Gesteinsbrocken vom Mond mitzubringen. Zurück auf der Erde, zögert Pete, und als Oriana ihn an sein Versprechen erinnert, wechselt er das Thema. Material vom Mond an eine andere Person weiterzugeben, ist streng verboten, und Pete befolgt die Regeln. Eines Abends, als sie ihn nochmals anfleht, gestattet er ihr, die Proben zu berühren, die er bei sich zu Hause in einem Schrank aufbewahrt und die noch immer mit einer feinen Schicht Mondstaub überzogen sind. Dann schließt er den Schrank wieder ab, ohne Oriana etwas davon zu geben. Für sie ist es eine schreckliche Enttäuschung.

Einige Zeit später haben die beiden einen heftigen Streit über Politik, ein Thema, in dem sie sich überhaupt nicht einig sind. Oriana ist progressiv und sehr kritisch den Amerikanern gegenüber, Pete hingegen ein Patriot und konservativ. Das Abendessen wird zum Schauplatz eines großen Streits. Pete sagt, wenn sie die amerikanische Außenpolitik so sehr ablehne, solle sie doch ihre Koffer packen und nach Hause nach Italien fahren. Oriana geht und schlägt die Tür hinter sich zu. Am Tag darauf ruft sie ihn an. Er ist auf einem Meeting, doch Oriana besteht darauf, mit ihm zu sprechen. Als er verärgert ans Telefon kommt, legt Oriana auf.

»Sie hat ihm einen bitterbösen Brief geschrieben, den er in tausend Fetzen zerrissen hat«, erinnert sich die Witwe. Auch sie hatte in der Vergangenheit Gelegenheit, Orianas Zorn zu spüren zu bekommen, die ihr dann schrieb: »Nicht traurig sein, wenn ich manchmal harte Worte finde. Ich bin ein harter Mensch, und das ist nicht meine Schuld. Ich bin, wie ich bin. Aber da ist auch so viel Weichheit in mir, auch wenn ich sie nicht zeige. Ich habe gelernt, sie nicht zu zeigen, weil man mich sonst auffrisst.« Oriana und Pete werden sich nie wiedersehen. Jahre später, als er stirbt, kommt Oriana nicht zu seiner Beerdigung. Wenn sie von jemandem enttäuscht wird, den sie liebt, ist sie dazu in der Lage, ihn für immer aus ihrem Leben zu löschen. »Ich kann nicht vergeben. Weder vergeben noch vergessen. Das ist vielleicht einer meiner größten Fehler, und auch der unheilvollste. Und noch weniger vergeben kann ich, wenn ich von jemandem verletzt werde, von dem ich mir Zuneigung erwartet habe, Zärtlichkeit, oder über den ich mir Illusionen gemacht habe. Natürlich bedeutet das nicht, dass ich jemandem, der mich verletzt oder gekränkt hat, den ewigen Krieg erkläre. Es bedeutet, dass ich mit diesem Menschen fertig bin. Ich streiche ihn aus meinen Gedanken. Es gibt nicht einen Mann oder eine Frau, die sich mir gegenüber etwas Derartiges hat zuschulden kommen lassen und nicht im Sibirien meiner Gefühle gelandet ist.«

In den Jahren der Reportagen über die NASA reist Oriana viel zwischen Italien und den Vereinigten Staaten hin und her, weil sie sich nicht für einen Ort entscheiden kann. Vor allem Florenz fehlt ihr, die Stadt, die sie als ihre eigentliche Heimat empfindet. »Ich spreche florentinisch, ich denke florentinisch, ich fühle florentinisch. Florentinisch ist meine Kultur und meine Erziehung. Wenn man mich im Ausland fragt, aus welchem Land ich komme, antworte ich: aus Florenz. Nicht aus Italien. Weil das nicht dasselbe ist.« Als im November 1966 die Stadt von einer schrecklichen Flutkatastrophe heimgesucht wird, kehrt Oriana Hals über Kopf nach Hause zurück. Sie bleibt einige Monate auf dem Posten, versucht bei ihren amerikanischen Freunden Spenden zu sammeln. Ihrem Verlag erteilt sie die Erlaubnis, ihre Tantiemen für dieses Jahr der Stadt Florenz zu spenden.

In den langen Briefen nach Amerika erzählt Oriana, was sie in der Stadt erlebt. Das Fehlen von Trinkwasser: »Was für ein unglaublicher Hohn: Alles wird vom Wasser zerstört, und dann kann man es nicht mehr trinken.« Nur wenige Geschäfte auf dem Ponte Vecchio werden gerettet: »Ein Silberschmied und ein Krawattenladen. Der Silberladen ist sauber und aufgeräumt, hie und da liegt eines der wenigen geretteten Schmuckstücke – ein armseliger Anblick! – herum, und unter einer Vase mit einer Blume steckt ein Zettel, auf dem steht: ›*Sorry, this is what we have, please buy it.*‹ Auf Englisch. Im Krawattenladen liegen die ganzen zerknitterten Krawatten im Schaufenster, ein paar Handtaschen aus gewaschenem Leder, und auch hier ein Zettel in fehlerhaftem Englisch, der lautet: ›*Please buy this floaded merchandise, thank you.*‹« Die Menschen von Florenz, die wie immer ihr Herz rühren: »Um zehn, elf Uhr am Abend sind sie immer noch da und putzen, wischen, putzen wieder, Männer, Frauen, Kinder. Du siehst sie auf Leitern stehen und die öligen Rückstände von den Wänden und Decken kratzen, schweigend, ohne Unterlass, dickköpfig, entschlossen zu leben, zu überleben, und du traust deinen Augen nicht. Damit will ich sagen: Die Stadt ist tot, und sie verhalten sich, als wäre sie noch am Leben. Ein Mut, eine Kraft, die dich sprachlos macht.«

Mit ihrer besonderen Beobachtungsgabe schnappt Oriana kleine Szenen auf, sie belauscht geistreiche Gespräche, sie sammelt entlarvende Details. So wie vor den Toren des Baptisteriums, die nicht mehr wie Gold aussehen, sondern schwarz vom Schlamm sind. »Jemand hat den kleinen Kopf des Ghiberti gesäubert, der aus dem dritten Feld des Paradiestores herausschaut. Und so sieht man inmitten von all dem Schwarz diesen goldenen Kopf Ghibertis, der verblüfft in die Gegend guckt. Kommt ein altes Männlein vorbei. Es bleibt stehen, schaut ihn sich an, sagt: ›Und, hast du gesehen, was dir unser barmherziger Herr angetan hat? Da gibst du dir so viel Mühe, das Paradies für ihn zu erschaffen, und er hat dir die Hölle gebracht. Ach, was bist du für ein Idiot!‹« Oriana plant, ein Buch über die Geschehnisse in Florenz zu schreiben, doch ihr Brotberuf hat Vorrang. Da sind die Reportagen für den *Europeo* und das zweite Buch über den Wettlauf im All mit dem Titel *Quel giorno sulla Luna*[25]. Während der Fahnenkorrektur rechnet Oriana aus, was der Traum von der Eroberung des Alls die amerikanische Regierung gekostet hat: 25 000 Milliarden Lire zum damaligen Wert. Eine Riesensumme, bemerkt sie, doch immer noch weniger als der Vietnamkrieg, der die USA in den Jahren 1966 bis 1970 51 000 Milliarden gekostet habe.

Tatsächlich ist zwischen dem ersten und dem zweiten Buch übers All einiges auf der Welt passiert. Die Vereinigten Staaten sind an der Seite Südvietnams in den Krieg gegen den Nachbarn im Norden gezogen. Und Oriana hat, wie zu erwarten war, darum gebeten, sich vor Ort ein Bild machen zu dürfen. Zu dieser Zeit ist Tommaso Giglio Herausgeber des *Europeo*, ein Mann, der mehr als andere gelernt hat, Oriana ihren Willen zu lassen. »Mir gegenüber hat er nie den Chef rausgekehrt: Er ließ mich mein eigener Chef sein. Er hatte irgendwie begriffen, dass ich mit lockeren Zügeln besser und mehr laufe. Sobald man mir Zaumzeug und einen Sattel anlegt, höre ich auf, ein Rennpferd zu sein, und werde zum störrischen Maulesel. Ich will nach Vietnam, Giglio. Dann gehst du nach Vietnam. Was für eine Art Reportage über Vietnam würde Ihnen denn zusagen? Die Reportage, die du willst. So war meine Beziehung zu Giglio.«

Vietnam läutet eine neue Phase in Orianas Leben ein. Es bringt sie erneut mit dem Krieg in Berührung, und es führt zur Begegnung mit François Pelou, dem Mann, der die große Liebe ihres Lebens sein und ihr beibringen wird, die Macht mit anderen Augen zu sehen. Die sorglosen Jahre in Houston und Cape Kennedy sind endgültig vorüber. Die Kriegsberichterstatterin Oriana Fallaci wird geboren. Eine Frau, die den Ungerechtigkeiten der Geschichte ihre ganze Wut entgegenbringt. Und die dem Geheimnis der Macht nachdenklich gegenübersteht. »Am Himmel schien der Mond, dieser Mond, auf den die Menschen gehen wollen, um ihre eigene Größe noch größer zu machen. Und ich habe an einen Satz gedacht, den mir gestern François gesagt hat: ›Der Mond ist ein Traum für denjenigen, der sonst keine Träume hat.‹«

12

Saigon und Amen

Im November 1967 reist sie ab, begleitet vom Fotografen Gianfranco Moroldo. Als sie in Saigon ankommt, sagen ihr alle, um in der Stadt gut arbeiten zu können, müsse sie unbedingt François Pelou, den Leiter der lokalen Agence-France-Presse kennenlernen. Sie besucht ihn in seinem Büro, an der Rue Pasteur, und ist vom ersten Moment an von ihm beeindruckt. »Ein gutaussehender Typ mit grauem Haar und athletischem Körperbau, einem harten und aufmerksamen Gesicht, zwei Augen, denen nichts entgeht, kummervoll und ironisch zugleich. Zuerst hat er aus diesem Grund Eindruck auf mich gemacht: Du kennst doch diesen Typ Mann, nach dem man sich mehr als einmal umdreht, weil er anders ist als die anderen und Spuren hinterlässt. Dann jedoch hat er mich mit seinen brüsken, störrischen Gesten beeindruckt: Vertraulichkeiten waren von ihm weder zu erwarten, noch suchte er sie.«

Auch François Pelou wird viele Jahre später von dieser ersten Begegnung erzählen: »Eines glühend heißen Nachmittags im Herbst 1967 kam sie in unser Büro der Agence-France-Presse im Herzen Saigons. Sie kam, ohne sich anzukündigen, wie ein plötzlicher Windstoß. Ein paar Floskeln, um sich kennenzulernen – uns war sie nicht bekannt –, und von ihrer Seite eine scheinbar oberflächliche Bemerkung über Leute und Orte in Vietnam. Einen Augenblick später war sie verschwunden, um sich kurz darauf wieder einzufinden, diesmal in ausgesuchter Feinheit gekleidet, die ihrem verführerischen Aussehen gerecht wurde. Es lag auf der Hand, dass sie beschlossen hatte, mein Büro und seine Mitarbeiter wie im Sturm zu erobern.«

François ist zweiundvierzig Jahre alt, vier Jahre älter als sie, und ein Veteran des internationalen Journalismus. In den Fünfzigerjahren hat er über den Koreakrieg berichtet und das Büro der France-Presse in Hongkong geleitet. Er hat alle asiatischen Länder bereist und kennt Vietnam seit den Zeiten der französischen Kolonialherrschaft. Im Jahre 1963 war er sogar persönlich dabei, als Geschichte geschrieben wurde: als Augenzeuge des Mordes am mutmaßlichen Mörder von John F. Kennedy, Lee Harvey Oswald, den ein Mann namens Jack Ruby bei dessen Verlegung vom Polizeipräsidium in Dallas ins Gefängnis aus nächster Nähe erschoss.

Oriana ist ihm, ohne es zu wissen, bereits einmal begegnet, in Han Suyins Roman *Alle Herrlichkeit auf Erden.* Im Buch ist François Pelou der französische Kollege des Protagonisten Mark Elliott und wird als Mann von großer Intelligenz und Eleganz beschrieben, der den Krieg mit überragender Rechtschaffenheit und Urteilsvermögen betrachtet. Als es um den Koreakrieg und die Unzufriedenheit der Soldaten geht, legt Suyin ihm in den Mund: »›*Il faut dire aux hommes pourquoi ils doivent se faire tuer.*‹«[26] Man muss den Männern sagen, warum sie sich umbringen lassen sollen.

In Saigon zeigt François niemandem gegenüber Feindseligkeit und arbeitet mit allen zusammen – den Südvietnamesen, den Amerikanern, dem Vietcong –, besonders, wenn es dazu dient, Menschenleben zu retten. Jedes Menschenleben hat für ihn unschätzbaren Wert. Das ist das Allererste, was er Oriana beibringt, noch am selben Tag ihrer ersten Begegnung. Während sie zusammensitzen, erreicht ihn ein dringender Anruf. Oriana sieht, wie sich sein Gesichtsausdruck urplötzlich wandelt. Ein Informant teilt ihm mit, dass die Saigoner Obrigkeit am nächsten Tag drei Gefangene des Vietcong erschießen wird. Und das bedeute nicht etwa drei Tote, sondern sechs oder mehr, erklärt ihr François, nachdem er den Hörer aufgelegt hat, denn der Vietcong würde für jeden seiner Leute einen Amerikaner liquidieren. François schlägt bei der amerikanischen Botschaft Alarm, die bei der Regierung Südvietnams interveniert und sie davon zu überzeugen versucht, die Erschießung zu verhindern.

Ein langes Warten beginnt. Unweigerlich muss Oriana an die lang zurückliegenden Tage erinnern, als über eine andere Hinrichtung entschieden wurde: die ihres Vaters in Florenz. Das gesamte Büro wartet schweigend. François sitzt reglos da, mit den Füßen auf dem Tisch, die Arme verschränkt und mit zusammengekniffenen Lippen. Oriana gelingt es nicht, so ruhig zu bleiben. Sie verlässt das Büro, um Erkundigungen beim JUSPAO einzuziehen, dem amerikanischen Informationsdienst, sie geht im Hotel vorbei, kehrt dann ins Büro zurück. Gegen elf Uhr abends läutet endlich das Telefon, und ihnen wird mitgeteilt, dass die Hinrichtung ausgesetzt worden sei. Erleichtert bricht Oriana in Lachen aus. »Danke, François, danke!«, ruft sie wieder und wieder glücklich und springt wie ein kleines Mädchen um ihn herum. Die französischen Kollegen schauen sie amüsiert an. Sie sind sich sicher, dass binnen weniger Wochen auch diese italienische Journalistin sich an den schmutzigen Krieg in Vietnam gewöhnt haben und zynisch geworden sein wird, wie sie alle. Doch sie wissen nicht, dass der Tod etwas ist, an das sich Oriana nie gewöhnen wird.

Darin ist ihr François ähnlich. Schon seit Jahren beschäftigt er sich mit Kriegen, erregt sich jedoch noch immer über die Absurdität von kriegerischen Auseinandersetzungen und findet das unsinnige Auslöschen von Menschenleben schmutzig. Immer öfter kommt es jetzt vor, dass die beiden sich am Ende eines Tages treffen, um zu reden. Oriana hat Tausende von Fragen. Sie vertraut ihm blind, bittet ihn um Hilfe, denn sie will diesen Krieg bis ins winzigste Detail entdecken. Schon bald ist sie es müde, im Hotel eingeschlossen zu sein und dem Geplänkel der westlichen Korrespondenten zu lauschen. Sie will an die Front. Mit François' Hilfe legt sie diese Bitte den amerikanischen Befehlshabern vor, und ihr wird das Lager Dak To vorgeschlagen. Sie kauft sich eine Uniform, unterschreibt ein Dokument, in dem sie die amerikanische Armee für den Fall ihres Todes jeglicher Verantwortung entbindet, und macht Angaben darüber, wohin ihre Leiche geschickt werden soll, sollte sie im Lauf der Kämpfe getötet werden. Am Abend vor ihrem Aufbruch findet sie im Hotel eine Nachricht von François vor. »Viel Spaß in Dak To. Und hab keine Angst.«

Dak To ist weniger ein Militärcamp als eine weitab gelegene Landepiste. Es liegt auf einem Hügel, der auf allen Seiten vom Gebiet des Vietcong umgeben ist. Abgebrannte Bäume ragen wie schwarze Stümpfe in den Himmel empor, und der Boden ist von den Kratern übersät, die eingeschlagene Bomben hinterlassen haben. Oriana springt aus dem Militärflugzeug auf den Boden hinunter, behindert durch ihren unförmigen und schweren Rucksack. Als sie sich umschaut, denkt sie, dass dieses Hügelland um sie herum vor dem Krieg ein herrliches Fleckchen Erde gewesen sein muss: eine unendliche Abfolge aus Jadegrün, Himmelblau, Smaragd. Bei Tage hält sie sich beschäftigt, indem sie Soldaten befragt, sich Notizen macht. Nachts jedoch werden die Mörsereinschläge immer heftiger. Stundenlang steht die Militärbasis unter feindlichem Beschuss. Schnell fühlt sich Oriana inmitten des Durcheinanders und der Dunkelheit isoliert. Ein französischer Journalist nimmt sie am Arm und hilft ihr dabei, sich in Sicherheit zu bringen. François hat ihm mitgeteilt, es würde eine italienische Kollegin eintreffen, und ihn gebeten, sie zu beschützen.

In Dak To bleibt sie nur drei Tage, die ihr jedoch wie eine Ewigkeit vorkommen. Tagsüber ist es heiß. Vor allem unter dem Helm. Doch François hat ihr gesagt, sie solle ihn niemals abnehmen. »Schütz deinen Kopf, als wäre er die einzige Sache, um die du dich kümmern musst«, hat er ihr geraten. Nachts wird es kalt, und sie hat nichts, um sich zuzudecken. Wieder ist es François' Kollege, der ihr einen Schlafsack besorgt. Sie muss sich mit einem Glas Wasser begnügen, um sich notdürftig zu waschen, und schläft in ihren Kleidern. Was die Verrichtung ihrer Notdurft angeht, so hat sich der Kommandant damit einverstanden erklärt, seine Feldtoilette mit ihr zu teilen, da sie die einzige anwesende Frau ist. Als sie eines Tages neben einem Lastwagen sitzt und zufällig einen Blick in den Außenspiegel wirft, erkennt sie sich einen Moment lang selber nicht – dieses schmutzige Gesicht mit den müden Augen, die ihr aus dem Spiegel entgegenblicken.

Als Orianas Auftrag an der Front zu Ende ist, ist sie froh, nach Saigon zurückzukehren. Obwohl auch hier in der Ferne die Bombardements zu hören sind, kann man in der Hauptstadt wenigstens noch versuchen, ein halbwegs normales Leben zu führen. Auf die Rennbahn zu gehen, ins Schwimmbad des Club Nautique, oder zum Tanzen. François begleitet sie immer öfter. Oriana spürt, wie ihre Bewunderung für den brummigen und doch einfühlsamen Journalisten wächst, der wenig spricht und doch alles zu verstehen scheint. »Oft suchte ich ihn in seinem Büro an der Rue Pasteur auf: mal, um ihn um Rat zu fragen oder um Hilfe zu bitten, mal, weil mir danach war, jemanden zu sehen, dem ich in meiner Verwirrung mein Herz ausschütten konnte. Und auch wenn er damals nur am Rande mit meinen Recherchen zu tun hatte, gab er ihnen zweifelsohne eine Richtung – um dann ganz allmählich zu ihrem Leitstern, ihrem guten Gewissen zu werden.«

Am Abend treffen sie in seinem Büro zusammen. Langsam dreht sich der Ventilator an der Decke, ein Kollege nach dem anderen verabschiedet sich, auf der Suche nach Erholung oder nach Gesellschaft. François wartet am Telefon auf die letzten Anrufe der Korrespondenten, um ihre Berichte nach Paris weiterzuleiten. Oriana stellt ihm Fragen und lauscht dem, was François in all den Jahren vor Ort vor ihr gelernt hat. Zum Beispiel, dass der Krieg wie ein Boxkampf ist, brutal, aber irgendwann auch faszinierend, weil er es möglich macht, den Menschen in seiner ganzen Reinheit zu begreifen: im Mut wie auch in der Angst. Wenn die Ablösung da ist, begleitet François sie zum Hotel.

»Es war mir gelungen, die Maschen seines ruppigen Charakters zu durchdringen, und seine Gedankenfreiheit hatte mich in ihren Bann gezogen. Zwischen uns herrschte ein Einverständnis, das immer wichtiger wurde.« François wird zu ihrem Vertrauten und Führer. In Saigon ist ihm keine Tür verschlossen. Mit seiner Hilfe erhält sie sogar die Genehmigung, zwei gefangene Vietcongs zu interviewen. Oriana begibt sich in das größte Gefängnis der Hauptstadt. Als die Wachsoldaten den ersten Gefangenen, ein Mädchen, hereinbringen, bietet sie ihr Zigaretten an und erklärt ihr, sie sei eine Journalistin aus dem Westen und könne der ganzen Welt ihre Geschichte erzählen. »Es besteht keine Notwendigkeit, dass die Welt von mir erfährt«, gibt das Mädchen zurück, das unter der Folter ausgesagt hat, sich das nicht verzeihen kann und nach diesen wenigen Worten in feindseliges Schweigen verfällt.

Der zweite Gefangene ist ein Mann. Er wurde festgenommen, weil er in einem Restaurant in Saigon eine Bombe gelegt und damit viele Menschen getötet hatte, darunter auch vier Freunde von François. Vom ersten Moment an lächelt er Oriana an und gibt ihr ein ausgezeichnetes Interview. Am Schluss ihrer Begegnung verbeugt er sich leicht mit vor der Brust zusammengelegten Händen und wünscht ihr, dass sie »ein gesundes und glückliches Leben« führen und erst sehr spät sterben möge. Dann wartet er, bis man ihm wieder die Augen verbindet und ihn zur Zelle zurückbringt.

Oriana möchte auch General Loan interviewen, den Chef der südvietnamesischen Polizei. Er ist der mächtigste Mann in Saigon und verweigert westlichen Journalisten im Allgemeinen das Gespräch. Wieder erreicht sie dank François ihr Ziel. »Es gibt nur einen Ausländer in Saigon, der Loan sehen kann, wann er will, und ihn fragen kann, was er will: Pelou. Woher diese Freundschaft – wenn man sie denn Freundschaft nennen kann – rührt, weiß ich nicht. Doch ich weiß, kaum hatte ich den Namen Loan erwähnt, hat François geantwortet: ›Wir werden sehen.‹« Auch wenn viele ihn für blutrünstig und gnadenlos halten, empfindet François für Loan tiefen Respekt, bewundert ihn für seinen Kampfesmut und seine Entschlossenheit. Er erklärt ihr, Loans Ansichten über Vietnam seien deutlich vielschichtiger, als man glauben möge. Oriana lauscht ihm verwirrt: »Manchmal führte François' ideologische Unabhängigkeit bei ihm zu Paradoxen, oder zu dem, was ich für paradox hielt.«

Auch als sie darum bittet, an Bord eines amerikanischen Jagdbombers mitfliegen zu dürfen, ist es François, der sie an den Militärflughafen bringt. »Um sechs Uhr in der Früh kam François, um mich abzuholen. Er war noch verschlafen und öffnete mir gähnend die Beifahrertür, damit ich einsteigen konnte. Auf dem Weg sprach er über alles Mögliche außer über den Vietcong und Flugzeuge, weil er hauptsächlich damit beschäftigt war, gegen den Schlaf anzukämpfen. Erst in Biên Hòa bemerkte er, dass ich keine Militärstiefel, sondern Mokassins trug, und war auf einmal hellwach. Er schrie, wenn ich mit dem Fallschirm abspringen müsse, würde ich mir die Beine in tausend Teile brechen, dass Frauen und geistig Minderbemittelte im Krieg nichts verloren hätten, dass es jetzt zu spät sei, zurückzufahren und diese bescheuerten Mokassins auszutauschen, und so weiter. Immer noch schimpfend ging er davon, ohne sich auch nur zu verabschieden.« Am Ende der Mission lässt sich Oriana vom Piloten eine offizielle Erklärung unterschreiben, welche Fluggeschwindigkeit sie erreicht hatten, um diese ihren Astronautenfreunden zu zeigen, wenn sie nach Amerika zurückkehrt. Alle westlichen Korrespondenten loben sie für ihren Mut. »Nur François sagte nichts. Gemäß seiner Unterteilung der Menschen in Mutige und Feige war mein Bravourstück nichts Halbes und nichts Ganzes.«

Auch François erinnert sich aus der Distanz der Jahre an die Episode mit den Schuhen. »Oriana war wie eine Löwin, bereit für jede wie auch immer geartete Erfahrung. Und doch hatte sie auch diese ahnungslose, verantwortungslose Seite. Bei der Sache mit den Mokassins war ich wütend, weil es gefährlich sein konnte, mit Schuhen dieser Art an Bord eines Militärflugzeugs zu gehen. Oriana hatte mir oft von den Bombenangriffen auf Florenz erzählt, als sie noch ein Kind war, von ihrem Vater, dem Partisanen, von ihrer Rolle als Kurierin während der Resistenza, doch in Wirklichkeit wusste sie nichts davon, was im Krieg vorging. Das alles lernte sie hier, und ihre Reportagen waren ausgezeichnet.«

Es kommt oft vor, dass die beiden nicht einer Meinung sind,

was zu hitzigen Diskussionen führt. Zum Beispiel ist François angewidert von den Selbstverbrennungen buddhistischer Mönche. Er behauptet, in Vietnam, wo diese Menschen nur eine Minderheit darstellten, hätten sie nie eine Rolle gespielt und folgten einzig und allein dem zynischen Kalkül ihres Anführers, Thích Quảng Đức, um die Aufmerksamkeit der westlichen Presse auf sich zu ziehen. François ist überzeugt davon, dass sie unter dem Einfluss von Drogen stehen, wenn sie sich anzünden: »So eine große Willenskraft gibt es gar nicht, um stillzuhalten, während man verbrennt. Außer, man zählt eine weitere Art von Drogen dazu: das, was wir Gehirnwäsche nennen.« Oriana möchte der Einäscherung eines Bonzen beiwohnen, doch François weigert sich, ihr zu helfen. Er sagt ihr, er habe vor zwei Jahren eine gesehen, es sei eine widerliche Angelegenheit und basta.

»Es ist schwer zu sagen, wann eine Liebe entsteht. Das ist wie bei einer Krankheit: Man bemerkt erst dann, dass man krank ist, wenn die Symptome sichtbar werden: zum Beispiel, wenn einem schwindelig wird.« Als Oriana zu Weihnachten nach Italien zurückkehrt, um von dort aus nach New York weiterzufliegen, begreift sie auf der Stelle, dass es François ist, der ihr vor allem fehlen wird. Am Tag ihrer Abreise hat er ihr eine Feldflasche, eine Tarndecke und einen Regenponcho geschenkt. Ihr zu Ehren hat er sogar eine Flasche Champagner geköpft.

Er ist der Erste von den beiden, der schreibt, einen kurzen Brief, »klar, so wie er war«. Als sie ihn erhält, fängt Oriana vor Freude an zu weinen. Das sei ihr in ihrem Leben bisher nur zwei Mal passiert: als sie erfuhr, dass man ihren Vater nicht erschießen würde, und als man ihr mitteilte, ihre Mutter habe den Herzinfarkt überlebt. Erneut muss sie sich eingestehen, dass sie verliebt ist, und fühlt sich deshalb schrecklich zerbrechlich. Wenn ich einen Mann liebe, werde ich schwach wie ein Lämmchen, schreibt sie in einer Notiz, fast wütend auf sich selbst. Und ein Kollege, der sie gut gekannt hat, bestätigt: »Angesichts der Liebe streckte Oriana die Waffen und wurde oft von ihr vernichtet. Ich habe von all ihren Liebesgeschichten, von Freud und Leid, gewusst und nie begreifen können, wie eine Frau, die so stark gegenüber Machthabern auftrat, so zerbrechlich sein konnte, wenn es um die Liebe ging.«

In einem weiteren Brief sagt ihr François, in Saigon sei alles ruhig, zu ruhig. Er habe den Eindruck, es würde bald etwas geschehen. Doch im Moment bereite sich die Stadt gerade auf das vietnamesische Neujahrsfest Têt vor. Wenige Wochen später, am 31. Januar 1968, hört Oriana im Radio, zu Beginn der Têt-Feierlichkeiten habe der Vietcong aus heiterem Himmel die amerikanische Botschaft sowie mehrere andere Ziele in der Stadt angegriffen. Zum ersten Mal ist der Krieg in der Stadt angekommen.

Oriana nimmt das erste Flugzeug nach Bangkok, über Hongkong. Sie hat nur eine Tasche dabei, ihren Fotoapparat, das Aufnahmegerät sowie eine Flasche Chianti von ihrem Gut in der Toskana, die sie François versprochen hat. Die Strecke von Bangkok nach Saigon legt sie in einem amerikanischen Militärflugzeug zurück, ihre einzige Möglichkeit, in die Stadt zu kommen. Während sie über die Stadt hinwegfliegen und auf die Landeerlaubnis warten, sieht sie, dass aus vielen Vierteln Flammen und schwarzer Rauch aufsteigen. Auf den Straßen wird gekämpft. An mehreren Stellen weht noch die Fahne des Vietcong.

Kaum gelandet, begibt sie sich zum Sitz der France-Presse. Das Gebäude ist mit Stacheldraht eingezäunt und wird von zwei Posten bewacht, die drei Mal in die Luft schießen, um sie zu warnen. »Bao Chi! Presse!«, ruft sie und zeigt ihren Ausweis, der es ihr ermöglicht, durch die Sperre zu kommen. François ist nicht da. Er verfolgt eine Pressekonferenz des südvietnamesischen Militärs, und man weiß nicht, wann er wiederkommen wird. Oriana setzt sich, entschlossen, sich nicht von der Stelle zu rühren, bis er zurück ist. »Auf einmal geht die Tür auf, und François erscheint. Schmutzig, mit langem Bart, abgemagert. Die tabakbraune Hose und dieses himmelblaue T-Shirt hingen an ihm herunter, als gehörten sie ihm gar nicht, seine Wangen waren eingefallen, und die Nase wirkte viel länger, knochig. Dann fiel sein Blick auf die Chianti-Flasche, und er verzog die Lippen zu einem sonderbaren Lächeln. Schließlich sah er mich, und ich erinnere mich nur noch an eine Hand, die mir die Haare verwuschelte, eine tiefe Stimme, die ausrief: ›*Bravo! Bravo!*‹ Mehr weiß ich nicht mehr, denn ich fing an zu weinen, fing wie ein Kind an zu weinen.« In den Armen dieses erschöpften Kollegen, der eine andere Muttersprache hat als sie, fühlt sich Oriana endlich zu Hause. Für sie, die nach Alfredo geschworen hat, nie mehr der Liebe in die Falle zu gehen, ist es wie das Ende einer langen Eiszeit: »Ohne Liebe kann man nicht leben. Ich habe es probiert, aber es ist mir nicht gelungen.«

Sie lauscht François' Schilderungen der Têt-Offensive. Die Vietcongs haben sich heimlich in die Stadt geschlichen in Dreiergruppen, in Bauernkleidung. Es waren viele, zwischen sechstausend und zehntausend Mann. Die Waffen waren schon in der Woche zuvor hereingeschmuggelt worden, zerlegt und in Karren unter Blumen versteckt, die vom Land kamen und anlässlich der Festlichkeiten auf dem Markt verkauft werden sollten. Jedes Mal, wenn er von den Gräueltaten erzählt, die während der Offensive begangen wurden, ist François von Neuem erschüttert. Er wendet sich zur Wand, wischt sich die Tränen ab. Während der Gegenoffensive wurde General Loan dabei fotografiert, wie er einen an den Händen gefesselten Vietcong in den Kopf schoss. Das Foto ist um die Welt gegangen und hat international einen Sturm der Entrüstung ausgelöst. François ist über die Erschießung so entsetzt, dass er nicht mehr bereit war, sich mit dem General zu treffen.

Wenige Tage später wird Loan schwer verwundet. Man bringt ihn ins Krankenhaus, es ist von der Amputation eines Beines die Rede. Oriana besucht ihn und sitzt lange an seinem Bett, verwirrt und still. Am Schluss gelingt es ihr, ihm die Frage zu stellen, die ihr unter den Nägeln brennt. Sie fragt ihn, warum er den gefesselten Gefangenen erschossen habe. Loan antwortet, dieser Vietcong habe gerade mehrere seiner gefangengenommenen Polizisten samt ihren Familien getötet; außerdem habe er absichtlich keine Uniform getragen, um nicht erkannt zu werden, was Loan für feige halte. Dann dreht sich der General zur Wand und weint. Am Ende der Begegnung, als sie das Zimmer verlässt, bemerkt Oriana, dass auf dem Nachttischchen ein Stapel westlicher Comics liegt. Sie weiß sofort, dass François ihm die gebracht hat. Loan sagt nur: »Ein sonderbarer Junge, nicht wahr? Jedenfalls ein großer Junge. Wissen Sie, ich glaube, er hat sie seinem Sohn gestohlen, um sie mir zu schenken. Vor Jahren habe ich ihm einmal gestanden, dass mich so etwas amüsiert.«[27]

Wenn sie nicht zu Recherchen auf den Straßen Saigons unterwegs ist, arbeitet Oriana in François' Büro. Über der Tür hängt ein Schild: »Eintritt verboten«. Dennoch kommen alle herein, und oft herrscht ein solches Tohuwabohu im Büro, dass François manchmal, um arbeiten zu können, mit der Faust auf den Tisch schlägt und schreit: »Raus hier! Alle!« Oriana hat ihren ganz eigenen, femininen Stil in den Raum mitgebracht: einen Käfig mit einem Vogel, der jedes Mal zu zwitschern anfängt, wenn die Fernschreiber ratternd zu übertragen beginnen. Als sie neugierig in François' Papieren kramt, entdeckt sie das Tagebuch eines gefangenen Vietcong, ins Englische übersetzt. Sie liest es bis zur letzten Seite. Besonders bewegend findet sie die Passagen, in denen der Guerillakämpfer über die Liebe zu seiner fernen Genossin schreibt. Ihre Kollegen tun Orianas Tränen als sentimental ab. Nur François nimmt sie in Schutz. »Es ist nicht leicht zu weinen, wenn man den Krieg kennengelernt hat«, sagt er und betrachtet sie voller Zärtlichkeit.

Oriana besucht auch den Rest des Landes, weil sie davon berichten will, was sich nach der Têt-Offensive verändert hat. Sie ist voller Bewunderung für den Vietcong nach Vietnam gekommen, den sie wie alle für den kleinen David hält, der es mit dem amerikanischen Goliath aufnimmt. In ihren Artikeln über den Koreakrieg hat sie die von den Amerikanern begangenen Massaker ebenso angeprangert wie die Untaten ihrer Verbündeten, der Südkoreaner, die für die schmutzigste Arbeit eingesetzt werden. Doch nun, je mehr sie von dem sieht, was in Vietnam geschieht, begreift sie, dass auf beiden Seiten der Front Schlimmes vorgeht.

Das traumatischste Erlebnis hat sie in der alten Kaiserstadt Huế, berühmt für ihre herrlichen Paläste, die wochenlang von den Amerikanern und ihren südvietnamesischen Verbündeten belagert und von den Vietcongs verteidigt wurde, wodurch es zu einem der schlimmsten Massaker des Vietnamkrieges kam. Als Oriana vor Ort ankommt, ist die Stadt, die mittlerweile wieder in der Hand der Truppen des Südens ist, ein Bild der Zerstörung und des Todes. Die Anzahl der Toten geht in die Zehntausend. Schwer zu sagen, schreibt Oriana, wer mehr Opfer auf dem Gewissen hat: die Amerikaner mit ihren Bombenangriffen oder der Vietcong mit seinen Massenhinrichtungen.

Eine Szene erschüttert sie besonders. Einige Kinder lachen, während die Totengräber Leichen in die Massengräber werfen. Jedes Mal, wenn die toten Körper durch die Luft schaukeln, bevor sie in den Graben fallen, hüpfen die Kinder vor dem Graben auf und ab und skandieren im Chor: »Eins-zwei-Platsch! Eins-zwei-Platsch!« – »Madame, das ist ihre einzige Unterhaltung, die Toten sind ihr Spielzeug«, erklärt ihr der Priester, der sie begleitet, angesichts von Orianas Bestürzung. Auf einmal fühlt sich Oriana sehr schwach. Sie schämt sich dafür, Teil einer Menschheit zu sein, die solche Dinge tut. Am liebsten würde sie eines der Kinder adoptieren. Und sie möchte so gern mit François darüber reden. Noch nie ist es ihr so wichtig erschienen, ihn an ihrer Seite zu haben, wie in Huế. »Ich kapiere gar nichts mehr. Ich fühle mich so allein, so unvorbereitet. Ich wünschte mir so sehr, François wäre hier, um mir zu helfen, mir Dinge zu erklären.«

Im Mai kündigt François ihr an, er werde Saigon bald verlassen, um die Pressestelle der France-Presse in Brasilien zu leiten. Beide wissen, dass sie sich weiterhin sehen werden. Vor der Abreise macht er ihr ein Geschenk. »Er lächelte sein schönes Lächeln, seine Miene war nachsichtig. […] In der Hand hatte er seine Tasche, die er immer dabeihatte, wie einen Rucksack, weil sich darin sein Fotoapparat, Papier, Filme und die Patronenhülsen befanden, die er sammelt. Jetzt kramte er darin und zog ein Buch daraus hervor, hielt jedoch die Vorderseite noch mit der Hand zu. ›Das habe ich für dich mitgebracht.‹« Es ist ein Buch von Blaise Pascal. Als er darin wieder einmal eine berühmte Passage gelesen hat, habe er an sie denken müssen, die immer auf der Suche nach reinem Heldentum sei und doch jedes Mal schrecklich enttäuscht worden sei: »Der Mensch ist nicht Engel und nicht Bestie, aber das Unglück will es, daß derjenige, der sich als Engel benehmen will, sich als Bestie benimmt. Es ist gefährlich, dem Menschen vor Augen zu führen, wie sehr er der Bestie gleicht, ohne ihm gleichzeitig seine Größe zu zeigen. Und es ist auch gefährlich, ihm seine Größe vor Augen zu führen, ohne ihm gleichzeitig seine Niedrigkeit zu zeigen.«[28]

Darüber haben die beiden noch oft diskutiert. François, der nie mit seiner Meinung hinter dem Berg hält, macht Oriana zum Vorwurf, zu manichäisch zu denken und alles schwarzweiß zu sehen. Oriana nimmt seine Kritik hin, ohne zu protestieren.

Schon bald muss auch sie wieder nach New York aufbrechen, doch sie wird noch viele Male nach Vietnam zurückkehren. Bei jedem Aufenthalt wird sie mehrere Notizbücher mit ihren Beobachtungen füllen, alles Material, das ihr für ihre Artikel und später für das Verfassen eines Buches dienlich ist. Unter dem Titel *Niente e così sia*[29] erscheint es 1969 in Italien und kommt schon bald mit großem Erfolg auch in anderen Ländern heraus. Die italienischen Korrespondenten in Vietnam begegnen Oriana mit Respekt, ja oft sogar mit Furcht. Mittlerweile sind die Anekdoten über ihren Mut ebenso legendär geworden wie über ihren ruppigen Charakter. Oriana ist eine Kriegsmaschine; wenn sie etwas will, dann bekommt sie es auch. Und wenn sich ihr jemand in den Weg stellt, hat sie Tobsuchtsanfälle und überschüttet ihn mit Schimpfworten, die nicht wiederzugeben sind. Abends trifft sie sich mit anderen Journalisten im Hotel Continental, einem alten Hotel aus der Kolonialzeit, das ihr wegen seines altmodischen Charmes überaus gut gefällt, mit seinem schmiedeeisernen Fahrstuhl und den Holztreppen, die bei jedem Schritt knirschen. Der Direktor ist Franzose korsischer Herkunft. Aus der Distanz der Jahre erinnert er sich gut an Oriana und daran, wie gefürchtet sie damals schon von ihren Kollegen war. »Eines Tages, es muss 1968 gewesen sein, sehe ich im Hotel vier oder fünf italienische Journalisten zum Aperitif eintreffen, und ich frage sie: ›Habt ihr was zu feiern?‹, und sie: ›Oh, jetzt kriegen wir Angst.‹ Gerade war Oriana gekommen.«

Wir, Engel und Bestien ist ein Buch mit sehr persönlicher Erzählstruktur, aufgebaut wie ein Dialog mit François. Zusammen mit ihm entdeckt Oriana auch nach all den Jahren die politische Dimension des Lebens wieder. Sie diskutieren über den Krieg, über soziale Gerechtigkeit, über Macht. François ist, was den politischen Standpunkt angeht, im Vergleich zu Oriana viel besser vorbereitet, er hat deutlich mehr gesehen und erlebt. Er lässt sie begreifen, dass es nicht nur Schwarz und Weiß gibt, dass oft die Dinge nur zum Teil wahr sind. An seiner Seite entwickelt sich Oriana schnell weiter. Sie lernt, den Krieg und das Heldentum – Themen, von denen sie besessen ist – auf neue Weise zu sehen. »In jener Zeit lebte ich in einem Gleichgewicht, das ich vorher nicht gekannt hatte. Und dieses Gleichgewicht tat der Leidenschaft, mit der ich an den Dingen teilhatte, nicht im Geringsten Abbruch, sondern verlieh ihr eine neue Schmerzlichkeit: den Verdacht, Zeugin einer Sache zu werden, die sinnlos war.«

François ist ein schweigsamer, aber stets direkter Mann. Er sagt das, was er denkt, auch wenn es unangenehm ist. Eines Tages hat er ihr von etwas erzählt, das ihm in Korea passiert ist, als er den französischen Truppen folgte. Damals mussten Leichenteile erst wieder zusammengesetzt werden, um sie dann in Särge legen zu können. Es war sehr kalt, und die toten Körper waren steifgefroren, und weil sie in verschiedenen Haltungen erstarrt waren, war es notwendig sie zurechtzurücken, zum Teil musste man ihnen mit einem schrecklichen Geräusch die Knochen brechen. Diese ganze Situation war unglaublich beschwerlich, doch gab es einen Soldaten, der nicht langes Federlesens machte. Er versuchte erst gar nicht, die Körper auszustrecken, sondern schlug mit dem Stock solange auf sie ein, bis ihnen Arme und Beine brachen und sie in die Särge gepresst werden konnten. Und während er schlug, habe er sogar ein Lied angestimmt. Oriana hat der Geschichte schweigend gelauscht. »François erzählt nie eine Geschichte nur um der Geschichte willen und basta. Du könntest sagen, er erzählt sie, um dich auf etwas vorzubereiten, jedenfalls ist da immer ein Moment, in dem etwas an die Oberfläche kommt oder du merkst, dass er dir etwas demonstrieren wollte.«

Aus fast einem halben Jahrhundert Distanz erinnert sich François noch gut an Orianas gewaltige Bereitschaft zum Zuhören. »Ganz im Gegensatz zu ihrem Ruf und trotz ihres überschäumenden Temperaments hörte Oriana ganz ruhig zu, bat um Ratschläge. Und Empfehlungen oder Vorschläge zu Reportagethemen nahm sie mit Fügsamkeit entgegen.« Er hat wundervolle Erinnerungen an diese ausgedehnten Momente, die sie in Saigon miteinander verbrachten: »Wir nahmen sie mit, wenn wir zu einer Aktion unterwegs waren. Und nach den Aktionen ging man zusammen essen, in einem der kleinen Restaurants von Saigon. Wir haben herrliche Momente miteinander verbracht, Momente, in denen auch jede Menge Adrenalin floss – das tut es im Krieg einfach mehr als in jeder anderen Situation.«

François ist noch immer ein großer Bewunderer Orianas. So beschreibt er die Sensibilität, mit der sie selbst die feinste Nuance des Krieges in Vietnam einfing. »Oriana hatte beschlossen, sich auf die menschlichen Aspekte zu konzentrieren, die Kampfhandlungen immer begleiten, ganz besonders in einem buddhistischen Land. Emblematisch ist hier der Fall des Generals Loan, des Polizeichefs von Saigon, der traurige Berühmtheit durch das Foto erlangte, das ihn beim kaltblütigen Erschießen eines gefangenen Vietcong zeigt. Nichts lag näher, als ihn aufgrund dieses Bildes zu beurteilen und verurteilen. Oriana hingegen gelang es, in die Tiefen seiner Seele hinabzusteigen und die Umstände und Gefühle ans Licht zu bringen, die jenes Handeln hätten erklären können. Und tatsächlich ist nichts leicht für Männer, die sich im Krieg befinden.«

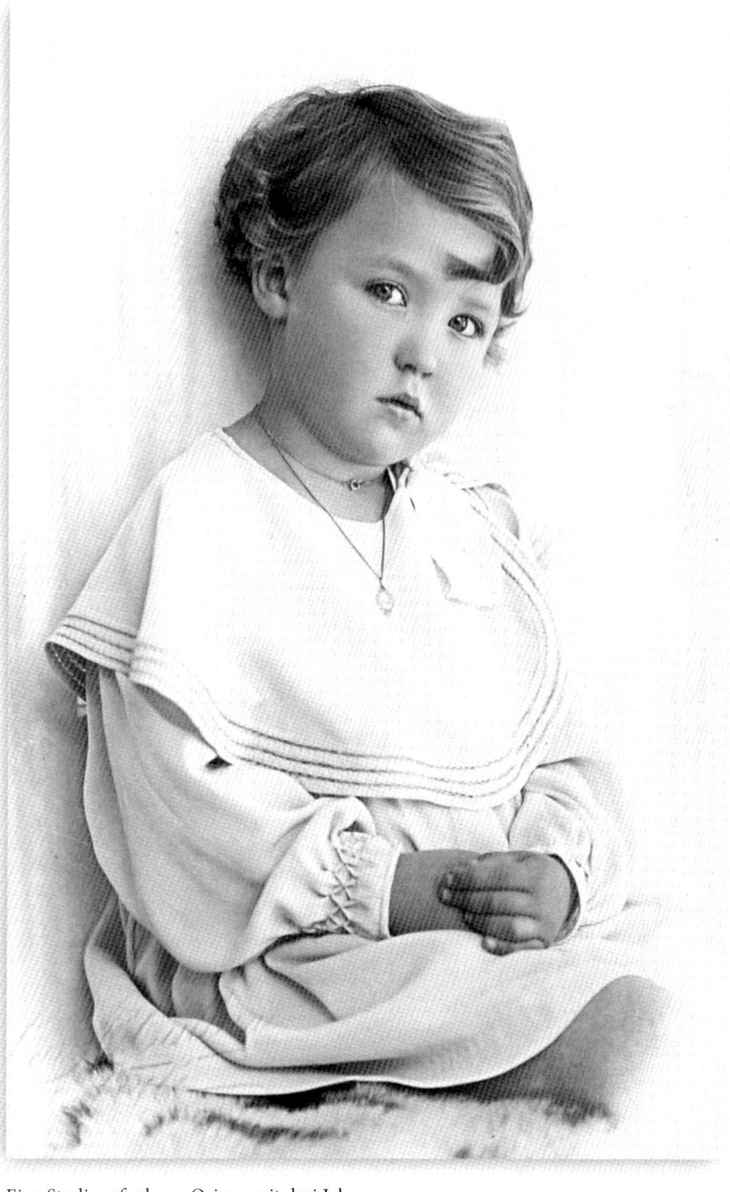

Eine Studioaufnahme: Oriana mit drei Jahren.

Oben: Vater Edoardo Fallaci in Motorradkluft. *Unten:* Oriana mit sechs Monaten auf dem Arm ihrer Mutter Tosca. *Rechts:* Als Kurierin der Resistenza mit vierzehn Jahren. Auf diesem Fahrrad brachte Oriana den Widerstandskämpfern Flugblätter und Waffen und umging Straßensperren der Nazis.

Oben: Zusammen mit Onkel Bruno Fallaci und anderen Journalisten der Redaktion der *Epoca.*
Unten: In der Redaktion des *L'Europeo,* 1955.
Rechts: Zusammen mit den jüngeren Schwestern, die beide wie sie Journalistinnen wurden; oben Oriana, dann Neera und Paola.

Oben: Mit Duilio Pallottelli, dem Fotografen, der Oriana 1960 auf ihre erste Reise zum Thema Lebensbedingungen der Frauen im Fernen Osten begleitete. *Unten:* In Japan mit einigen Geishas. *Rechts:* Vor dem berühmten Buddha von Kamakura in Japan.

Oben: 1963 bei einem Interview mit Paul Newman. *Unten:* 1965 mit dem Astronauten John Glenn während ihrer Recherchen zum Wettlauf im All. *Rechts oben:* 1968, der französische Journalist François Pelou im Büro der Agence France-Presse in Saigon. *Rechts unten:* Zusammen mit Pelou und Otto Preminger bei der Buchvorstellung von *Niente e così sia.*

Oben: 1968, zusammen mit dem Fotografen Gianfranco Moroldo nahe der vietnamesischen Stadt Hue. *Rechts oben:* Die Fotosequenz, die Jesus Diaz von der Associated Press in dem Moment geschossen hat, als Oriana während des Massakers auf der Plaza Tlatelolco in Mexico City schwer verletzt wurde. *Rechts unten:* 1972 auf der Y-Brücke. Oriana war auf der Brücke, um eine Vietnamesin zu fotografieren, die die Leiche ihres getöteten Sohnes beweinte, als sie unter Beschuss des Vietcong geriet.

(MO-1)MEXICO CITY,Oct.2-(AP)-Civilians caught in crossfire on a balcony at the Plaza of Three Cultures are shown as they died during fighting between police and students in Mexico City tonight.Person at left in the top photo is dead as man and woman raise their heads calling for help. In the center photo the man is still alive and in bottom photo all three are dead.(AP Wirephoto)68 wwwww

Links: Zusammen mit Golda Meir bei einem Interview 1972. *Unten:* Mit Alekos Panagoulis im Oktober 1973 am römischen Flughafen Fiumicino.

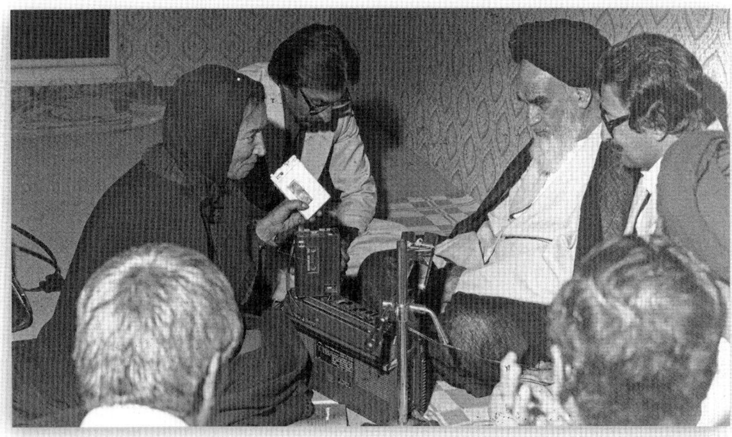

Oben: Zusammen mit Muammar Gaddafi im Dezember 1979. *Unten:* mit Deng Xiaoping im August 1980. *Links oben:* Im Winter 1970 mit einer Gruppe palästinensischer Untergrundkämpfer nahe der israelischen Grenze. *Links unten:* Während des berühmten Interviews mit Khomeini im September 1970, während dem sie sich aus Protest den Schleier vom Kopf riss.

Eine intensive Nahaufnahme von Oriana aus den letzten Jahren ihres Lebens.

13

Rucksack und Schutzhelm

Jedes Mal, wenn Oriana nach Vietnam zurückkehrt, fährt sie an die Front. Während sie bei ihren ersten Aufträgen vom Fotografen der Zeitung begleitet wird, reist sie mittlerweile allein, mit der Kamera um den Hals: »Fotos zu machen gibt mir während der Kampfhandlungen etwas zu tun und hilft mir dabei, meine Angst zu lindern.« Sie bittet sogar darum, an Bord eines amerikanischen Flugzeugs gehen zu dürfen, das zu Bombeneinsätzen fliegt. In den Interviews macht sie daraus keinen Hehl: »Ach, die Geschichte mit dem Flugzeug… Es war eine kleine A-37, die zwei Napalmbomben und vier Bomben mit jeweils fünfundfünfzig Pfund Sprengstoff an Bord hatte. Ich saß Ellbogen an Ellbogen neben dem Mann, der die Bomben abwarf. Wenn er den Mechanismus betätigte, hatte ich jedes Mal das Gefühl, ich selbst würfe die Bombe ab. Das ist alles. Dann kam der Beschuss des Vietcong mit Maschinengewehren. Für mich war das alles nicht in Ordnung, ich fühlte mich nicht mehr wie eine Zeugin, sondern als Verantwortliche. Das widert mich bis heute an.« Oriana ist sehr abergläubisch. In der Tasche ihrer Uniform trägt sie immer eine alte Münze des Vatikanstaats mit sich herum, ein Andenken ihrer Familie an einen Ururgroßvater, der an der Porta Pia gekämpft hatte, und von dieser Münze hieß es, sie helfe gegen Kopfschmerzen und schütze vor Projektilen.

Laut Genfer Konvention dürfen Journalisten nicht bewaffnet sein, doch in Vietnam kommt es nicht selten vor, dass sie eine Waffe erhalten, wenn sie den amerikanischen Truppen bei ihren Einsätzen folgen. Einem Korrespondenten des *Time Magazine* erzählt Oriana: »Ich hatte jede Waffe bei mir, die ich kriegen konnte … Schießen hätte ich mit keiner können, doch wenn ich bis an die Zähne bewaffnet auf euch zugelaufen wäre, hätte ich euch trotzdem zu Tode erschreckt.« Und einer ihrer Kollegen fügt hinzu: »Außerdem lernte man, dass man als Reporter niemals nur einfach ein Zeuge sein kann. In Zeiten wie diesen kam es durchaus vor, dass man ein Gewehr in die Hand bekam, dass man Verwundete und Tote transportieren musste, dass man beim Wasserholen half. Und dass man auch andere Menschen töten musste.« Am Ende ihres Lebens wird Oriana darüber in einem Brief ein Geständnis ablegen, das Schreiben jedoch nicht abschicken. Die Schilderung bleibt ein Entwurf, gefunden in ihrem Nachlass: »Einmal, in Kambodscha, das war 1973, wurde ich zusammen mit einer Kompanie der Südvietnamesen von Roten Khmer umzingelt. Der südvietnamesische Offizier, ein junger Hauptmann, drückte mir die M16 samt Munition in die Hand und sagte: ›Je vous prie, il faut.‹ – Ich bitte Sie, es muss sein. Sechs Jahre lang hatte ich mich geweigert, einer solchen Aufforderung nachzukommen. Doch an jenem Tag nahm ich die Waffe entgegen und benutzte sie.«

An der Front ist Oriana gern mit den amerikanischen Soldaten zusammen. Sie hört ihnen zu, wenn sie von ihren Familien in der Ferne erzählen, auch von ihrer Angst zu sterben. Wie immer fällt es ihr leicht, Kontakte zu den Menschen zu knüpfen. Der Verantwortliche für eines der Bataillone, die sie in Vietnam bei sich aufgenommen hatten, schreibt ihr später: »Sag Bescheid, wenn du zurückkehrst. Wir sprechen oft von dir. Bevor du kamst und Einzug in unsere Erinnerungen und unsere Herzen hieltest, hatte ich es nie erlebt, dass eine

Frau von allen Männern so akzeptiert und bewundert wurde wie du. Oriana, im Namen aller Männer des Dritten Bataillons der Zwölften Infanterie möchte ich dir danken, denn du hast uns etwas gegeben, was wir nie vergessen werden. Deinen Humor und deine ehrliche Sorge um uns alle, die wir in Vietnam kämpfen.«

Oriana ist an primitive Lebensumstände gewöhnt und hat kein Problem damit, sich anzupassen. In einem Interview berichtet sie: »Zu Beginn wusste ich nicht, wo ich pinkeln sollte, wenn ich mit einer Kompanie zusammen war. Und so musste ich Pip rufen, einen amerikanischen Sergeant, der oft mit mir mitkam, ein Mann von einfachem, aber freundlichem Gemüt. Ich sagte zu ihm: Pip, du musst mir Deckung geben. Und Pip stellte sich mit dem Gewehr hin und passte auf, damit sich niemand mir näherte, während ich meine Notdurft verrichtete.« Oriana ist in Kriegszeiten unter Männern aufgewachsen und hat dies nicht vergessen. Als junges Mädchen hatte sie ihre erste Regelblutung, während sie zusammen mit den Partisanen auf dem Monte Giovi war: »Ich wusste nicht, was da mit mir vorging und hatte furchtbare Angst. Die sagten zu mir: Mach dir keine Gedanken, das ist doch wunderschön, jetzt bist du endlich eine Frau. Und sie gaben mir Watte.«

Wenn sie an der Front ist, trägt sie ihren Rucksack selbst und ist beleidigt, wenn jemand ihr anbietet, ihr zu helfen. Das ist mein Zeug, und das trage ich allein, erwidert sie. Sie betrachtet sich als Mann unter Männern, so wie bei den Partisanen, wie bei den Astronauten. »Nicht einmal im Krieg, wenn ich an der Front Feldbett an Feldbett mit den Soldaten schlief, oder im Dschungel, neben ihnen am Boden, als wahrscheinlich einzige Frau unter hundert oder zweihundert Männern, nicht einmal dort fühlte ich mich als Frau unter Männern.

Außerdem denkt man in einem Kugelhagel an alles andere als an Sex.«

Die weniger leichten Situationen erlebt sie jedoch fernab der Front. In *Wir, Engel und Bestien* erzählt sie vom langen Warten auf den Flugplätzen, von den Soldaten, die hundemüde an Sandsäcken lehnen, von den Blicken, die sie streifen, weil sie eine Frau ist. Doch erst in dem Roman *Un cappello pieno di ciliegie,* der nach Orianas Tod erscheint, beschreibt sie den Versuch einer Vergewaltigung, den sie in Vietnam erlebt. Man schreibt das Jahr 1970. In Saigon ist es bereits dunkel. Wegen der Ausgangssperre ist es auf den Straßen menschenleer. »Die junge Frau ist dort als Auslandskorrespondentin. Mit dem Rucksack auf den Schultern ist sie gerade von der Front zurückgekehrt, ein Jeep hat sie an der Rue Pasteur abgesetzt, und sie ist auf dem Heimweg in ihr Hotel. Sie ist in Gedanken, hundemüde und erschöpft von all dem Schrecken, den sie während der Kampfhandlungen erlebt hat. In ihrem Herzen herrscht großes Mitleid mit den Menschen und besonders mit denen, die Uniform tragen. ›Arme Jungs. Morgen ist es wieder so weit, dass sie töten müssen und selbst getötet werden‹, sagt sie sich, als sie an einem Biwak südvietnamesischer Soldaten vorbeikommt. Und sie grüßt sie mit einem leichten Kopfnicken. In diesem Moment verlassen die ›armen Jungs‹ das Biwak. In Zweiergruppen setzen sie sich auf Mopeds, die die junge Frau im Dunkeln nicht bemerkt hat. Damit beginnen sie sie zu umkreisen, schließen sie ein, wie in einem beweglichen Käfig, sodass sie nicht mehr entkommen kann. Dabei lachen sie höhnisch, rufen auf Französisch: *Wen-haben-wir-denn-da, wohin-gehst-du, hübsches-Mädchen, komm-her-und-gib-mir-einen-Kuss.* Dann kommt der bewegliche Käfig zum Stillstand. Sie steigen von den Mopeds, beginnen sie anzufassen, zu begrapschen, zu schubsen. Hände und Arme, wie die Fangarme eines hungrigen Krakens. Sie wehrt sich. Mit Fäusten, mit Tritten, mit dem Zorn, der aus ihrer Wut erwächst und aus ihrer Ohnmacht. Der Rucksack ist hinderlich, aber sie kann ihn nicht abnehmen. Abgesehen davon würde sie ihn auch nicht hergeben, wenn sie könnte: Er enthält ihre Arbeit. Die Bänder, die sie aufgenommen, die Seiten, die sie geschrieben, die Fotos, die sie geschossen hat. So kann sie sich nur schwer wehren, und die Fangarme des hungrigen Krakens sind einfach zu viele. Alle zusammen bedrängen sie sie, verstellen ihr den Weg, werfen sie auf den Boden, versuchen sie auszuziehen. Zwei amerikanische Soldaten, die mit einem Jeep auf der Rue Pasteur Streife fahren, kommen ihr zu Hilfe. Ein Zufall.«

In Vietnam trägt Oriana ihre Weiblichkeit genauso mit sich herum wie ihre Neugier und ihre Hartnäckigkeit. Sie benutzt sie nicht gegen andere, und sie verschanzt sich nicht hinter ihr. Sie ist einfach ein Teil von ihr. In ihren Tagebüchern aus jener Zeit wechseln sich ihre Notizen über eine Choleraimpfung oder einen Einsatz an der Front mit Eintragungen ganz anderer Art ab: Friseur, Strümpfe, Ankleideprobe, blaue Bluse abholen, Nagelschere, vergoldetes Täschchen. Mit zärtlich amüsiertem Lächeln erinnert sich François an diese Seite von ihr, als sähe er immer noch diese schlanke, elegante Gestalt vor sich: »Oriana kam mit jeder Situation zurecht, und sei sie noch so extrem, doch eines werde ich trotz allem nie vergessen: ihre Weiblichkeit. Sie war sehr hübsch und sich dessen durchaus bewusst. Doch bei den Militärs hat sie diese ihre weibliche Natur niemals ausgespielt, um an Informationen zu kommen, so wie das viele ihrer Kolleginnen taten. Sie war anders, überlegen, und sie wollte Dinge erfahren, begreifen.«

Orianas Gesicht ist ausdrucksvoll und lebhaft, es brennt vor Neugier und innerer Energie. Sie hat große graue Augen, deren längliche Form sie mit einem schwarzen Lidstrich noch betont. Ihre Hände sind immer gepflegt, die Nägel rot lackiert, und sie hat einen schönen Mund, der gerne lacht, auch wenn ihre Zähne wegen des vielen Rauchens bereits schlecht werden. Ihre Stimme ist tief und rauchig, und sie behält bis ans Ende ihrer Tage ihre schmale Figur, ohne etwas dafür tun zu müssen. Sie sagt: »Mit dem Sport habe ich aufgehört, als ich mir mit dreiundzwanzig beim Skifahren am Abetone den Fuß gebrochen habe. Das hat mich schrecklich geärgert.«

Oriana ist nicht die einzige Reporterin in Saigon. Insgesamt sind in Saigon während des Vietnamkrieges 467 Journalistinnen akkreditiert, darunter mehr als die Hälfte Amerikanerinnen. Eine weibliche Kriegsberichterstatterin ist bei der amerikanischen Presse nichts Ungewöhnliches. Schon während des Zweiten Weltkrieges haben sich die ersten Journalistinnen dafür beworben, und eine von ihnen – Marguerite Higgins – erhielt die Erlaubnis, den amerikanischen Truppen in Korea zu folgen. In Vietnam setzt sich die Anwesenheit von Frauen massiv durch. Das hängt mit dem Kampf um die Bürgerrechte in den Vereinigten Staaten zusammen. Nach der Verabschiedung des Civil Rights Acts im Jahre 1964 sind mehrere Reporterinnen wegen Diskriminierung gegen ihre Zeitung, die sich geweigert hatte, sie nach Vietnam zu entsenden, vor Gericht gegangen und haben Recht bekommen. Endlich werden auch schreibende Frauen in dem Gebiet zugelassen. Zuerst kommen die Veteraninnen aus dem Zweiten Weltkrieg, dann die militanten Antikommunistinnen und schließlich, nach 1966, viele freischaffende Journalistinnen.

Während die Anwesenheit von weiblichen Journalisten an der Front für amerikanische Zeitungen nichts Außergewöhnliches ist, gilt das nicht für die Zeitungen in Italien. Oriana ist die einzige italienische Reporterin, die den Konflikt vor Ort mitverfolgt. Sie weiß diese Vorreiterrolle für sich zu nutzen, um ihrer Korrespondententätigkeit beim *Europeo* noch mehr Gewicht zu verleihen, wobei sie die Schwierigkeiten bei der Realisierung ihrer Reportagen vor Ort hervorhebt und manchmal auch übertreibt. In Wirklichkeit verhält es sich nämlich oft nicht so. Die amerikanische Armee erlaubt der Presse ungehinderten Zugang zur Front, weshalb Vietnam in jenen Jahren ein wahres Paradies für Reporter aller Art ist. Eine amerikanische Journalistin, die zu dieser Zeit ebenfalls an der Front war, erinnert sich: »Es gab keinen Ort, den man nicht erreichen konnte, wenn man dorthin wollte, niemand verweigerte dir ein Interview, wenn du mit ihm sprechen wolltest. Im Rückblick ist das wirklich kaum zu glauben. Ich zog einfach meine Akkreditierung aus der Tasche und durfte an Bord der Jagdbomber gehen. Ich durchbrach die Schallmauer in einer F6. Ich war bei Bombardierungsflügen dabei. Ich fuhr überallhin in Vietnam. Ich war an Bord von Flugzeugträgern. Fragt mich, was ihr wollt: Ich habe es getan. Und nie hat einer gesagt: Wer ist das denn? Für wen schreibt sie? Was führt sie im Schilde?«

Dies macht die Tätigkeit eines Korrespondenten in Vietnam allerdings nicht weniger gefährlich. In den beiden Jahren vor Orianas Eintreffen im Land sind zehn ausländische Journalisten ums Leben gekommen, und mindestens dreißig wurden verwundet. Oriana berichtet: »Ich habe die Fotografin Catherine Leroy kennengelernt, nachdem sie Monate zuvor von achtzehn Splittern einer Mörsergranate getroffen worden war. Es war eine Blondine von dreiundzwanzig Jahren mit dem Körper eines jungen Mädchens und dem Gesicht einer Greisin. Ihr rechter Arm, das rechte Bein und die rechte Wange waren mit Narben übersät, und sie hinkte, weil die Verletzung an ihrem Fuß sich immer wieder öffnete. Ich fragte sie: ›Warum fährst du nicht nach Hause?‹ Sie zuckte nur mit den Achseln.«

Während Oriana in Saigon ist, werden in Cholon mehrere Kollegen kaltblütig vom Vietcong getötet. Einen von ihnen hat sie gut gekannt, sie weiß, dass seine Frau ein Kind erwartet. Sie betrachtet das Foto seiner Leiche, das durch eine Maschinengewehrsalve entstellte Gesicht, die hinter dem Rücken gebundenen Hände, und ist erschüttert: »Vielleicht ist es kleinlich, sich des Problems zu widmen, nur weil sie fünf von uns getötet haben. Wie viele Verbrechen hat der Vietcong begangen, ohne dass einer von ihnen sie verewigt hat? Wenn ein Vietcong hingerichtet wird, ist immer ein Fotograf anwesend, der ein Bild vom abgetrennten Kopf des Hingerichteten macht, doch bei der Exekution eines Amerikaners ist nie ein Fotograf dabei, niemand macht ein Foto vom abgetrennten Kopf eines Südvietnamesen.«

Nach dem Flug mit einem amerikanischen Flugzeug erleidet Oriana eine Herzattacke. Der Arzt, den sie aufsucht, sagt ihr, das sei normal angesichts des wiederholten Druckwechsels, dem sie während eines solchen Fluges ausgesetzt sei. Ein anderes Mal muss sie sich wegen einer schweren Bronchitis untersuchen lassen, und der Arzt gibt ihr eine Pille mit den Worten: »Sie sind seit sechs Tagen der erste Patient, der nicht mit einer Schusswaffenverletzung zu mir kommt oder nach einem Selbstmordversuch im Koma liegt. In Saigon machen die Leute im Moment nichts anderes, als sich umzubringen.« Orianas Gesundheit war schon immer angegriffen. In den Briefen an die Eltern spricht sie von schrecklichen Kopfschmerzen und den Erschöpfungszuständen, die sie oft tagelang ans Bett fesseln. Sie erkrankt an Malaria und allen möglichen anderen tropischen Fiebern. In diesen Momenten der Schwäche kommt ihr der Krieg unerträglich vor. »Gott, ich hatte vergessen, wie der Krieg ist. Und urplötzlich frage ich mich, warum ich hier bin, warum ich unbedingt hierherwollte. Aus Wut, aus Neugier, aus Unzufriedenheit, Unerfülltheit, Traurigkeit? Glückliche Menschen kommen nicht hierher, es sei denn, sie sind dazu gezwungen. Und gezwungen hat mich ganz gewiss niemand, ganz im Gegenteil. Und so trage ich mein Staunen darüber mit mir herum, und meine Reue.«

Am 4. April 1968 wird Martin Luther King ermordet, und in vielen amerikanischen Städten gehen die afroamerikanischen Bürger auf die Straßen. Oriana muss in die Vereinigten Staaten zurück, um für den *Europeo* eine Reportage zu schreiben. Doch weniger als einen Monat später ist sie wieder Richtung Asien unterwegs. Sie macht einen Abstecher nach Indien, weil ihr Chef sie um ein Interview mit dem Guru der Beatles, Maharishi Mahesh Yogi, gebeten hat, den sie für einen Schwindler hält und von der ersten bis zur letzten Zeile kritisiert, und sie trifft den Dalai Lama, den sie auf Anhieb mag. Sie verbringt einen ganzen Tag mit ihm und ist von seiner heiteren Art und seiner pazifistischen Grundhaltung beeindruckt. Als sie ihn um einen Kommentar zu seinen chinesischen Feinden bittet, antwortet er: »Als Buddhist ist es mir unmöglich, das Wort Feind in den Mund zu nehmen.« Nach alldem, was sie in Vietnam erlebt hat, kommt ihr ein solcher Satz vor wie ein Wunder.

Ein Jahr später, im März 1969, kehrt Oriana erneut nach Asien zurück. Dieses Mal bereist sie Nordvietnam, zusammen mit einer Delegation kommunistischer Frauen. Auch das ist journalistisch ein Knüller, weil sich das Land nur selten Journalisten wie Oriana öffnet, die sich mit dem Regime nicht solidarisch erklären. Sie bleibt zwölf Tage dort. Man stellt ihr zwei Dolmetscherinnen an die Seite, die ihr auf Schritt und Tritt folgen: »Ich habe schon begriffen, dass ich hier nicht werde arbeiten können wie in Saigon, in der Bewegungsfreiheit, die mir die Amerikaner gewähren, obwohl ich schlecht von ihnen rede.« In Hanoi bezieht sie in einem alten Hotel aus der französischen Kolonialzeit Quartier, das auf den neuen Namen »Wiedervereinigung« getauft wurde, von allen aber immer noch »Metropole« genannt wird. Es gibt nicht viele Journalisten: ein paar Russen, einige Kubaner, eine Handvoll Franzosen. Die Delegation muss den strammen Terminkalender befolgen, den das Regime für sie organisiert hat: Begegnung mit einem Kämpfer, der in Südvietnam Gefangener der Amerikaner war; mit dem katholischen Geistlichen, der mit der kommunistischen Regierung kollaboriert; mit dem Chefredakteur einer der fünf Tageszeitungen von Hanoi; dann ein Besuch des Widerstandsmuseums. Nur nach langem Beharren kann Oriana erreichen, dass auch eine Begegnung mit General Giáp sowie mit zwei gefangengehaltenen amerikanischen Soldaten in ihr Programm aufgenommen wird.

Võ Nguyên Giáp, genannt Giáp, also Rüstung, ist seit den Zeiten, als er gegen die französischen Kolonialherren kämpfte, ein wandelnder Mythos. Oriana gelingt es, sich für ganze fünfundvierzig Minuten von ihm empfangen zu lassen. Wie immer, wenn sie jemanden interviewt, bereitet sie sich akribisch vor, liest Artikel und eine Biografie von ihm. Giáp war schon immer Kämpfer, seit seiner Jugendzeit: zuerst gegen die Japaner, dann gegen die Franzosen, schließlich gegen die Amerikaner. Ein Detail beeindruckt Oriana ganz besonders. Die erste Ehefrau und Kampfgefährtin Giáps, Minh Thai, hat im Jahre 1939 seine Flucht nach China vertuscht, indem sie sich selbst festnehmen ließ, und ist einige Jahre später in einer rattenverseuchten Zelle in Hanoi gestorben. Oriana ist überzeugt davon, dass hieraus Giáps legendäre Kampfeslust entstammt: vom Verlangen, sie zu rächen. Während des Interviews lehnt Giáp ein Aufzeichnungsgerät ab, und Oriana muss sich Notizen machen, so wie es Dolmetscher tun. Der Text entsteht aus einem Vergleich von zwei Zusammenfassungen. Als sie jedoch ihren Artikel verfasst hat, erhält sie von Funktionären des Regimes drei Blätter Seidenpapier mit dem einzigen Text, den man ihr gestattet zu veröffentlichen. Das wird sie auch tun, allerdings neben ihrem eigenen Artikel.

Das Interview mit Giáp macht im Westen viel Furore. Nachdem es zunächst im *Europeo* erschienen ist, wird es auch von den wichtigsten europäischen und amerikanischen Zeitungen abgedruckt, so wie es mittlerweile mit allen Artikeln von Oriana geschieht. Es ist ihr gelungen, einen der rätselhaftesten Menschen ihrer Epoche zu treffen, eine Art lebende Legende, die nur selten Interviews gibt, und ihn dabei Dinge sagen zu lassen, die er noch nie von sich gegeben hat. Es ist Orianas erster großer politischer Scoop. François erinnert sich: »Eines ihrer gelungensten Interviews war das mit General Giáp, in dem er wider Willen zugab, die berühmte Têt-Offensive gegen die Amerikaner sei in Wirklichkeit ein großer Misserfolg des Vietcong und der Kommunisten gewesen, für den er, General Giáp, nicht im Geringsten verantwortlich sei. Es sei ein Fehler der Soldaten des Vietcong gewesen, die man nach Südvietnam eingeschleust hatte.«

Es gelingt Oriana auch, mit den beiden gefangengehaltenen amerikanischen Piloten zu sprechen. Aus beiden Interviews kommt sie sehr frustriert heraus, weil sie überzeugt davon ist, dass die beiden Aussagen gemacht haben, die ihnen zuvor von ihren Kerkermeistern vorgeschrieben wurden. Der

Erste, Major Roger Ingvalson, ist erst seit kurzem inhaftiert und sieht immer noch muskulös und gebräunt aus. Er antwortet wie ein Roboter, ohne jegliche Gefühlsregung. Der Zweite, Lieutenant Robert Frishman, bewegt sie hingegen zutiefst. Er wird mittlerweile seit anderthalb Jahren festgehalten, wirkt sehr mager und verängstigt, als hätte er sich seinem Schicksal ergeben. Bevor sie sich von ihm verabschiedet, lässt sich Oriana von ihm die Adresse seiner Ehefrau geben. Sie verspricht ihm, sie zu besuchen und von ihm zu berichten, vor allem ihr schonend beizubringen, dass Frishman während seiner Gefangennahme schwer verwundet wurde und einen verkrüppelten Arm davongetragen hat. Als ihr Interview von amerikanischen Zeitungen abgedruckt wird, erregt es viel Solidarität und Mitgefühl.

Als Frishman einige Monate später freigelassen wird, ist Oriana am Flughafen, um ihn willkommen zu heißen. Sie ruft seinen Namen, versucht ihn inmitten der Journalistenmenge auf sich aufmerksam zu machen. Frishmans Frau teilt ihm mit, dass Oriana gekommen sei, doch er begnügt sich damit, ihr kurz zuzunicken, und geht dann mit gesenktem Blick an ihr vorbei. Er möchte sie nicht treffen. Als Oriana hartnäckig bleibt, schickt er mehrere Male seine Frau vor, die an seiner Stelle mit ihr spricht, dann nichts mehr. Oriana reagiert mit einem sehr harten offenen Brief, in dem sie ihm vorwirft zu leugnen, dass er sie kennt, und vor allem die Tatsache, dass er ganz anders redet, sowohl über die Lebensbedingungen im Gefängnis als auch über die Tatsache, dass er von den Vietnamesen bedroht worden sei. In anderen Worten wirft sie ihm das vor, was für sie das größte Vergehen überhaupt ist: mangelnden Mut.

Alle Artikel, die Oriana über Nordvietnam schreibt, setzen sich kritisch mit dem kommunistischen System auseinander, was ihr viele Gegner in Italien einbringt. Die linke Presse bezichtigt sie einer proamerikanischen Haltung und vergisst, dass sie die Amerikaner in ihren Artikeln aus Südvietnam auf gleiche Weise kritisiert hat. »Gegen die Amerikaner in Vietnam zu sein war für mich kein Hinderungsgrund, all das Schlechte anzuprangern, was ich in Hanoi vorgefunden habe. Den schrecklichen Stalinismus, den Terror, die Unterdrückung, und meine Gewissheit, dass sie nach dem Sieg all das auch in den Rest des Landes und nach Kambodscha tragen würden. Ich war die einzige Journalistin – wirklich die einzige –, die die Wahrheit über Hanoi geschrieben hat. Im Jahre 1969. Alle anderen, die dorthin gefahren sind, haben genau das gesehen, was ich auch gesehen habe, aber sie haben es nicht geschrieben. Und dafür wurde ich dann gesteinigt.«

Oriana ist eine unbequeme Journalistin, die immer das sagt, was sie denkt. Ergebnis ist, dass sie sich mit der Zeit mit allen anlegt: Für die italienische Linke ist sie zu konservativ, für die amerikanische Regierung subversiv. Der Pressesprecher der amerikanischen Streitkräfte, Barry Zorthian, bestellt sie mehrere Male in sein Saigoner Büro ein. »Er wollte mich davon in Kenntnis setzen, dass er über die Artikel, die ich in Vietnam geschrieben hatte, einen Rapport erhalten habe und mir mit der größtmöglichen Feinfühligkeit andeuten wolle, dass ihm diese Artikel nicht gefallen hätten. ›Darling, bist du etwa Kommunistin?‹ ›Nein, Barry.‹ ›Das sagen viele, und am Ende sind sie es doch.‹«

Den Vietnamkrieg verfolgt Oriana bis zuletzt. In den Briefen an ihre Mutter gibt sie mehrere Male zu, erschöpft zu sein: »Offen gestanden habe ich mich noch nie so müde, so fertig gefühlt. Vielleicht waren es ja die Abstecher an die Front, zweimal mit den Südvietnamesen und einmal mit den Amerikanern, die mir buchstäblich an die Substanz gingen: das knochenbrecherische Gerumpel in den Militärlastwagen und Jeeps, die nervöse Anspannung, die in den Hubschraubern und an anderen Stellen … unvermeidbar ist. Vielleicht ist es nur eine Frage der Gesundheit. Jedenfalls kann ich es kaum mehr erwarten, zurückzukommen und endlich wieder in meinem Bett zu schlafen.« Nichts verpflichtet Oriana dazu, an die Front zurückzukehren. Mittlerweile ist sie berühmt und wohlhabend, sie könnte sich zur Ruhe setzen. Doch das ist es nicht, wozu man sie erzogen hat. Für sie muss das Leben im Namen des Engagements und der Ideale gelebt werden. »Ob ich wirklich so brillant bin, weiß ich gar nicht«, wird sie Jahre später sagen. »Ich arbeite hart, ich arbeite gut. Ich habe meine Würde. Und ich habe noch ein ganzes Leben vor mir, um das zu zeigen.«

Jedes Mal, wenn sie auf dem Rückweg nach New York ist, gelingt es ihr, einen Zwischenstopp in Italien zu machen, im Gepäck ein paar Geschenke für ihre Familie: eine Pflanze für den Vater, Seidenstoff für eine der beiden Schwestern. Vor allem jedoch etwas für ihre Mutter: »Ich habe, wie eine Trophäe, die schönste Tischdecke für dich dabei, die du in deinem ganzen Leben zu Gesicht bekommen hast.« Einmal hat sie den ganzen Flug über eine vietnamesische Kohlpflanze auf den Knien, die sie ihrem Vater schenken möchte, damit er sie auf ihrem Landgut in Greve pflanzt: »Von Hanoi aus habe ich den Kohl nach Kambodscha, nach Pnomh Penh, gebracht, von dort aus dann nach Bangkok, dann nach Neu Delhi, Karatschi und so weiter. Bei jedem Zwischenstopp stank er mehr. Deshalb habe ich ihn in immer mehr Zellophantüten gewickelt. Als ich ankam, war er fast verfault, und mein Vater fragte mich, ob ich denn verrückt geworden sei. Zu allem Übel handelte es sich auch noch um eine Kohlsorte, die sich in der Toskana an jeder Ecke findet.«

Wenn Oriana an der Front ist, zeigt sie Mut und Charakterstärke. Ein Kollege erinnert sich an eine Begegnung mit ihr in einer Stadt, die von den Südvietnamesen und Amerikanern eingenommen worden ist; einem raren Moment der Ruhe nach der Schlacht, während in der Stadt die Säuberungsaktionen beginnen. Die beiden sitzen gemeinsam am Fuß einer Mauer und haben gerade einem Straßenverkäufer Getränke abgekauft, der stehenbleibt und sie auf Französisch anspricht. Sie rauchen und trinken, hören ihm schweigend zu. Plötzlich steigen mehrere amerikanische Soldaten aus einem Jeep und packen den Verkäufer. Sie behaupten, er sei Vietcong und gebe an Scharfschützen, die immer noch in den Trümmern postiert seien, Informationen weiter. Oriana versucht die Festnahme zu verhindern, gerät mit den Soldaten aneinander, verlangt, bis zum Kommando mitzukommen. »Der Offizier war vom ersten Moment an genervt von unserer Einmischung, doch er wusste, wer Oriana war. Er kannte ihre Artikel, wusste um ihre Beziehungen zur amerikanischen und südvietnamesischen Führung und zur France-Presse. Und er versuchte, höflich zu sein. Doch sie spielte sich auf wie die heilige Inquisition, beschimpfte die Amerikaner als Sklaventreiber und Folterknechte. Der Soldat versuchte, sie zu beschwichtigen, indem er ihr versprach, man würde dem Gefangenen nichts zuleide tun, ihn nur befragen. Und sie sagte: Na gut, befragt ihn, aber rührt ihn nicht an. Morgen komme ich wieder hierher, und übermorgen und überübermorgen auch, und wenn er auch nur den kleinsten Kratzer, den kleinsten blauen Fleck hat, werdet ihr es mir büßen. Und genau so war Oriana. Ungerechtigkeit ertrug sie einfach nicht, ebenso wenig wie Amtsmissbrauch.«

In den Büros der France-Presse in der Rue Pasteur ist François nicht mehr da. Der neue Chef heißt Jean-Louis

Arnaud und hat viel weniger Geduld mit ihr. »Eines Tages habe ich sie einfach vor die Tür gesetzt. Ich hab sie buchstäblich aus dem Büro geschmissen. Sie war mit ihrem Artikel zu den Fernschreibern marschiert, und natürlich musste ihr Ding vor allen anderen durch. An einem bestimmten Punkt ist mir der Kragen geplatzt, und ich schrie: ›Oriana, raus hier!‹ Das muss sie getroffen haben, denn einige Tage später sagt sie zu mir: ›Weißt du eigentlich, dass mich noch nie jemand rausgeschmissen hat?‹« Bei der Erinnerung muss Arnaud lächeln. »Sie wusste ganz genau, dass sie manchmal unerträglich war, doch sie war auch ein interessanter Mensch, mit dem es nie langweilig wurde. Und sie kriegte immer das, was sie wollte. Dafür kann man sie nur bewundern. Ich glaube, da unten in Vietnam hat sie kein einziges Mal etwas verbockt.«

1970 marschieren die Amerikaner in Kambodscha ein, eröffnen eine weitere Front und beginnen erneut mit Bombenangriffen auf Hanoi: zwei Entscheidungen, die Präsident Nixon eigenständig und ohne Zustimmung des Kongresses getroffen hat. Oriana ist empört und schreibt dies auch in ihren Artikeln. Sie bittet ihre Zeitung, sie nach Kambodscha zu schicken, um sich diesen Krieg weiterhin anschauen zu können, der offenbar nie aufhört, sondern sich ausbreitet wie ein Krebsgeschwür. Sie berichtet von ihrem Widerwillen gegenüber den amerikanischen Soldaten, die Marihuana rauchen, um mit dem Grauen besser umgehen zu können. Und wie wahr es doch sei, meint sie anklagend, wenn man sage, in den Krieg schicke man keine Freiwilligen, sondern nur die Einberufenen. Sie führt ein langes Interview mit einem amerikanischen Lieutenant, der damit einverstanden ist, mit vollem Namen zitiert zu werden, und lange ins Aufnahmegerät spricht. Er sagt: »Schau, wenn ich lebendig hier rauskomme, dann habe ich noch ein Hühnchen mit meiner Regierung zu rupfen. Die werden es noch bereuen, dass sie mich hier runter geschickt haben!« Sie interviewt auch zwei nordvietnamesische Gefangene, die ihr besonderes Mitleid erregen, weil sich niemand für sie einsetzt, da Nordvietnam offiziell gar keine Truppen in Kambodscha stehen hat. »Sie sind die Märtyrer unter den Märtyrern in diesem Vietnamkrieg.«

Als Außenminister Kissinger Friedensverhandlungen mit den Nordvietnamesen beginnt, erzählt Oriana den Lesern ihrer Zeitung mit großer Anschaulichkeit davon. Kissinger trifft sich in Paris mit der nordvietnamesischen Seite und erzielt mit ihr eine Vereinbarung, die den Rückzug aller amerikanischen Truppen, einen Waffenstillstand, den Austausch von Gefangenen, den Übergang zu freien Wahlen sowie die Anwesenheit der Nordvietnamesen im Süden vorsieht. Oriana erklärt ihren Lesern jedes Detail dieses Endes des amerikanischen Engagements und verschweigt ihnen auch nicht die unbequeme Wahrheit – dass es für die Amerikaner nichts anderes als ein Rückzug ist. »Kissinger weiß sehr wohl, dass man sich ergeben hat, weil es gar keine andere Lösung gab, als sich zu ergeben. Kissinger weiß, dass er alles akzeptiert hat, was die Nordvietnamesen von ihm verlangt haben. Und er weiß auch, innerhalb eines Zeitraum von maximal fünf oder sechs Jahren werden in Saigon die Kommunisten regieren.«

Und genau das trifft tatsächlich ein, als im April 1975 die Nordvietnamesen in Saigon einmarschieren. Oriana ist nicht vor Ort. Sie hat einige Tage zuvor nach Italien zurückreisen müssen, weil ihre Mutter sehr krank ist und Oriana fürchtet, über kurz oder lang in Vietnam festzusitzen. Dennoch schafft sie es noch, den Lesern ihrer Zeitung von den Tagen zu berichten, die dem Fall Saigons vorausgehen. Sie beschreibt eine Stadt, die auf ihr Ende wartet. Sie erzählt von einer Freundin, die sie anfleht, ihr einen ausländischen Mann zu besorgen, ganz gleich welchen, damit sie durch ihn ein Ausreisevisum bekommt, und vom Expremierminister und Vizepräsidenten Nguyễn Cao Kỳ, der versucht, eine Ausreisegenehmigung für zwei Millionen Menschen zu erlangen. Die Reisebüros werden von einer hysterischen Menge belagert, die ein Visum oder ein Ticket haben wollen. Die meisten Ausländer sind bereits abgereist, die Botschaften stehen praktisch leer. Mittlerweile gibt es nur noch vier ausländische Nachrichtenagenturen und circa sechzig Berichterstatter, doch sie haben keinerlei Bewegungsfreiheit. Die letzten Berichte gehen am 28. April heraus und schildern, wie Hanois Truppen über die Cong-Ly-Brücke, durch die Tu Do Street und die Rue Pasteur ziehen. Oriana hat keine Zweifel, was der Stadt bevorsteht: »So großartig die Kommunisten sind, solange sie kämpfen – nachdem sie gesiegt haben, werden sie unerträglich.«

14

Ein Mann der wenigen Worte

»Dieser Mann ist die schönste Entdeckung, die ich als Erwachsene jemals gemacht habe«, schreibt Oriana in Bezug auf François. Das Kostbarste, was Vietnam ihr schenkt, ist nicht etwa der Ruhm – der mittlerweile international ist –, oder der Rang einer Kriegsberichterstatterin – der ihr den Weg zu Interviews mit den Mächtigsten der Welt ebnet –, sondern dieser Mann der wenigen Worte, fast ein Griesgram, der sie versteht und respektiert und der ihr Gefährte fürs ganze Leben sein könnte, wenn er nur wollte. Ihre Beziehung dauert fünf Jahre lang, bis 1973, es ist eine große Liebe, doch es gibt ein Problem: François ist verheiratet, und er ist katholisch. In seiner Familie lässt man sich nicht scheiden, und das führt für Oriana irgendwann dazu, die Beziehung zu beenden. Vierzig Jahre später bekennt François in einem Interview, es sei eine schmerzliche Entscheidung gewesen: »Ich bereue es, dass ich mich nicht scheiden ließ. Oriana wollte wirklich eine Familie, sie wollte Kinder. Sie glaubte an den Symbolgehalt dieses Ringes am Finger. Hätte ich es gemacht, wäre ihr Leben anders verlaufen.«

In Saigon, wo man in dem Bewusstsein lebt, von einem Moment auf den anderen getötet werden zu können, stellt sich die Frage noch nicht: »Im Angesicht des Todes wird jede Stunde, jedes Ding, jedes Gefühl kostbar, und das Essen schmeckt besser, eine Freundschaft wiegt schwerer, eine Liebe ist tiefer, und die Fröhlichkeit fröhlicher.« Doch als François mit seiner Familie nach Rio de Janeiro versetzt wird, werden die Dinge komplizierter. Die beiden können nicht miteinander leben. Sie können die Festtage nicht miteinander in Casole verbringen, wo sich Oriana regelmäßig bei ihrer Familie aufhält. Nur wenige Male gelingt es ihr, François in die Toskana mitzunehmen und die Spannung zu lösen, welche sie immer in den kurzen Pausen befällt, die sie sich von der Arbeit gönnt. In jenen Jahren schreibt sie an eine Freundin: »Meine Ferien kommen mir deshalb immer so kompliziert vor, weil ich dann das Bedürfnis verspüre, an mehreren Orten gleichzeitig zu sein, dort, wo meine Mutter ist, und dort, wo mein Mann ist.«

Jenseits ihres erklärten Willens, unabhängig zu sein, bleibt die Ehe etwas, das Oriana wichtig ist. In einer Notiz aus jener Zeit schreibt sie: »Ich bin nicht verheiratet. Ich habe nie daran gedacht zu heiraten. Auch wenn ich mich ehelich zutiefst verbunden mit dem Mann fühle, den ich seit Jahren liebe.« Trotz ihrer Vorstellungen vom Leben als freie Frau ist Oriana von Natur aus romantisch, und trotz ihres Nomadenlebens ist sie aus Überzeugung treu. In François glaubt sie, ebenso wie mit Alfredo, den Mann gefunden zu haben, mit dem sie das Leben teilen kann. Erst recht, weil er ein Mann ist, der dieselbe Arbeit macht wie sie und folglich Verständnis für ihr Leben haben könnte, das immer in Bewegung ist. »Ich habe keinen festen Wohnsitz: Ich besitze ein Haus in Amerika, ein Haus in Italien, und dazu habe ich noch zahllose andere Unterkünfte überall auf der Welt: die Hotels, in denen ich lebe und all die Jahre gelebt habe. Wie soll man sich in einer solchen Situation an eine Person binden, eine Familie gründen? Man wird mir sagen, selbst die Seeleute hätten früher eine Familie gehabt – doch das nur deshalb, weil es da irgendwo auf der Welt ein untertäniges Heimchen am Herd gab, das blieb, wo es war. Eine solche Rolle wird ein Mann nie einnehmen.«

Zum zweiten Mal in ihrem Leben überrascht sie die Tiefe der Gefühle, die sie empfindet. François steht immer im Mittelpunkt ihrer Gedanken. Am liebsten würde sie ihn mit Geschenken überhäufen, wenn er es nur zulassen würde. François erinnert sich: »Eines Tages kam sie mit einem Mercedes Spider an und sagte: ›Er gehört dir.‹ Ich war vollkommen perplex. Ich bin ein Mann der alten Schule, Geschenke macht bei mir der Mann der Frau und nicht umgekehrt. Doch hierin war sie originell, außerhalb jeglicher Regeln und ihrer Zeit voraus, denn sie wollte zeigen, dass Männer und Frauen gleich sind.« Die beiden sehen sich oft, springen von einem Flugzeug ins nächste. Vor allem Oriana, die so oft zu ihm kommt, wie es nur geht, indem sie sich in Brasilien Aufträge für ihre Zeitung besorgt; hingegen hat François ein Büro, das er offen halten, und eine Familie, für die er sorgen muss. Nur ein einziges Mal schafft er es, mehrere Monate in New York zu bleiben, bei Oriana zu Hause.

Es wird das letzte Zusammenleben der beiden sein. Oriana ist es nicht gewöhnt, ihre Räumlichkeiten mit einem Mann zu teilen, und äußert sich später kritisch zum Thema Zweisamkeit: »Mit einem Mann zusammenzuleben, sosehr man ihn auch liebt, ist für eine moderne Frau, das heißt eine Frau, die kein Heimchen am Herd ist oder sich als Objekt benutzen lassen möchte, eine unerträgliche Qual. Und das liegt daran, dass die Männer nicht richtig erzogen sind, weil sie in jeder Frau immer ihre Mutter suchen, vor allem in der Frau, die sie heiraten oder mit der sie zusammenleben.«

Aus der Ferne schreibt Oriana François oft. Wie immer, wenn sie verliebt ist, zeigt sie ihre verborgene, extrem zarte Seite. François erinnert sich: »Mir gegenüber war sie nie aggressiv. Sie war leidenschaftlich, zärtlich, sanft, kochte mir ihre toskanischen Leibspeisen, schrieb mir wahre Sturzbäche von Worten und ellenlange Briefe, die ich manchmal gar nicht fertiglesen konnte.« Für ihn verfasst sie auch viele Gedichte, alle auf Französisch, seiner Muttersprache. Viele davon sind noch in ihrem Nachlass erhalten. Eine kleine Sammlung wird in einem Bändchen mit dem scherzhaften Titel *Les pensées de la Falou pendant l' absence de le Pelou*, also: »Die Gedanken der Falou während der Abwesenheit des Pelou« zusammengefasst.

In diesen Gedichten ist François ein bildschöner Mann, von dem sie den zarten Schwung des Nackens, die forsche Stirn, die furchtlosen und zugleich zärtlichen Augen, den vollkommenen Mund, die gerade Nase beschreibt. Er ist ein Engel, ein wundersames Wesen, das »die Tür zu meiner Seele öffnet / die fest verschlossen war«. Auf einem Foto, das während eines Ferienaufenthalts in Casole gemacht wurde, sitzt François auf einem Stuhl im Garten. Oriana kauert zu seinen Füßen, das Gesicht zu ihm emporgereckt, und lauscht ihm mit gedankenverlorener Miene.

Abgesehen von ihren tiefen Gefühlen bewundert sie François auch im Beruflichen sehr und hält ihn für einen außergewöhnlich guten Journalisten. So beschreibt sie ihn bei der Arbeit: »Er beugt sich über die Schreibmaschine wie ein Rennfahrer am Steuer seines Fahrzeugs.« Sie schätzt sein unabhängiges Denken, seine solide kulturelle Bildung, seine rigorosen ethischen Vorstellungen. In einem Gedicht gesteht sie ihm, zwanzig Seiten eines Artikels geschrieben und darin lauter Worte gefunden zu haben, die sie ihm abgelauscht hat: »Ich glaube so sehr an dich / dass deine Ideen zu den meinen werden / du machst mich klarer, für mich selbst.«

Jeden Abend vor dem Schlafengehen notiert sie ein paar Zeilen in ein Büchlein, nur für ihn, als wäre er bei ihr. Sie erzählt von ihrer Sehnsucht: »Du fehlst mir wie der Regen /

den Rebstöcken im Juli.« Von ihrer Furcht, alles könnte zu Ende sein: »Ich habe Angst, wenn du in Gedanken bist / wenn du schweigsam bist / wenn du nichts Schönes sagst / wenn du mich anschaust, ohne mich zu sehen.« Von dem Wunsch, endlich zu jemandem zu gehören: »Ich bin dein Ding / bin endlich ETWAS. / Danke.« In einem weiteren Gedicht gesteht sie ihm, dass sie in einer Schmuckschatulle ein Kaugummi von ihm aufbewahrt, das sie sich ab und zu in den Mund steckt, um an seine Küsse zurückzudenken. In einem anderen erklärt sie ihm, wenn sie neben ihm schlafe, finde sie es herrlich, wenn er schnarche, denn das bedeute, dass er tief schlafe, und dann könne sie ihm über den Kopf streicheln und ihn auf die Augen küssen, ohne Angst zu haben, ihn zu wecken. An diese leidenschaftliche Seite von ihr erinnert sich François mit einem zärtlichen Lächeln: »Oriana war mit allen Sinnen eine Frau. So oft sagte sie ›Ich liebe dich‹ zu mir. Ich hingegen brauchte eine Weile, bis ich diese Worte aussprach.«

Mit der Zeit zeigen sich in den Gedichten die ersten Eintrübungen. Oriana fühlt sich oft alleine. Sie wirft François vor, nie da zu sein, wenn sie ihn braucht. Er hat immer etwas anderes zu tun, wird von tausend Dingen aufgehalten, die ihn binden und die sie wütend aufzählt: seinem bürgerlichen Leben, seinem Katholizismus, seiner Ungewissheit, seiner Schwäche. Sie beklagt sich über die Tatsache, dass er ihr Frau und Sohn immer vorzieht. Sie versucht von ihm eine genaue Definition ihrer Zukunft zu bekommen: »Das funktioniert nicht, ist nicht logisch / es muss sich entscheiden, ob du mit mir zusammen bist oder ob ich nur das Sahnehäubchen bin.« Nach jedem Streit kehrt sie in ihre Wohnung in New York zurück. Auch François erinnert sich an diese Spannungen bezüglich der Ehefrage: »Oriana wollte, dass ich mich von meiner Frau scheiden lasse, und ich sagte ihr immer wieder, für mich zähle mehr mein Treuegelöbnis an sie als ein Verwaltungsakt.«

Zum Glück gibt es so viele Dinge, die die beiden einen, auch beruflich. Mit François kann Oriana viele Interessen teilen, sie kann mit ihm über die Reportagen reden, die sie für den *Europeo* vorbereitet. Die frühen Siebziger sind für Oriana Jahre einer raschen politischen Reifung, bei der François eine entscheidende Rolle spielt. Als sie sich kennenlernen, schreiben wir das Jahr 1967, und die Welt ist dabei, sich für immer zu verändern. Ein Jahr später schlagen sowjetische Panzer den Prager Frühling nieder, und in Paris besetzen Studenten die Universität. »Lauter Deppen mit langen Haaren, die so tun, als würden sie auf die Barrikaden gehen, ohne zu wissen, warum«, urteilt Oriana die Kommunarden ab, die sie für die Kinder von Reichen hält, die Revolution spielen. Viel hält sie hingegen von den Studenten, die auf die Straße gehen und ihr Leben riskieren, so wie die jungen Amerikaner in den härtesten Momenten des Protests gegen den Vietnamkrieg, oder die Mexikaner, die im Oktober 1968 gegen die Olympischen Spiele protestieren, welche unter gewaltigen finanziellen Ausgaben in ihrem Land ausgerichtet werden.

Diese Protestaktionen verfolgt Oriana auch für den *Europeo*. Am 2. Oktober 1968 findet in Mexico City, auf dem riesigen Platz der Drei Kulturen, eine gemeinsame Demonstration von Studenten und Arbeitern gegen die Regierung statt. Mit anderen ausländischen Journalisten steht Oriana auf einer der Terrassen des Palastes, von dem aus die Redner zur Menge sprechen. Plötzlich umstellt die Armee den Platz und beginnt zu schießen. Eine Polizeieinheit in Zivil tritt auf die Terrasse und befiehlt allen, sich auf den Boden zu legen. Während Oriana neben einem deutschen Journalisten Deckung sucht, gerät sie unter Beschuss und wird von mehreren

Munitionssplittern getroffen. Das Foto eines Kollegen von der Associated Press dokumentiert diesen Moment in drei dramatischen Einzelbildern. Auf dem ersten Bild haben Oriana und ihr Kollege die Köpfe gesenkt. Auf dem zweiten hebt sie den Kopf, um herauszufinden, woher geschossen wird, und macht eine Handbewegung, als wollte sie sagen: »Sind die denn verrückt geworden?« Auf dem dritten Bild liegen alle beide ausgestreckt auf dem Boden, regungslos. Ihr deutscher Kollege ist tot, sie schwer verletzt.

Bewusstlos wird Oriana weggetragen und stundenlang in einem schmuddeligen Zimmer liegen gelassen, inmitten von Demonstranten, die mit dem Tode ringen oder bereits tot sind und zum Teil übereinander auf dem blutverschmierten Boden liegen. Wenn sie kurzzeitig das Bewusstsein wiedererlangt, versucht sie zu erklären, sie sei eine italienische Journalistin und man müsse ihre Botschaft informieren. Ein Polizist erwidert mit einem Grinsen, in dieser Nacht behaupteten wohl alle, ausländische Journalisten zu sein. Am Ende tätigt eine Krankenschwester heimlich den erflehten Anruf und rettet Oriana damit das Leben. Man schickt auf der Stelle einen Krankenwagen, um sie von diesem schrecklichen Ort fortzubringen, und wenige Stunden später liegt sie auf dem Operationstisch, wo man ihr die Splitter aus dem Körper entfernt: Zwei davon stecken in ihrem Rücken, einer in der Kniekehle. Kaum ist der Eingriff beendet, diktiert Oriana noch vom Krankenbett aus ihren Artikel und empfängt mehrere Kollegen, die sie besuchen.

Die Verletzung einer weltweit bekannten Journalistin erregt viel Aufsehen. Orianas Zimmer füllt sich mit Blumen und Telegrammen. Schließlich weist die mexikanische Regierung, genervt von so viel Aufmerksamkeit, sie aus, und Oriana verbringt die Zeit ihrer Genesung in Rio de Janeiro. Das Gehen fällt ihr schwer, sie humpelt auffällig, doch sie ist glücklich, François wiederzusehen. »Was für eine Freude, ihn mit seinem flinken Schritt auf mich zukommen zu sehen, sein schönes, junges Gesicht und die absurd grauen Haare, und ihn mit dieser rüpelhaften Art eines Bauern aus der Auvergne sagen zu hören: ›Na, wie geht's? Du hast aber auch immer ein Glück. Dich hat's ganz schön erwischt, was?‹«

In jenen Jahren ist Oriana oft in Brasilien, um François zu sehen. Beeinflusst von dem, was er von seinem Büro aus über die Diktaturen und Ungerechtigkeiten der Region berichtet, beginnt sie sich für die politischen Belange Südamerikas zu interessieren. Ihrer kritischen Haltung den Vereinigten Staaten gegenüber liefert das nur neue Nahrung. In ihren Artikeln prangert Oriana die Tatsache an, dass Washington die schlimmsten Diktaturen des Kontinents unterstützt: »Ist das nicht furchtbar, dass ausgerechnet die glücklichste Gegend dieser Welt, das reichste, angenehmste Fleckchen Erde, auf dem wirtschaftliche Gleichheit erreicht wurde, einfach nicht auf seine Monarchen, seine Diktaturen, seine Dumpfbacken an der Macht verzichten kann, ja, sie heranzüchtet, sie exportiert? Ach, wenn sie mich doch wenigstens schlecht behandeln würden, dann könnte ich sie leichten Herzens beschimpfen.«

Auf Vorschlag von François trifft Oriana mit Hélder Câmara zusammen, dem Erzbischof von Recife, der das Ideal des militanten und konkreten Katholizismus, an den er glaubt, verkörpert. Es ist eines der seltenen Interviews, bei denen Oriana keine unverschämten Fragen stellt; wenn sie jemanden bewundert, kann sie ausgesprochen respektvoll sein. »Statt ihn zu interviewen, hörte ich ihm eher zu«, gesteht sie in dem Artikel. Sie lauscht dem Erzbischof, während er davon erzählt, wie in Brasilien Andersdenkende gefoltert werden, wie sich die Vereinigten Staaten daran bereichern, dass sie Diktaturen unterstützen. Sogar als er ihr – die immer darauf gepocht hat, selbst Atheistin zu sein – erklärt, wie er betet: »Jede Nacht um zwei stehe ich auf, ziehe mich an und setze meinen Körper aus den Teilen, die ich über Tag verloren habe, wieder zusammen: hier ein Arm, da ein Bein, der Kopf wer weiß wo. Ganz allein für mich flicke ich mich wieder zusammen, und dann fange ich an zu denken oder zu schreiben oder zu beten und bereite mich auf die Messe vor.« Oriana bleibt drei Tage im Haus des Erzbischofs und schreibt einen Artikel voller Rührung und Ergriffenheit.

Sie reist nach Bolivien, um den jungen französischen Intellektuellen Régis Debray zu besuchen, der für seine Teilnahme am Guerillakampf an der Seite Che Guevaras zu einer Zuchthausstrafe verurteilt worden war. Sie geht in die Universität von La Paz, wo Studenten in den Hungerstreik getreten sind, um die Regierung dazu zu bringen, dass sie die Leichen mehrerer Guerillakämpfer freigibt, welche in den Anden getötet wurden. Sie dringt sogar bis in die unwegsame Bergbaugegend Palca vor, um eine Gruppe revolutionärer Priester zu interviewen, die für die Rechte der Minenarbeiter kämpfen. Es gelingt ihr, über mehrere sich kreuzende Briefe ein Interview mit einer Gruppe von sechzig Studenten und Intellektuellen zu führen, die im Juni 1970 den Guerillakampf in Bolivien wiederaufgenommen haben, indem sie in Teoponte den Sitz einer amerikanischen Minenbaugesellschaft angegriffen und sich dann in den Dschungel abgesetzt haben. Orianas Bekanntheit kann dem Anliegen der Entrechteten sehr nützlich sein, und immer öfter erhält sie Briefe von politischen Gefangenen, die sie zu einem Artikel anregen.

Sie beschränkt sich nicht darauf, über die Kämpfe der Region zu berichten; oft interveniert sie persönlich. Um die

Begnadigung des bolivianischen Guerilleros Chato Peredo zu erreichen, spricht sie mit Präsident Juan José Torres höchstpersönlich. Als sie heimlich Carlos Marighella, den alten brasilianischen Kommunisten, der von der Diktatur verfolgt wird, treffen will, spielt sie mit dem Geheimdienst, der sie auf den Straßen von São Paulo beschattet, Katz und Maus. Um die Öffentlichkeit für den Fall von Tito de Alencar Lima, einen Dominikaner, der vom Regime in Brasilien festgehalten wird, zu interessieren, fährt sie vor Ort und lässt sich von seinem Erzbischof den Brief geben, in dem der Gefangene die Folter beschreibt, die er erdulden musste. Wenn Oriana Interviews mit politischen Gefangenen führt, ist sie später bereit, ihren Kampfgenossen deren Zellen zu beschreiben, damit sie die Flucht organisieren können. Sooft sie kann, versteckt sie in ihrem Hotelzimmer Dissidenten, die vom jeweiligen Regime gesucht werden.

Niemals hat Oriana ihre eigene Arbeit anders verstanden, denn ihre Arbeit als Journalistin bedeutet für sie, Teil der Geschichte zu sein. »Welcher andere Beruf ermöglicht es mir, Geschichte im Moment ihrer Entstehung zu schreiben?« Das ist es, was Oriana am Journalismus so liebt, der sie jedoch in anderer Hinsicht einzuengen beginnt. Sie spürt, dass diese Phase ihres Lebens nicht ewig andauern kann, auch auf privater Ebene nicht. François versteht und bewundert sie, doch er ist fast immer weit weg von ihr. Und er hat sich gegen den Bruch mit seiner Familie entschieden. Die Beziehung zu seiner Frau, einer amerikanischen Schauspielerin, ist schon lange zerrüttet, doch er hat einen halbwüchsigen Sohn, noch dazu ein Adoptivkind, und fühlt sich dafür verantwortlich, dem Kind eine möglichst stabile Familie zu geben.

Oriana ist daran gewöhnt, allein zu leben und zu arbeiten, doch in Momenten großer Müdigkeit träumt sie davon, François wäre da und kümmerte sich um sie. »Manchmal hätte ich gerne jemanden, der mir hilft. Ich bin ein Typ Frau, der sehr einsam ist. Auch wenn ein Mann mich liebt, steht er in gewisser Weise mit mir in Wettstreit. Vielleicht ist es schwer, eine Frau wie mich zu lieben, eine Frau, die keine Zärtlichkeit weckt, obwohl sie danach dürstet. Manchmal habe ich das Gefühl, als müsste ich mich rechtfertigen oder meinen Erfolg verbergen, um etwas Kostbareres als einfach nur Erfolg zu bekommen.«

Die Streitigkeiten mit François wegen der Scheidung werden immer häufiger. Nach jeder Trennung kehrt Oriana wieder zu ihm zurück, getrieben von ihrer Sehnsucht. François ist etwas Neues und Wertvolles in ihrem Gefühlsleben, das für viele Jahre unter dem Stern von einmaligen Begegnungen stand, nach denen sie nichts anderes wollte, als sich eine Zigarette anzuzünden und den fremden Mann loszuwerden, der da in ihrem Hotelbett lag. François ist ein ebenbürtiger Liebhaber, ein Mann auf Augenhöhe. Ein Mann, der mit sich im Reinen ist, den sie in Vietnam schätzen gelernt hat, ein Mensch, der über jede Ausübung von Gewalt entrüstet ist und gegen Ungerechtigkeit kämpft, ein Mann, der genau wie sie den Journalismus als eine Mission versteht. Wenn François an etwas glaubt, zögert er keinen Moment, sich dafür einzusetzen. 1970 wird er von den brasilianischen Behörden festgenommen, weil er gewagt hat, Nachrichten zu veröffentlichen, die ihnen nicht genehm waren. Agenten begleiten ihn bis ans Flugzeug, dann wird er des Landes verwiesen. Oriana organisiert ein Empfangskomitee, das ihn am Pariser Flughafen willkommen heißt.

Politisch gesehen ist Oriana in den Siebzigerjahren eine engagierte Journalistin. Sie glaubt an die Befreiung der Frau, an einen Kampf gegen jegliche Form der Unterdrückung, verurteilt die USA für ihre Unterstützung der Diktaturen in Südamerika und die Sowjetunion für ihren Umgang mit den Dissidenten. Die Tatsache, dass sie während des italienischen Faschismus und des Krieges aufgewachsen ist, lässt sie aus reinem Instinkt so reagieren: »Die Resistenza hat mich geschaffen. Sie hat mich zu dem gemacht, was ich bin. Sogar was meine Zweifel, meinen ewigen Widerspruch angeht.«

Lange Zeit hat Oriana in Erinnerung an ihre Kampfgenossen aus dem Widerstand und im Namen der sozialen Gerechtigkeit, die für sie fundamental ist, sozialistisch gewählt – »Na klar, nur zu, wähl du nur die Toten, sagte meine Mutter immer.« Dann hat sie damit aufgehört: »Schon als junges Mädchen glaubte ich, soziale Gerechtigkeit könne man durch den Sozialismus erreichen. Bei Kriegsende trat ich der Aktionspartei bei, die eine liberal-sozialistische Partei war, das heißt eine Partei, die den Sozialismus mit liberalem Denken vereinen wollte. Dann war es mit der Aktionspartei zu Ende. Ich blieb allein zurück, allein begann ich nachzudenken und daran zu wachsen, und an der Schwelle zum Erwachsenwerden begriff ich, dass ich meine Jugend an einen Kult der Utopie verschwendet hatte, oder zumindest das, was ich dafür gehalten hatte. Denn ich kam zu der Überzeugung, dass der Sozialismus der Bruder des Kommunismus ist, nur die andere Seite der Medaille. So beschloss ich, so verführerisch der Gedanke auch war, dass der Sozialismus nicht mit dem Liberalismus auszusöhnen war. Und ich wechselte meinen Standpunkt. Was ich jedoch nicht wechselte, war meine Meinung über die soziale Gerechtigkeit. Dieses Thema blieb in mir wie ein Stachel in meinem Herzen. Und wer diesen Stachel nicht hat, den lehne ich ab, für ihn empfinde ich instinktiv Feindseligkeit, ja, eine instinktive Abneigung. Einem Fußballteam, das sich den Namen »Destra«, die Rechte, gibt, könnte ich mich nie anschließen.«

Zutiefst anarchisch und antidogmatisch bricht sie schon bald auch mit dem Feminismus, mit dem sie doch immer viele Positionen geteilt und den sie mit ihrem Lebensstil auch vorgelebt hatte. Als junge Frau hat sie dafür gekämpft, sich durchzusetzen und ihre eigenen Räume zu schaffen. »Ich habe immer darunter gelitten, dass ich eine Frau war. Es war ein Leiden, das voller Wut und Aufbegehren war, es war dieses Gefühl: Wartet-nur-ich-werd's-euch-schon-noch-zeigen. In der Schule war ich eine hervorragende Schülerin, weil ich aufzeigen wollte, dass ein Mädchen genauso gut sein kann wie ein Junge. Das Gleiche gilt für meine Arbeit bei der Zeitung.« Jahrelang gibt sich Oriana überzeugt davon, dass der Feminismus die einzige echte Revolution ihrer Epoche ist. Sie selbst hat ihn auf ihre Weise gelebt, ohne irgendeiner Bewegung anzugehören. Sie hat sich selbst befreit, hat sich im Beruf behauptet, hat in ihrem Liebesleben die Einsamkeit hingenommen, obwohl sie oft unter ihren Entscheidungen gelitten hat. Doch das hindert sie nicht daran, mit den offiziellen Vertreterinnen des Feminismus in Streit zu geraten, die sie als verbissen und dogmatisch empfindet: »Die Feministinnen macht es wütend, wenn sie sehen, dass ich die Männer nicht so hasse wie sie. Aber, verflixt und zugenäht, dazu mag ich sie einfach viel zu gern.«

Auch gegenüber den Kommunisten nimmt Oriana eine sehr kritische Haltung ein. Ihr gefällt ihre Parteidisziplin nicht, die sie verächtlich mit der einer Kirche vergleicht. »Ich kann keine Kommunistin sein, weil ich nicht katholisch bin«, sagt sie. »Und weil ich Anarchistin bin.« Oft wird sie den

Kommunisten gegenüber polemisch, wenn sie versuchen, die Resistenza für sich einzunehmen, indem sie den Mut so vieler katholischer, liberaler und sozialistischer Partisanen schmälern. Andererseits erkennt Oriana durchaus an, wie viel die Kommunisten für den antifaschistischen Kampf getan haben, und wird wütend, wenn jemand diesen Fakt leugnet. 1976 ist sie bereit, bei einer Kundgebung der Radikalen zu sprechen, nur um ihr Angebot dann zurückzuziehen, als sie erfährt, dass diese in einem ihrer Parteisitze zum Spaß Stühle mit Hammer und Sichel bemalt haben, um sich dann voller Verachtung draufzusetzen. »Ich war wütend. Wie konnten die so was tun? Leute wurden erschossen, gefoltert, weil sie an dieses Symbol glaubten! Ich bin keine Kommunistin, ich war nie eine und werde nie eine sein. Aber verdammt noch mal! Während des Widerstandes war an unserer Seite in der Aktionspartei kein Pannella[30] – da waren die Kommunisten!«

Oriana hat eine hohe Meinung von der Politik, der Begriff ist ihr heilig. Ohne diese Dimension ist ihr Leben für sie nicht denkbar: »Ich habe schon immer Politik gemacht: beim Schreiben, in meinem Handeln, in meinem Leben. Ich bin in einer politischen Familie aufgewachsen, wurde politisch erzogen, und ich habe immer gedacht, früher oder später würde ich offiziell in die Politik gehen. Mir hätte es sehr großen Spaß gemacht, im Parlament tätig zu sein, weil ich an die Demokratie glaube, auch wenn es sich um eine sehr schlechte Demokratie handelt, in der wir hier leben. Ich kann mir einfach keine andere Regierungsform für ein Land vorstellen. Und ich glaube, ich wäre eine ausgezeichnete Parlamentarierin gewesen. Undiszipliniert, direkt, hitzig, unbequem, und genau aus diesem Grunde auch nützlich und aufrichtig. Und ich füge hinzu: Könnte man sich bei den Wahlen ganz allein aufstellen lassen, ohne Millionenbesitz und eine Partei im Hintergrund, würde ich es sofort tun.« In den letzten Jahren ihres Lebens, die durch ihre Polemik gegen den Islam geprägt sind, wird Oriana sich in eine Ikone konservativen und fremdenfeindlichen Gedankenguts verwandelt haben. Im Grunde ist die einzige Konstante ihres politischen Denkens der Antifaschismus. »Das Risiko eines neuen Faschismus ist mein Anknüpfungspunkt«, schreibt sie in einem Brief. Die Notwendigkeit, sich dem Faschismus zu widersetzen, und zwar jeder Art von Faschismus, ob rot oder schwarz, ist für sie ein Entscheidungsmerkmal, nach dem sie Menschen wie Regierungsformen beurteilt. Von dem Moment an, als in Spanien ein faschistischer Diktator wie Franco herrscht, besucht sie dieses Land nur noch ungern, oder wenn sie es tut, dann um es zu verurteilen. So wie 1977, als sie Blumen am Grab von Ramón García Sanz, einem Antifaschisten, der vom Regime erschossen wurde, niederlegt. Seine Geschichte hat Oriana sehr betroffen gemacht. »Er ist gestorben wie ein Hund, mutterseelenallein bis zum Schluss. Bevor sie ihn erschossen, haben sie ihn gefragt: ›Willst du noch einen Brief schreiben?‹ Und er: ›An wen?‹«

Am Thema Faschismus scheiden sich für Oriana die Geister. Sie kritisiert ihren Astronautenfreund Pete Conrad heftig, der während einer Europareise mit König Juan Carlos und Königin Sofia von Spanien zum Essen gegangen ist: »Ich kenne sie alle beide, diese Idioten, ich habe sie in Athen vor ihrer bescheuerten Hochzeit interviewt, und sie gehören zum gleichen Gesocks wie Franco.« Oriana bricht mit ihrem Kollegen Indro Montanello, den sie schon bewunderte, seit sie ein junges Mädchen war, weil er in einem Briefwechsel hartnäckig die Resistenza kritisiert: »Zieh bloß nicht die Resistenza in den Schmutz, die doch einer der schönsten Momente unseres

Lebens war! Das lasse ich einfach nicht zu, Indro, und wenn du es in deinen Geschichtsbüchern über das heutige Italien tust, dann zerreiße ich dich in der Luft, das schwöre ich dir.«

Ihre gesamte berufliche Aktivität widmet Oriana zu Beginn der Siebzigerjahre der Schilderung von Ungerechtigkeiten und Konflikten überall auf der Welt. Es genügt ein Blick in ihren Reisepass, um zu begreifen, wie viel sie in jener Zeit unterwegs gewesen ist. Libanon, Israel, Ceylon, Trinidad, Bangkok, Singapur, Vietnam, Bangladesch, Chile, Peru, Israel. Jedes Mal kehrt sie nach New York zurück, das mittlerweile ihre Heimatstadt ist, auch wenn sich ihre Beziehungen zu den Vereinigten Staaten zutiefst gewandelt haben. »Amerika hat mich enttäuscht«, sagt sie zu einem Kollegen in Übersee, als sie ihm während des Vietnamkrieges ein Interview gibt. »Das ist so, wie wenn du total verknallt in jemanden bist, ihn heiratest und er sich dann von Tag zu Tag als weniger außergewöhnlich, weniger besonders, weniger wundervoll, weniger gut, weniger intelligent herausstellt. Das geschieht oft in der Ehe. Amerika ist für mich wie ein sehr schlechter Ehemann gewesen. Es betrügt mich jeden Tag.« »Aber du magst sie doch, die Amerikaner«, beharrt der Kollege. »Klar, klar, Kinder mag ich auch«, antwortet sie.

François ist immer präsent in ihrem Leben, doch die Zeit vergeht, und Oriana ist es leid zu warten. Sie möchte ihn heiraten, möchte ein Kind mit ihm. Wenn man ihn heute reden hört, begreift man, dass es auch für ihn eine große Liebe gewesen ist: »Oriana hatte eine Persönlichkeit, von der man sich einfach erobern lassen musste und für die man sie auch liebte. Ich erinnere mich noch an ihre Lebenslust, an ihr Temperament. Sie war entschlossen, stolz, aber immer auch freundlich.«

Vom endgültigen Bruch erzählt François nicht gern. Dazu kommt es 1973 in Madrid. »Eines Tages sah ich sie ankommen, mit noch düsterer Miene als sonst und in kämpferischer Stimmung. Sie wollte, dass ich endgültig und definitiv die Sache mit meiner Frau klärte, doch ich sagte ihr, das stünde für mich im Moment nicht zur Debatte. Sie ging, und am nächsten Tag hörte ich dann wieder von ihr. Sie sagte, sie habe meiner Frau alle Liebesbriefe geschickt, die ich ihr geschrieben hatte.« So ist Oriana: Aus Zorn ist sie zu den schrecklichsten Dingen in der Lage. Viele Jahre später, als sie die Episode einem Freund erzählt, ist sie darüber immer noch verstört: »François hatte beschlossen, sich nicht scheiden zu lassen. Da habe ich ein Päckchen Briefe genommen, die wir uns geschrieben hatten, und sie seiner Frau geschickt. Amen. Wir haben uns nicht mehr gesehen. Nie mehr.« Oriana spricht nicht gern von François. Einem anderen Freund, der sie nach jener großen Liebe fragt, antwortet sie mit finsterer Miene: »Erinnere mich bloß nie mehr daran. Ich will es nicht.«

Auch François' Miene verdüstert sich, als er daran zurückdenkt: »Es ist eine traurige Geschichte. Ich hätte unsere Beziehung später gern wieder aufgenommen, aber dazu kam es nie.« Als er 1992 in der Zeitung liest, dass Oriana an Krebs erkrankt sei, schreibt er ihr. Oriana schickt den geöffneten Brief postwendend zurück, ohne ein Wort: »Ich war mir sicher, dass mir Oriana nicht zurückschreiben würde. Doch ich schickte ihr trotzdem diesen Brief, weil ich mir ebenso sicher war, dass mein Interesse sie rühren würde und sie für meine Geste empfänglich wäre.« In seinem Haus in Paris hängt ein Bild von Oriana an der Wand – eines der Fotos, das Oriana von den Astronauten auf den Mond bringen ließ, genauso wie sie es mit dem Foto der Mutter getan hatte. Der schöne Mund ist zu einem bitteren Lächeln verzogen: »Wenn sie mir geantwortet hätte, wäre ich dazu fähig gewesen, alles zu tun, um ihr zu helfen. Auch weil es mich immer gegrämt hat, dass ich sie mit unserem Abschied so sehr hatte leiden lassen. Doch ich wollte ihre Entscheidung respektieren. Im Grunde war sie immer noch die Oriana, die sie immer war: zerbrechlich, romantisch, absolut.«

15

Interviews mit der Geschichte

Vietnam ist die Geburtsstunde von Oriana als politische Korrespondentin, doch ihre Blütezeit erfährt sie durch ihre großen Interviews mit den Großen und Mächtigen der Welt. Bei den Begegnungen mit ihnen wendet sie die Techniken an, die sie seit ihrer Zeit in Hollywood zur Perfektion gebracht hat. So entstehen die »Fallaci-Interviews«, die später an den Journalismusschulen in Amerika zum Studieninhalt werden. Sie hat Jahre kämpfen müssen, bis sie Anerkennung erfahren hat. »Zu Beginn hat man mir nicht erlaubt, über Politik zu schreiben, weil ich zu jung war und auch, weil ich eine Frau war, aber dann habe ich mich doch durchgesetzt.«

Als sie erst einmal zu der Reporterin geworden war, die in der ganzen Welt bekannt ist, kann Oriana endlich einen neuen Stil entwickeln, um über Politik zu reden, der alles zugleich ist: respektlos, direkt und persönlich. »Vergebens sagte ich: ›Über Politik muss man anders schreiben. Die Leute lesen keine Artikel über Politik, weil sie langweilig sind. Doch Politik ist nicht langweilig, sie ist unterhaltsam, ja sogar lustig. Warum sollte man also langweilig darüber schreiben?‹«

Von diesem Moment an betrachtet man Oriana beim *Europeo* als Journalistin erster Klasse. Sie ist in Asien, um über den Krieg zwischen Indien und Pakistan und die maoistischen Unruhen in Hongkong zu berichten, im Nahen Osten schreibt sie über den israelisch-palästinensischen Konflikt, in Südamerika über die Guerillakriege gegen die Diktaturen.

Innerhalb kürzester Zeit wird sie wegen ihres Mutes und ihres kämpferischen Charakters zur Legende. Ein Kollege erinnert sich: »Im Krieg zwischen Indien und Pakistan folgten wir den Truppenbewegungen der Sikh und der Gurkha-Krieger, doch Oriana schlug einen ganz anderen Weg ein als wir. Sie ging an Bord eines Schiffchens, das sich kaum über Wasser halten konnte, und fuhr den Brahmaputra entlang. In Dakha kam sie in genau dem Moment an, als die Schergen des Diktators auf Gefangene schossen und sie in Massengräbern verscharrten. Einige von ihnen lebten noch. Oriana hat einen solchen Aufruhr verursacht, dass nicht viel fehlte, und sie hätten sie auch erschossen.«

Im Nahen Osten hebt Oriana ihre ersten großen politischen Porträts aus der Taufe. Im März 1970, während einer Pause im Vietnamkonflikt, plant sie eine Serie von Artikeln über die Palästinenser. Sie hat es immer vermieden, sich mit dem Konflikt im Nahen Osten zu befassen, weil ihr Herz seit dem Zweiten Weltkrieg den Juden gehört. »Die Juden kennt man. Weil du mit ihnen und für sie gelitten hast, seit du ein Kind warst, weil du erfahren hast, wie Millionen von ihnen verfolgt, eingesperrt und ermordet wurden. Du hast sie in Schutz genommen, hast sie unterstützt, hast sie geliebt. Du hast für sie gehofft, dass sie einen Platz finden, an dem sie bleiben und wo sie sich verteidigen können, und du hast dich für sie gefreut, als sie schließlich in ihrem Gelobten Land ankamen: einem Land namens Palästina.«

Oriana reist nach Jordanien, wo die Palästinenser entlang der Grenze zu Israel ihre geheimen Stützpunkte haben. Sie setzt sich lange mit ihnen zusammen, redet. Und sie erzählt von ihrem eigenen Krieg: »Als ich noch ein kleines Mädchen war, mochte ich besonders gerne eine Lehrerin, die das liebste Wesen auf der ganzen Welt war. Sie hieß Laura Rubicek und lebte mit ihrer Mutter zusammen, die eine sehr freundliche, weißhaarige alte Dame war. Eines Nachts kamen die Deutschen und nahmen die beiden mit. Weil sie Jüdinnen waren. Und sie kamen nie mehr zurück.« Oriana interviewt den Anführer der PLO, Jassir Arafat, den sie nicht mag, weil sie ihn für zutiefst unaufrichtig hält. Wie immer, wenn sie einem wichtigen Politiker begegnet, versucht sie ihn mit den unbequemsten Fragen in die Enge zu treiben – welches denn nun genau die geographischen Grenzen Palästinas seien, wie man denn von einer arabischen Einheit reden könne, wenn sich die Palästinenser so uneins seien –, doch Arafat weicht ihren Fragen aus. Bitter schließt Oriana: »Die Begegnung zwischen einem Araber, der ohne Vorbehalte an den Krieg glaubt, und einer Europäerin, die nicht mehr daran glaubt, ist überaus schwierig: auch weil Letztere ihres Christentums überdrüssig ist, seines Hasses nur um des Hasses willen, und Ersterer hingegen gefangen in seinem Denken ist, in dem es nur heißt: Auge um Auge, Zahn um Zahn.«

Voller Zweifel und Verwirrung reist Oriana aus dem Nahen Osten ab und teilt diese Gefühle mit ihren Lesern: »So wie alle Kriege verfolgt man diesen palästinensischen Widerstand in einem Wechselbad der Gefühle: mal mit Bewunderung, mal mit Entrüstung, voller Sympathie ebenso wie mit Ablehnung: Es kommt ganz auf die Umstände und die Personen an, auf die man trifft. Wenn du mit den Fedajin an die Front gehst, die die Grenze überschreiten und sterben, dann kannst du gar nicht anders, als sie zu lieben. Wenn du das Mädchen befragst, das Supermärkte hochgehen lässt, dann kannst du gar nicht anders, als empört zu sein. Natürlich muss man zugeben, dass es nicht immer hilft, die Leute zu begreifen, wenn man sie kennt. Aber genau das geschieht trotz des finsteren Hasses, mit dem sie dich bei jeder Gelegenheit angreifen, trotz der Irrationalität, mit der sie dir sogar das Recht absprechen zu sagen: ›Ich glaube nicht an die Gewalt, ich glaube nicht an Gewehre, ich glaube nicht an Menschen, die andere Menschen umbringen.‹ Auf menschlicher und auch historischer Ebene haben die Palästinenser recht: Sie sind wirklich die neuen Juden auf der Erde geworden. Doch dann haben aus genau den gleichen Gründen auch die Juden recht, die sich nicht einfach in Palästinenser verwandeln können. Aber wehe, wenn du das bestätigst: Dann läufst du Gefahr, dass sie dir eine Kugel in den Kopf jagen, eine Bombe ins Bett legen oder dir Gift in die Suppe mischen. Wie auch immer – ich sage es trotzdem.«

Die Begegnung, die Oriana weltweiten Ruhm für ihre politischen Interviews einträgt, ist die mit Henry Kissinger, dem amerikanischen Außenminister und Schöpfer der Außenpolitik von Präsident Nixon. 1972 bittet Oriana ihn um ein Interview und erhält zu ihrer eigenen Überraschung fast sofort eine Zusage. Kissinger hat ihren Artikel über General Giáp gelesen und ist neugierig darauf, sie zu treffen. Am 4. November empfängt er sie in seinem Büro im Weißen Haus. Das Gespräch dauert weniger als eine Stunde, wird permanent von Telefonaten und dem Unterzeichnen von wichtigen Dokumenten unterbrochen und am Ende frühzeitig abgebrochen, weil Kissinger zu Nixon gerufen wird. Nach langem Warten wird Oriana mitgeteilt, Kissinger müsse mit dem Präsidenten auf eine Reise gehen, und wenn sie mit ihren Fragen weitermachen wolle, habe sie einen Monat zu warten. Doch Oriana verzichtet: »Hätte sich nicht gelohnt. Was hätte es gebracht, die Bestätigung für ein Porträt zu suchen, das ich längst im Kopf hatte? Ein Porträt, bestehend aus wirren Linien, Farben, ausweichenden Antworten, nichtssagenden Sätzen, aufreizendem Schweigen.«

Das Problem ist, dass Kissinger ihr nicht sympathisch ist: »Meine Güte, was für ein Eisklotz! Das ganze Interview hindurch trug er nur diese ausdruckslose Miene zur Schau, diesen ironischen und harten Blick, nie schlug er mit seiner monotonen, traurigen, immer gleichen Stimme einen anderen Ton an. Die Nadel des Aufnahmegeräts bewegt sich, wenn ein Wort in einem höheren oder niedrigeren Ton ausgesprochen wird, doch bei ihm blieb sie immer stehen, und ich musste mich mehrere Male mit einem Hüsteln vergewissern, dass das Ding richtig funktionierte.« Natürlich sprechen sie viel über Vietnam. Oriana will Kissinger dazu bringen zuzugeben, dass der amerikanische Rückzug gleichbedeutend mit einer Niederlage ist und der Krieg vollkommen sinnlos war.

Dann geht sie zu persönlicheren Fragen über, zum Beispiel zu seinem Ruf als Schürzenjäger. Doch es ist eine andere, eher unbedarfte Frage, die zu der Antwort führt, welche das Interview berühmt machen wird. Oriana fragt Kissinger, wie er sich seine enorme Popularität erkläre. Zunächst streitet er diese ab, gibt dann aber zu: »Na gut, ich werde es Ihnen sagen. Was bedeutet es mir schon? Der Hauptgrund liegt darin, dass ich immer allein gehandelt habe. Den Amerikanern gefällt das ungeheuer. Den Amerikanern gefällt der Cowboy, der die Truppe führt, indem er allein mit seinem Pferd voranreitet; der Cowboy, der ganz allein in die Stadt, ins Dorf geht, nur mit seinem Pferd und sonst nichts. Vielleicht sogar ohne Revolver, denn er schießt nicht. Er handelt und damit basta.«[31]

Aus dieser Aussage entsteht ein regelrechter Skandal, denn als der Artikel im *Europeo* erscheint, wird er sofort von den großen amerikanischen Zeitungen übernommen und überall in den USA gelesen. Nixon, dessen erster Berater Kissinger ist, missbilligt die Metapher des Cowboys. Der Interviewte versucht zu dementieren, doch wird ihm sofort von Oriana widersprochen, die damit droht, den Mitschnitt der Begegnung zu veröffentlichen. Jahre später, in seinen Memoiren, gibt Kissinger zu, dass die Entscheidung, dieses Interview zu gewähren, zu den unglücklichsten seines Lebens gehöre. Auch Oriana wird der Skandal noch lange nachhängen und sie zunehmend nerven. »Hört mir auf mit Kissinger!«, wird sie 1981 einem amerikanischen Kollegen sagen. »Das Interview habe ich schon 1972 gemacht und bekomme es immer noch zu hören. Damit will ich sagen, selbst wenn wir geheiratet hätten, würde man uns nicht bis heute damit verfolgen.«

Dank diesem Vorfall wird Oriana zur gefürchtetsten politischen Interviewerin der Welt gekürt. Mittlerweile kann sie sich ihre Gesprächspartner aussuchen, und es sind nicht mehr als zwanzig pro Jahr, weil jede Begegnung sie enorm viel Energie kostet. Sie bereitet sich mit großer Sorgfalt darauf vor, liest alles, was es über die betreffende Person zu erfahren gibt. Die Ingredienzen ihrer Arbeit sind immer die gleichen: minutiöses Studium der Quellen, unverschämte Fragen, eine dramaturgisch geschickte Montage. Der Entdeckung der Großen der Erde geht sie ohne jegliche Unterwürfigkeit entgegen, wie das Kind in dem berühmten Märchen von des Kaisers neuen Kleidern, das der Menge entgegenschreit, der Kaiser sei nackt.

Aus diesem Grund widmet Oriana auch ihre Sammlung der berühmtesten Interviews, die 1974 unter dem Titel *Intervista con la storia*[32] erscheint, ihrer Mutter Tosca: »Dies ist praktisch ein Buch über die Macht. Ein libertäres Buch über die Macht. Und sie, meine Mutter, begreift in ihrer Unschuld nicht, warum es einen Herrn geben muss oder eine Herrin, die da oben sitzt und uns sagt, was wir machen sollen. Hast du verstanden? Es ist die anarchische Haltung der Jungen. Und auch die meine.« Das Buch hat außergewöhnlich großen Erfolg und eröffnet die Reihe von Orianas weltweiten Bestsellern.

In ihren Interviews zeigt Oriana, welch hohe Meinung sie von der Arbeit eines Journalisten hat. Sie hält sich für eine Zeugin und Vertreterin der Öffentlichkeit und fühlt sich dadurch zu allem legitimiert. Sie stellt sehr direkte Fragen, und wenn diese umgangen werden, kommt sie später noch einmal darauf zurück. Manchmal lässt sie sich die Antworten wiederholen, um sicher zu sein, dass sie sie richtig verstanden hat. Wenn ihr etwas nicht klar ist, sagt sie es und bittet um Erklärung. Sie versucht einfach zu sprechen, ohne sich von der oft unverständlichen Sprache der Politiker mitreißen zu lassen. »Oriana, sagte mir meine Mama, was du schreibst, müssen alle verstehen, du darfst es nie kompliziert machen. Und diesen Rat von ihr habe ich immer befolgt. Wenn ich einen Staatschef, einen Premierminister interviewe, dann gehe ich nie in die Falle der großen Politik, der Soziologie.«

Nie lässt Oriana ein Interview kalt, und sie geht jede Begegnung mit der ihr eigenen Leidenschaft und Radikalität an: »In meine Interviews bringe ich nicht nur meine Meinungen ein, sondern auch meine Gefühle. All meine Interviews sind Dramen. Ich lebe sie mit einer inneren Beteiligung, die auch körperlich ist.« An einen objektiven Journalismus glaubt sie nicht. »Wenn ich in New York die U-Bahn nehme und die Werbung für diese Zeitungen sehe, die schreiben ›Tatsachen statt Meinungen‹, muss ich immer so lachen, dass die U-Bahn wackelt. Was soll das eigentlich heißen: ›Tatsachen statt Meinungen‹? Sind diese Tatsachen nicht das, was ich hineininterpretiere? Ich spreche immer in der ersten Person. Und was bin ich? Ich bin ein menschliches Wesen.« Sie beharrt auf dem Recht, in einem Interview ganz und gar sie selbst sein zu dürfen, mit ihren Ideen, ihren Eindrücken. Das bestätigt sie einem amerikanischen Kollegen gegenüber: »Hör mal, wenn ich Malerin bin und ein Porträt von dir anfertige, habe ich dann etwa nicht das Recht, dich so zu malen, wie ich will?« Allerdings gibt es auch Regeln: »Ich bemühe mich, all das zu schreiben, was sie mir sagen, und nicht das, was ihnen während des Gesprächs herausrutscht. Und wenn sie zu mir sagen: ›Das, Fallaci, bitte nicht‹, dann schreibe ich es auch nicht. Das ist eine Abmachung, eine Vereinbarung, die man trifft. Wenn nicht, was wären wir dann? Wären wir dann nicht Räuber von Worten? Ich respektiere diese Vereinbarung. Aber ich gebe ihnen das Interview vor der Veröffentlichung nicht zu lesen.«

Orianas Interviews kosten sehr viel Zeit und können zwischen vier und sechs Stunden am Stück dauern: »In dieser Zeit verbrauche ich so viel Energie, dass ich mehr Gewicht verliere als ein Boxer im Ring.« Wenn es möglich ist, wiederholt sie die Begegnung, um die ersten Eindrücke zu bestätigen. Viel Arbeit steckt sie auch in das Verfassen des Artikels. Sie transkribiert alles, was sie auf Band aufgenommen hat, kontrolliert die Übersetzungen mit dem Wörterbuch, wenn es sich um eine Sprache handelt, die sie beherrscht, und montiert dann den Text zusammen wie ein Theaterstück, indem sie Passagen schneidet, zusammenführt und Tempus und Takt bestimmt.

Sie liebt es nicht, wenn ihre Kollegen, besonders in Amerika, sie als Interviewerin loben. Sie selbst betrachtet sich als Schriftstellerin und behauptet, ihre Interviews seien wie Erzählungen, mitsamt Figuren, überraschenden Wendungen, Begegnungen und viel Spannung: »Es sind die Interviews eines Schriftstellers, verfasst mit der Vorstellungskraft eines Schriftstellers, geführt mit dem Einfühlungsvermögen eines Schriftstellers.« Alle Interviews benötigen viel Platz, Seite um Seite, zum großen Kummer des Herausgebers, dem es nicht gestattet ist, sie zu kürzen. Und alle enden mit einer Stellungnahme Orianas, die stets Partei ergreift, ob nun für jemanden oder gegen ihn. Manchmal täuscht sie sich, oder sie geht jemandem auf den Leim. Das geschieht zum Beispiel mit dem palästinensischen Anführer Habash – was sie später auch zugeben wird –, der sie mit seinen Tränen rührt und sie einen Moment lang die Attentate vergessen lässt, für die er verantwortlich ist. Wenn ihr das bewusst wird, gibt sie es öffentlich zu, auch wenn Zeit verstrichen ist. Das ist eines der Risiken, wenn man Journalismus mit solcher Leidenschaft betreibt wie sie: Man kann leicht als unbedarft erscheinen. Das weiß Oriana und hat keine Angst, es zuzugeben: »Unbedarftheit ist eine Gabe, auf die ich große Stücke halte, weil sie in den Menschen Vertrauen schafft, und die Liebe zu anderen Menschen; und eine solche Liebe, ein solches Vertrauen werden in mir geweckt, wenn ich die Menschen leiden sehe.«

Das Interview ist für Oriana eine Begegnung, ein Aufeinandertreffen, und manchmal auch eine Liebesgeschichte. Nie einfach nur ein neutraler Moment. Besonders erhellend ist in dieser Hinsicht ein Austausch mit einem Kollegen, der sie nach ihrer Methode befragt: »›Aber gehst du denn schon von Vorneherein zu den Mächtigen der Welt, um sie schlecht zu behandeln?‹ – ›Nein, natürlich nicht! Ich gehe zu ihnen, um sie zu begreifen.‹ – ›Ohne vorgefasste Meinung?‹ – ›Schon mit einer vorgefassten Meinung, oft, das versteht sich von selbst. Aber da ich ein vernunftgeprägter Mensch bin, kann ich ja meine Meinung ändern.‹« Deshalb mag Oriana es auch nicht, wenn man sie als gefürchtete Journalistin präsentiert: »Sie sind es, die Angst vor mir haben, und das ist schade. Ich brauche einen Partner. Ein Interview ist wie ein Duett in der Oper.«

Die Beleidigung setzt Oriana nicht als Waffe ein. Wenn sie einen heftigen Schlag plant, setzt sie den Interviewten vorher davon in Kenntnis. »Wenn ich eine brutale Frage stellen muss, sage ich vorher immer: Jetzt stelle ich Ihnen eine brutale Frage. Aber ich schreibe es nicht jedes Mal hin, weil es langweilig wäre, es zu lesen. Die Fragen sind brutal, weil die Suche nach der Wahrheit wie die Arbeit eines Chirurgen ist. Und der Schnitt eines Skalpells tut nun mal weh.« Die Aggressivität, die man Oriana oft zum Vorwurf macht, sei für sie einfach nur Mut, erklärt sie einer amerikanischen Journalistin: »Der größte Teil meiner Kollegen hat nicht den Mut, die richtige Frage zu stellen. Ich habe Thiệu, den Diktator von Saigon, gefragt: ›Wie korrupt sind Sie eigentlich?‹«

Orianas Interviews sind nicht immer konträr. Manchmal muss sie auch feststellen, dass sie die Politiker, denen sie begegnet, schätzt. So trifft sie die Begegnung mit Golda Meir, der Ministerpräsidentin Israels, die sie im Oktober 1972 interviewt, wie ein Blitzschlag. Diese ältere Dame, ganz in Schwarz gekleidet, die sie bei sich zu Hause empfängt und ihr einen Kaffee anbietet, als wäre sie eine Freundin der Familie, gefällt ihr vom ersten Moment an. Sie erinnert sie ein wenig an ihre Mutter. »Auch wenn man überhaupt nicht einverstanden mit ihr, mit ihrer Politik, ihrer Weltanschauung ist, kann man doch nicht umhin, sie zu respektieren, zu bewundern, ja, sie zu mögen. Ich mochte sie sofort.« An Golda Meir gefällt Oriana ihr Sozialismus guten alten Stils, die Ehrlichkeit, mit der sie ihre Fragen beantwortet, und ihre zutiefst feminine Art. Beide entdecken, dass sie vieles gemeinsam haben. Wie Oriana raucht Golda wie ein Schlot und ernährt sich hauptsächlich von Kaffee. Wie Oriana lebt sie allein und arbeitet seit ihrer Jugend hart. Wie Oriana hasst sie Gewalt. Besonders weiß Oriana eine ihrer Antworten zu diesem Thema zu schätzen: »Der Krieg ist eine riesige Dummheit. Ich bin überzeugt davon, dass es eines Tages keine Kriege mehr geben wird. Ich bin überzeugt davon, dass eines Tages die Kinder in der Schule die Geschichte der

Menschen, die Kriege führen, so studieren werden, wie man eine Absurdität betrachtet. Sie werden sich darüber wundern, sie werden sich darüber empören, so wie man sich heute über den Kannibalismus empört.« Oriana findet nichts an ihr auszusetzen, nicht einmal ihr Aussehen: »Viele Leute behaupten, Golda sei hässlich, und ziehen sie mit gemeinen Karikaturen durch den Kakao. Pah! Ganz gewiss liegt Schönheit im Auge des Betrachters, aber ich finde ihr Gesicht schön.«

Eine andere Frau, die sie sehr beeindruckt, ist die Premierministerin von Indien, Indira Gandhi. Auch mit ihr hat Oriana so manches gemeinsam. Beide sind im Schatten eines heldenhaften Vaters und im kulturellen Umfeld des Sozialismus aufgewachsen. Sie trifft Gandhi im Februar 1972 in Neu Delhi, im Regierungspalast. Ihr gefällt ihr nüchternes Auftreten, der schlanke Körper, der in einen Sari gehüllt ist, die Haare, schlicht im Nacken zusammengefasst. Vor allem aber gefällt Oriana ihre informelle Art. Zwei Tage nach dem Interview stellt sie fest, dass ihr noch Material fehlt, und sucht sie zu Hause auf, um sie um ein weiteres Treffen zu bitten: »Ich klingelte an der Tür, die Sekretärin machte mir auf, und ich fragte sie, ob die Premierministerin mir eine weitere halbe Stunde gewähren würde. Die Sekretärin antwortete: ›Schauen wir mal‹, entfernte sich und kam mit Indira zurück. ›Na los, machen Sie es sich bequem, wir trinken einen Tee.‹ Wir nahmen in ihrem Wohnzimmer Platz, das auf den Garten hinausging, und redeten noch einmal eine Stunde.« Oriana stellt Gandhi unangenehme Fragen, so wie sie es auch bei Golda Meir getan hat. Zum Beispiel, ob es stimme, dass es die Inder gewesen seien, die in Bangladesch mit den feindlichen Handlungen begonnen hatten; wie sie sich als Mensch, der zur Gewaltlosigkeit erzogen worden war, dabei fühle, wenn sie von Krieg redete; oder wie sie die Anti-Bündnis-Politik mit dem

Vertrag vereinbaren könne, den Indien ein Jahr zuvor mit der Sowjetunion unterzeichnet hatte. Als Oriana 1975 nach Indien zurückkehrt, nach der Ausrufung des Ausnahmezustands durch Indira Gandhi, erklärt sie, wie enttäuscht und schockiert sie von dem sei, was sie sehe. Dennoch bleibt die Tatsache, dass ihr in der Politik die Frauen lieber sind: »Vor allem sind sie nicht arrogant. Sie sind viel bescheidener, viel schlichter. Sie spielen einem nichts vor. Sie haben mehr gesunden Menschenverstand und sind ausgewogener. Und ganz gewiss sind sie menschlicher.«

Außer wenn der Interviewte etwas dagegen hat, benutzt Oriana immer ein Aufnahmegerät. Dieses Gerät, das zu Beginn ihrer Karriere noch so sperrig war wie ein Koffer, mit den Jahren aber immer besser zu handhaben ist, wird ihr zum kostbaren Verbündeten. Es erlaubt ihr, sich auf das Verhalten ihres Gesprächspartners zu konzentrieren und später einen Beweis dafür zu haben, was gesagt wurde. »Wenn ich mir mit Bleistift Notizen machte, konnte ich dem Menschen, mit dem ich sprach, nicht ins Gesicht schauen. Ich kritzelte Zeug, das ich später nicht mehr lesen konnte. Und mein Gedächtnis ist nicht besonders gut«, erklärt sie. Amüsiert erzählt sie, bei welchem Interview sie das Gerät zum allerersten Mal benutzt hat. Das war mit Ingrid Bergman im Jahre 1956. »Damals musste ich es mieten, und es war ein Riesending. Als ich dann vor ihr saß, war mein Kopf auf einmal ganz leer. Dann stellte ich die erste Frage und wurde rot. Ingrid Bergman antwortete, und obwohl sie Schauspielerin war, errötete auch sie und fragte mich: ›Alles okay so?‹, Und ich: ›Ach, ich weiß nicht, wird schon gehen.‹ Aber mit der Zeit wurde mir das Ding immer vertrauter.«

»Wenn ich zu den Menschen gehe, die ich interviewe, bin ich schrecklich ernst. Ich kleide mich so wenig aufreizend wie nur möglich, bin oft schlecht gekämmt, benutze keinen Lippenstift. Das ist nicht nur eine Frage der Berufsehre, sondern, sagen wir, eine politische Entscheidung, eine Form von fortgeschrittenem Feminismus.« Oriana weiß, dass ihr angenehmes Äußeres ihr zugutekommt, doch sie hat auch ihre Regeln, die sie nicht bricht: »Ich bin eine Frau. Das hilft. Ich ziehe praktisch alle Register – ich mache eine Szene, ich brülle –, aber um einen Scoop zu landen, gehe ich nicht mit jemandem ins Bett.« Von ihrer Weiblichkeit nutzt sie lieber das, was man sprichwörtlich den sechsten Sinn nennt: »Ich habe Instinkt. Ich spüre wirklich die Personen, die ich interviewe. Ich kann mich in sie und ihre Gefühle hineinversetzen. In gewisser Hinsicht bin ich da ein bisschen wie eine Hexe.« Wenn es das Protokoll ihr nicht verbietet, raucht sie während des Interviews und freut sich, wenn sie dem Interviewten eine Zigarette anbieten kann. Manchmal dient das dazu, das Eis zu brechen, wie bei Makarios, dem zypriotischen Präsidenten im Exil, der kurz zuvor aufgehört hat zu rauchen. »Ich fragte ihn, ob ich mir eine Zigarette anzünden dürfe. Mit einem Seufzer der Erleichterung antwortete er: ›Kann ich auch eine haben? Ich habe gerade ein furchtbares Verlangen danach.‹«

Alle politischen Persönlichkeiten von Belang aus jenen Jahren sitzen früher oder später vor ihrem Mikrofon: der Schah von Persien, Mohammed Reza Pahlavi, Norodom Sihanouk von Kambodscha, Kaiser Haile Selassie von Äthiopien, Kurt Waldheim von den Vereinten Nationen, Mário Soares und Álvaro Cunhal im von der Diktatur befreiten Portugal, Scheich Ahmed Zaki Yamani in Saudi-Arabien, Santiago Carrillo im Exil vom Franco-Regime in Spanien. Ihnen allen stellt Oriana schwierige Fragen, ungeachtet möglicher Konsequenzen. Das ist ihre Vorstellung von ihrer Arbeit: »Journalisten beschränken sich nicht darauf, von Ereignissen zu berichten. Sie erschaffen Ereignisse. Oder sie provozieren sie wenigstens. Wenn ich einen politischen Anführer interviewe und ihm gewisse Fragen stelle, erhalte ich gewisse Antworten und rufe ein Ereignis hervor, um das es hinterher Diskussionen geben wird. Und das hat möglicherweise auch politische Konsequenzen.«

1972 verursacht Oriana zum Beispiel einen diplomatischen Zwischenfall zwischen Pakistan und Indien. Ali Bhutto, der Premierminister Pakistans, bestellt sie in sein Land. Er hat ihre Interviews mit verschiedenen asiatischen Führungspersönlichkeiten gelesen und möchte in ihrer illustren Personengalerie nicht fehlen. Oriana bleibt sechs Tage bei ihm und bereist verschiedene Provinzen des Landes. Sie provoziert ihn, indem sie ihm das widergibt, was seine alte Erzfeindin, Indira Gandhi, über ihn gesagt hat: »Dass Sie ein unausgeglichener Mensch sind, der heute das anpackt und morgen jenes, sodass man nie kapiert, was in seinem Kopf vorgeht.« In dem Artikel gibt sie auch wieder, was Bhutto umgekehrt von Indira Gandhi hält: »Über die denke ich gar nicht nach. Ich halte sie für eine mittelmäßige Frau mit mittelmäßiger Intelligenz.« Indira, die eine offizielle Reise nach Pakistan plant, sagt diese gekränkt ab. Erst nach vielen diplomatischen Bemühungen von beiden Seiten wird der Konflikt beigelegt und das Treffen der beiden Staatsoberhäupter bestätigt.

Mit den Mächtigen ist Oriana fast immer streng, so wie sie es viele Jahre zuvor mit den Filmstars war. Schrecklich findet sie den alten Kaiser von Äthiopien, Haile Selassie: »Er war senil, arrogant und wenig intelligent. Frauen verachtete er. Selbst wenn ich den wichtigsten Mann der Welt treffe, trage ich Hosen. Doch dort sagte man mir, in einer Hose könne ich Seine Majestät nicht treffen. Zu Beginn antwortete ich: ›Können Sie Seiner Majestät bitte sagen, dass ich entweder nackt komme oder in einer Hose?‹« Jean-Claude Duvalier, der von seinem Vater François gerade den Posten als Diktator von Haiti übernommen hat, bezeichnet sie als Idioten: »Statt auf meine Fragen zu antworten, las er irgendwelche blöden Sätze vom Papier ab, die jemand ihm aufgeschrieben hatte, und ich verlor die Geduld: ›Hören Sie, ich habe keine Zeit zu verlieren. Ich gehe. Diese Situation hier ist mir zu blöd. Und Sie sind es auch.‹ Mujibur Rahman, den Premierminister des unabhängigen Bangladesch, der laut ihrer Beschreibung während des Interviews auf dem Sofa herumliegt und offenbar nur sinnloses Zeug von sich geben will, bezeichnet sie als verrückt. Als sie ihn dann nach den Massakern an Oppositionellen fragt, die seine Leute einige Monate zuvor verübt haben, platzt das ganze Interview. Der Artikel, den sie an ihre Zeitung schickt, endet mit den Worten: »Lieber Herausgeber. Ich war in Dakha, so wie du es angeordnet hattest. Doch es wäre mir lieber gewesen, du hättest mich nicht geschickt. Diesen Mujib kann man nicht ernst nehmen. Und es wäre auch keine ernstzunehmende Angelegenheit, über ein Interview mit ihm zu schreiben. Und so schreibe ich nicht darüber. Um dich davon zu überzeugen, schicke ich dir meine Notizen. Mach damit, was du willst. Liebe Grüße.«

Im Allgemeinen sind Oriana Menschen, die Macht ausüben, nicht sympathisch, weil die Macht ihr nicht sympathisch ist. Außerdem hat sie ihre eigenen Ansichten, die in den Interviews immer zutage treten. Sie glaubt an die soziale Gerechtigkeit, vereint mit der Demokratie, und sie glaubt an die Freiheit. Sie lehnt jegliche Diktatur ab, sei sie nun von rechts oder von links, und auch jede Theokratie, ganz gleich, welcher Religion sie nun entspringt: der Orthodoxie wie auf Zypern oder dem Islam wie in Saudi-Arabien. Nachdem sie ihn tagelang überallhin begleitet hat, wendet sie sich so an den Ölminister von Saudi-Arabien: »Yamani, hat Ihnen eigentlich nie jemand gesagt, dass Sie ein echter Reaktionär sind?« Zur gleichen Zeit zeigt sie bei ihren Interviews eine solche mentale Freiheit, dass alles passieren kann; zum Beispiel, dass Santiago Carrillo, der Generalsekretär der Kommunistischen Partei Spaniens, sie regelrecht erobert: »Carrillo ist ein außergewöhnlicher Mann: weil er ein Ketzer ist, weil er intelligent ist, und weil er ein sehr guter Mensch ist. Wenn man ihn so hörte, fragte man sich, ob es nicht doch zufällig stimme, dass Intelligenz und Güte ein und dieselbe Sache sind.«

Bei jedem Interview teilt Oriana ihre Gedanken mit den Lesern, und wenn es geht, auch mit dem Interviewten, wodurch sie einen sehr persönlichen Stil kreiert, der das Öffentliche mit dem Privaten mischt, das Seriöse mit dem Fabulierten. Den deutschen Bundeskanzler Willy Brandt fragt sie, ob er an die europäische Einheit glaube, aber auch, ob er denn jemals weine. Den kambodschanischen König im Exil, Sihanouk, fragt sie, ob er jemals versucht habe, mit Kissinger zu reden, aber auch, ob er denn noch Saxofon spiele. Sie ist impulsiv und zutiefst theatralisch. Geschickt setzt sie sich bei dem Artikel in Szene, doch zugleich vergisst sie nie ihre Leser und versucht Fragen zu stellen, die auch der einfache Mann auf der Straße stellen würde. Kurt Waldheim, den Generalsekretär der Vereinten Nationen, fragt sie in Bezugnahme auf die fünf ständigen Mitglieder im Sicherheitsrat: »Und die Fünf spielen mit den Vetos herum – hier ein Veto, da ein Veto … Halten Sie das mit dem Veto denn wirklich für eine seriöse Sache?«

Wenn ihr jemand nicht zusagt, dann macht sie daraus den Lesern gegenüber keinen Hehl, ebenso wenig, wenn ein

Mensch sie ratlos macht. Nach einem langem Interview mit dem Schah von Persien gesteht sie: »Ich blieb fast zwei Stunden und versuchte aus Seiner Majestät schlau zu werden. Dann, als mir allmählich Zweifel kamen, ob ich überhaupt etwas begriffen hatte, bat ich, ihn noch einmal sehen zu dürfen.« Oriana ist beeindruckt von den strengen und kontrollierten Manieren des Schahs, hinter denen er sich verschanzt wie hinter einem Schild, und fragt ihn schließlich: »Aber lachen Sie denn nie, Majestät?« Selbst bei diesem Monarchen, der nie lächelt und mitten in seinem mit Gold vollgestopften Palast sitzt, gelingt es ihr, die Methode Fallaci mit Erfolg anzuwenden, indem sie ihm einerseits sehr explizite Fragen stellt (»Wie viele politische Gefangene gibt es heute im Iran?«) und andererseits Fragen, die ihn aus dem Konzept bringen (»Warum sind Sie so traurig, Majestät?«). Auf diese Weise entlockt sie ihm unzensierte Dinge, zum Beispiel die Verachtung, die er für intelligente Frauen hegt, die mystischen Visionen, von denen er behauptet, sie im Schlaf zu haben, oder sogar die Ankündigung, der Ölpreis werde ums Zehnfache steigen – eine explosive Nachricht, welche die iranische Botschaft in Italien vergebens zu dementieren versucht.

Mehrere berühmte Persönlichkeiten, darunter Fidel Castro und Papst Johannes Paul II., weigern sich, von Oriana interviewt zu werden. Wenn man einige Notizen aus ihrem Nachlass liest, kommt einem der Gedanke, ihre Vorsicht sei durchaus angebracht gewesen. So finden sich in dem Dossier, das sie zu Castro angelegt hatte, Fragen wie: »Stimmt es, dass Sie die Amerikaner nicht ausstehen können?« – »Warum lassen Sie so viele Ihrer Soldaten bei Kriegen im Ausland umkommen?« – »Früher waren Sie verfolgt, und jetzt verfolgen Sie selbst!« Noch überraschender lesen sich die Anmerkungen, die Oriana für ein Interview mit Johannes Paul II. vorbereitet hatte und unter denen viele Fragen an der Grenze zur Beleidigung sind: »Eines kapiere ich einfach nicht: Sie fordern von den Priestern in Südamerika, sich nicht politisch zu engagieren, aber für die Priester in Polen gilt das nicht?« – »Was denken Sie über die Inquisition?« – »Warum ist die Kirche bloß so besessen vom Thema Sex?« – »Sie haben nicht die engelsgleiche Aura eines Papstes: Auch Ihre Füße sind die Füße eines Menschen, ebenso wie Ihre Stimme. Was hat Sie dazu gebracht, auf Ihr Schicksal als Mann zu verzichten?« – »Darf man fragen, ob ein Papst jemals verliebt war? Warum nicht? Das würde ich sogar Jesus Christus fragen …«

Bei einem Interview gelingt es ihr nie, sich selbst zu vergessen. Die Begegnung mit William Colby, dem CIA-Chef, gerät fast sofort zu einem Streitgespräch, als Oriana gegen die amerikanische Einmischung in die italienische Politik protestiert. »Ich möchte eines von Ihnen hören: Geben Sie endlich zu, dass Italien ein unabhängiger Staat ist und keine Bananenrepublik, keine Ihrer Kolonien!« Schon seit geraumer Zeit hat sich Orianas Bewunderung für die Vereinigten Staaten in offene Kritik verwandelt. Bei einem Vortrag, den sie 1975 im Overseas Press Club in New York hält, wettert sie gegen die amerikanische Besessenheit von der kommunistischen Gefahr: »Tatsache ist, dass ihr in Amerika so unerträglich ignorant seid, was die europäische Politik angeht. Wenn ich mit euch über den Kampf spreche, der in Ländern wie Portugal zwischen den Sozialisten und den Kommunisten geführt wird, ebenso wie in Frankreich oder Italien oder Deutschland, dann merke ich irgendwann, dass ihr keinen blassen Schimmer habt, wovon ich eigentlich rede. Bestenfalls schaut ihr mich erstaunt an und fragt: ›Aber sind denn Sozialisten und Kommunisten nicht ein und dasselbe?‹ Für den Mann auf der Straße lasse ich das noch durchgehen. Europa ist weit weg. Aber eure Politiker? Was lesen die denn eigentlich in der Zeitung? Mickymaus?«

Was die italienische Politik angeht, ist Oriana besessen von der Gefahr eines Wiedererstarkens des Faschismus und empört darüber, dass die neofaschistische Partei *Movimento Sociale Italiano* im Parlament vertreten ist. »Die Faschisten stellen nicht unser einziges Übel dar, aber sie sind die finsterste Projektion unserer Verantwortungslosigkeit, unseres Mangels an Ernsthaftigkeit. Durch meine Arbeit bin ich oft fern meiner Heimat, und jedes Mal, wenn ich wieder in Italien bin, stelle ich fest, dass alles schlimmer geworden ist. Moralisch, materiell. So, als würde man jemandem dabei zusehen, wie er eine abschüssige Straße hinunterrollt.« Zwischen Ende 1973 und 1974 führt Oriana im Auftrag des *Europeo* und auf spezielle Bitte des Herausgebers – der Orianas besondere Methode, die mittlerweile weltberühmt ist, auch auf Politiker seines Landes angewandt sehen möchte – eine Reihe von Interviews mit Führungspersönlichkeiten Italiens.

Den Auftakt macht Sandro Pertini, der damals Präsident des Abgeordnetenhauses ist und Oriana mit seinem antifaschistischen Hintergrund im Sturm erobert; als junger Mann war er fast fünfzehn Jahre in Haft, zwischen Zuchthaus und Verbannung. »Mit Sandro Pertini führt man kein Interview. Man hört ihm zu. In den sechs Stunden, die ich mit ihm verbracht habe, ist es mir gerade eben gelungen, ihm vier oder fünf Fragen zu stellen oder zwei oder drei Bemerkungen zu machen. Und doch waren es sechs Stunden purer Verzauberung.« Dann sind andere an der Reihe. Der Kommunist Giorgio Amendola, den sie schätzt, aber dennoch fröhlich neckt, indem sie ihn wie folgt begrüßt: »Zuallererst meinen

Glückwunsch, ehrenwerter Amendola. Ich habe Ihr Buch gelesen, und stellen Sie sich vor, es hat mich nicht gelangweilt! Bitte um Entschuldigung, aber normalerweise seid ihr Kommunisten doch sooo langweilig!« Der Liberale Giovanni Malagodi, den sie als kalten Snob schildert, der sie unbedingt dazu bringen will, einen Whisky zu trinken, der nach Medizin schmeckt. Der Christdemokrat Giulio Andreotti, den sie als schlauen Zeitgenossen schildert, der nie die Fassung verliert, nicht einmal, als sie ihm respektlose Fragen stellt: »Hören Sie, Andreotti, haben Sie jemals darüber nachgedacht, Priester zu werden?« – »Können Sie mit den Faschisten überhaupt reden?« – »Sind Sie eigentlich immer so kontrolliert?« Der Christdemokrat Giovanni Leone, den sie als Männchen beschreibt, das sich hinter dem viel zu großen Schreibtisch des Präsidenten der Republik winzig klein ausnimmt und sie mit folgenden launigen Worten begrüßt: »Meine Tochter, siehst du, in welche Schwierigkeiten ich hier geraten bin?« Und schließlich der Sozialist Pietro Nenni, dem sie mehrere Tage zuhört – bei ihm zu Hause, wo er sich nach dem Essen ein kleines Mittagsschläfchen gönnt und erst am Nachmittag weitergemacht wird, bis es Abend wird, seine Haushälterin das Zimmer betritt und die beiden ausschimpft: »Und jetzt? Sind wir eigentlich nur zum Plaudern da oder was?«

Viele kritisieren Oriana für ihre Interviews, weil sie sie als zu provokant empfinden. Mancher macht ihr den Vorwurf, Dinge dazuzudichten, die Wirklichkeit abzuändern, doch die Vorwürfe lassen sich nie beweisen. Selbst Kissinger verkündet nach ihrem Tode: »Sie war eine große Italienerin. Die Quintessenz meiner Antworten in jenem Interview war richtig.« Auch François, der während der Zeit der politischen Interviews noch an ihrer Seite war, nimmt sie in Schutz: »Wer sie kritisierte, befand sich vollkommen im Unrecht. Ich war bei einigen der Interviews dabei, und sie verrichtete ihre Arbeit mit größter Professionalität. Sie machte sorgfältig ihre Aufnahmen und arbeitete danach stundenlang am Text. Hinter jedem Interview steckte jede Menge Arbeit, doch sie blieb immer der Wahrheit treu. Niemand war so gut wie sie.« Er erinnert sich, dass ihre Interviews einzigartig waren, persönlich und ganz anders als das, was man damals in den Zeitungen zu lesen bekam: »Wenn sie diese Mächtigen vor sich hatte, ließ sie sich nie von der Meinung anderer beeinflussen: Sie war allein mit ihrem Aufnahmegerät. Und sie hatte eine unvergleichliche Fähigkeit, die Schwächen und Eitelkeiten dieser Personen ans Tageslicht zu bringen.«

Oriana und François empfinden eine tiefe Bewunderung füreinander. Während er sagt, als Interviewerin könne ihr niemand das Wasser reichen, macht sie keinen Hehl daraus, dass sie ihn als Profi überaus schätzt und sich ihm ebenbürtig fühlt. Während ihrer Beziehung ist François jahrelang quasi das absolute Paradigma eines Mannes gewesen. Daher rührt auch ein halbes Jahrhundert später François' Irritation über den Titel *Un uomo*[33], den Oriana dem Roman gibt, den sie zu Ehren von Alexandros (Alekos) Panagoulis schreibt: »Ich dachte immer, dieser Titel sei Orianas Rache an mir, eine Art Bosheit. Als wollte sie mir sagen: Siehst du, schau nur, *das* ist ein Mann. Ich glaube, sie hat es getan, um mich zu provozieren.«

16

Ein Held

Oriana und Panagoulis lernen sich am 23. August 1973 kennen. Er ist in Griechenland gerade aus dem Gefängnis entlassen worden. Sie soll ihn für den *Europeo* interviewen und schiebt das Zusammentreffen zwischen einen Besuch bei den Eltern in Italien und eine Reise nach Bonn, wo sie Bundeskanzler Willy Brandt interviewen soll. Oriana hat Panagoulis ein Telegramm geschickt, um ihn von ihrer Ankunft in Kenntnis zu setzen, und ein Flugzeug nach Athen genommen, ohne auf eine Bestätigung zu warten. Mittlerweile ist sie *die Fallaci.* Ihr Name öffnet alle Türen. Allerdings hat sie sich bis zu jenem Tag nie mit dem Fall Panagoulis beschäftigt. Als Panagoulis am 13. August 1968 vergeblich versucht hatte, den Chef der griechischen Militärjunta, Georgios Papadopoulos, mit einer Bombe in die Luft zu sprengen, war Oriana gerade in Vietnam. Und als Panagoulis am 17. November desselben Jahres zum Tode und später zu einer Gefängnisstrafe verurteilt wurde, war sie nach der Schießerei in Mexico City gerade mit ihrer Genesung beschäftigt. In Orianas Unterlagen finden sich keinerlei Hinweise darauf, dass sie sich mit dem dramatischen Leben von Panagoulis beschäftigt hatte, auch nicht in ihren Artikeln. In jenen Jahren scheint Griechenland außerhalb ihrer Interessen zu liegen.

Und warum hat dann das Schicksal bei dieser Begegnung so deutlich seine Hände im Spiel? Weil es wirklich eine große Liebe sein wird? Oder weil Orianas Arbeit die Krönung von

Jahren des militanten Journalismus ist und sich in Panagoulis die Heldenfigur herauskristallisiert, die immer im Mittelpunkt von Orianas Vorstellungswelt stand? Wahrscheinlich liegt die Wahrheit irgendwo in der Mitte. Jahre später wird Oriana nicht verbergen, dass es sich bei ihr vor allem um eine Liebe handelte, die sich im Kopf abspielte.

Sie begegnet Panagoulis im Moment einer tiefen Krise. Gerade hat sie auf dramatische Weise ihre langjährige Beziehung zu François beendet, und sie spürt, dass auch die Lust am journalistischen Arbeiten allmählich am Versiegen ist. Erst kurz zuvor hat sie in einem Interview erklärt: »Ich habe genug vom Krieg. Kürzlich habe ich in Indien eine Reportage geschrieben, die sehr kalt war. Es besteht das Risiko, dass ich mich wiederhole. Ich kann nicht tausend Mal über Vietnam schreiben. Und ich kann nicht immer die sein, die in den Krieg fährt. Ich bin unzufrieden. Ich habe Lust, etwas ganz Neues zu sehen.«

Inspiriert von François hat Oriana begonnen, einen Liebesroman zu schreiben, diese Arbeit jedoch wieder unterbrochen, weil sie nicht in der Lage war weiterzuschreiben. Alexandros Panagoulis – Alekos, wie ihn Verwandte und Freunde nennen –, der junge, einsame griechische Held im Kampf gegen die Diktatur, bietet ihr eine neue Aufgabe, ein neues Anliegen. Er ist jemand, mit dem sie sich zutiefst identifizieren kann, und auch einer, mit dem sie eine große Liebe leben kann, um den herum sie den Roman gestalten kann, von dem sie träumt. »Alekos war wie ich, nur als Mann«, wird sie eines Tages sagen, als alles vorbei sein wird.

Oriana kommt sorgfältig vorbereitet zum Interview. Sie hat sich mit Alekos' Geschichte und der Legende seiner außergewöhnlichen Willensstärke gegenüber seinen Kerkermeistern und Folterknechten beschäftigt: Fünf Jahre hat er im Gefängnis gesessen, ohne irgendetwas zuzugeben, nicht einmal unter der schrecklichsten Folter. Dieser Mann verkörpert alles, woran sie glaubt: physischen wie auch moralischen Mut, die Besessenheit von der Freiheit, den Kampf gegen die Obrigkeit. Als das Taxi sie vor seinem Haus absetzt, findet sie das Gebäude voller Verwandter und Freunde vor, die ihn besuchen. Auf der Straße kontrollieren Polizisten in Zivil diejenigen, die kommen und gehen. Die Menge teilt sich vor der berühmten Journalistin, die von so weither gekommen ist, um den Helden des griechischen Widerstandes zu treffen. Oriana trägt eine Hose und eine geblümte Bluse, ihre Haare fallen offen auf die Schultern. Alekos ist zehn Jahre jünger als sie, sieht aber – nach alldem, was er durchgemacht hat – sehr alt aus. Im Vergleich zu ihm wirkt Oriana wie ein kleines Mädchen. Und so wird er sie bald auch nennen – auf Griechisch *alitaki,* was so viel heißt wie »kleiner Frechdachs«.

Als Alekos sie erblickt, steht er ruckartig auf, geht ihr entgegen, um sie zu umarmen, und ruft auf Italienisch: »Ciao! Du bist gekommen!« Oriana weiß noch nicht, dass er ein Bewunderer von ihr ist, dass er im Gefängnis viele ihrer Artikel gelesen und Italienisch gelernt hat. Er hat sogar einen Freund mit einem Strauß Rosen an den Flughafen geschickt, damit er sie abholt, doch dieser hatte Oriana nicht gefunden und war unverrichteter Dinge wieder zurückgekehrt.

Alekos ist ein aufgewühlter, verletzter Mann, der Oriana sofort in ihrem tiefsten Inneren berührt, wie sie Jahre später in einem Interview schildern wird: »Es ist etwas zwischen uns passiert, als ich jenes Zimmer betrat und diesen Mann sah, der mir lächelnd und mit offenen Armen entgegenkam. Damals war er nicht der gutaussehende Junge, den ihr getroffen habt, als ich ihn dann mit nach Italien nahm, der sich erholt hatte, der Sonne und Sauerstoff getankt und den man mit gutem Essen aufgepäppelt hatte. Man hätte nicht einmal sagen können, er sei blass: Sein Gesicht hatte die Farbe von Asche mit grünlichen Schattierungen und tiefen violetten Ringen unter den eingesunkenen Augen. Gewiss war es keine körperliche Anziehung, die er auf mich ausübte. Vielmehr erkannte ich in ihm einen dieser vielen Menschen, die ich überall auf der Welt kannte: Menschen, die ihr Leben für ein Ideal gegeben hatten und für dieses Ideal unmenschliche Qualen und Jahre im Kerker erlitten hatten, oft genug auch den Tod.«

Oriana lässt sich von Alekos umarmen und versucht dann ihre Aufregung zu überspielen, indem sie das Aufnahmegerät auf den Tisch stellt und beginnt, Fragen zu stellen. Er antwortet mit ruhiger Stimme. Das ist das Erste, was ihr auffällt: Er hat eine sehr schöne Stimme. Nach seinem Tod wird sie sagen: »Ich kann mir seine Fotos anschauen. Sogar die Fotos seines Leichnams. Ich kann seine Kleidungsstücke berühren, sie anziehen. Dieses Hemd hier zum Beispiel ist aus einem seiner Hemden geschneidert. Ich kann mich an seinen Pfeifen zu schaffen machen, seinen Unterlagen, Sachen, die ihm gehört haben. Aber es gibt zwei Dinge, die ich nicht kann: mir einen Film von ihm anschauen, und seine Stimme hören. Diese wunderschöne kehlige, tiefe Stimme, die dir mitten ins Herz ging wie ein Messer. Ich habe Angst davor, sie wieder zu hören. Weil er tot ist und seine Stimme lebt.« Das Interview dauert mehrere Stunden. Gelegentlich bringt Alekos' Mutter Kaffee herein. Alekos hat seine Pfeife zwischen den Zähnen, in den dramatischsten Momenten des Interviews kaut er darauf herum. Seine Geschichte beginnt sich vor Oriana zu entfalten, und am Ende wird sie sie erobert haben.

Alekos stammt aus einer Familie von Helden. Sein Vater wurde im Krieg mehrfach mit Orden ausgezeichnet. Wie er gehörten auch Alekos' Brüder der Widerstandsbewegung gegen die Diktatur an: Der jüngere, Stathis, hat lange Zeit im Gefängnis verbracht, der ältere, Georgios, ist von dem Schiff verschwunden, das ihn als Häftling zurück in die Heimat bringen sollte. Ob er von seinen Schergen über Bord geworfen wurde oder bei einem Fluchtversuch ums Leben kam, war nicht zu erfahren: Seine Leiche wurde nie gefunden. Jedes Mal, wenn im Hafen von Piräus ein Toter angeschwemmt wird, ruft man Alekos' Mutter Athena an, damit sie ihn identifiziert. Doch sie hebt nur das Leichentuch und sagt: »Nein, das ist nicht Georgios.« Von ihren Söhnen, die kämpfen und sich niemals beugen, sagt sie: »Bäume sterben aufrecht.«

Nach seiner Verhaftung wegen des gescheiterten Attentats auf Papadopoulos wird Alekos mehr als zwei Monate lang im Hauptquartier der Esa, der Militärpolizei, gefoltert, wo den ganzen Tag ein Motor läuft, damit man die Schreie der Gefangenen nicht hört. Man will von ihm hören, dass er Hilfe aus dem Ausland hatte, und er soll die Namen seiner Genossen preisgeben. Alekos sagt kein Wort; wenn er spricht, dann verflucht er seine Folterknechte. Von Anfang an mobilisiert er all seine Kräfte, um den Misshandlungen zu widerstehen. Doch die Schergen hätten alle erdenklichen Mittel zur Verfügung, erklärt Alekos Oriana während des Interviews, und die Zeit sei ihre schlimmste Waffe: »Mit der Zeit gibt das Opfer nach. Deshalb muss das Opfer, um nicht zu verlieren, diese Waffe Zeit außer Gefecht setzen, muss mit einem Gegenangriff reagieren, der den normalen Ablauf des Spiels behindert. Hungerstreik, Durststreik, Aggressivität, das heißt mit Gewalt auf Gewalt zu reagieren, damit sie dich noch härter schlagen und du irgendwann ohnmächtig wirst.«

Alekos' Gefangenschaft ist der lange Kampf eines einzelnen Mannes gegen alle. Zum Tode verurteilt, lässt man ihn drei

Nächte lang auf die Exekution warten, die immer wieder verschoben wird. Die Welt hat begonnen, sich für seinen Fall zu interessieren. Die Militärjunta weiß nicht, ob sie ihn töten und damit zum Helden machen, oder ob die Todesstrafe in Zuchthaus umwandeln soll. Am Ende entscheidet sie sich für Letzteres und überführt ihn in den Kerker von Boiati, wo Alekos fünf Jahre unter unmenschlichen Bedingungen sein Leben fristen wird, abgetrennt von den anderen, in einer Zelle, die speziell für ihn errichtet wurde: ein Zementkubus mitten im Gefängnishof, drei mal zwei Meter, mit einem einzigen winzigen Schlitz, durch den Licht hereinfällt. Klein wie eine Gruft, wird Oriana später sagen, als sie das Gefängnis nach seinem Tode besucht.

Am 19. August 1973 wird Alekos im Zuge einer Generalamnestie freigelassen. Nur wenige Tage später empfängt er Oriana, die er schon seit geraumer Zeit bewundert. Er weiß, dass sie die bedeutendste Journalistin Italiens ist, und eine Frau, die ihren Beruf betreibt wie jemand, der in den Krieg zieht: mit großem Mut. Und so ist ihre Begegnung in Orianas Erinnerung eine Art Wiedererkennen: »Mit Bedauern fragtest du mich: ›Warum sind wir uns nicht früher begegnet? Wo warst du, als ich die Minen gelegt habe, als sie mich gefoltert haben, als der Prozeß gegen mich geführt wurde, als man mich zu Tode verurteilte und mich in die Gruft einschloß?‹ Mit Bedauern antwortete ich: ›In Saigon, Hanoi, Phnom Penh, Mexiko, São Paulo, Rio de Janeiro, Hongkong, La Paz, Cochabamba, Amman, Dacca, Kalkutta, Colombo, New York.‹«[34]

Das Interview endet um drei Uhr nachts. Oriana bleiben nur wenige Stunden, um sich in dem Bett, das ihr Alekos' Familie zur Verfügung stellt, auszuruhen, bevor sie wieder zum Flughafen muss. Ihre Verpflichtungen für die Zeitung verlangen ihre Anwesenheit in Bonn. Sie schläft wenig, betrachtet die Dinge im Zimmer. Besonders beeindruckt sie ein Kinderfoto von Alekos: der schmächtige Körper, die kurze Hose, die viel zu groß für ihn ist, doch er hat bereits den finsteren Gesichtsausdruck eines Menschen, der sich nicht beugt. Dieser Mann wirft sie in einer Weise aus der Bahn, die sie noch nicht so recht begreifen kann. Auch Alekos findet anscheinend keinen Schlaf. Die ganze Nacht hört sie ihn im Haus herumlaufen. Einen Moment lang hat sie den Eindruck, er lege die Hand auf die Klinke der Tür ihres Zimmers, unsicher, ob er eintreten soll oder nicht.

Orianas erste Reaktion auf die starken Gefühle, die Alekos in ihr weckt, ist Flucht. »Als ich ihn gesehen habe, dachte ich: ›O Gott, da haben wir's. Es ist passiert, es passiert.‹ Doch sogleich kamen mir auch Zweifel, ja, Angst. Ich bin abgehauen und hab mir gesagt: ›Bitte nicht! Bit-te nicht!‹« Am Tag darauf besteht Alekos darauf, sie im Taxi zum Flughafen zu bringen. Er nimmt ihr das Versprechen ab, dass sie ihn sobald wie möglich wieder besuchen kommt. Es vergehen nur wenige Tage, als sie einen Anruf von ihm erhält. Sie wird schnell begreifen, dass Alekos es liebt zu telefonieren. Begeistert schreit er in seinem drolligen Italienisch in den Hörer: »Ich bin's! Das bin ich!«

In Orianas Nachlass ist auch der wahrscheinlich erste Brief von Alekos erhalten, ein Brieflein mit dem Datum vom 4. September 1973, zehn Tage nach dem Interview. Alekos schlägt darin einen vordergründig scherzhaften Ton an und fragt sich, ob das wirklich sie gewesen sei, die ihm zwei Drähte gestohlen habe, um die Pfeife zu reinigen, die er jetzt nicht mehr finden könne. Doch am Ende des Schreibens findet sich auch ein kurzes Gedicht, das er für sie geschrieben hat: »Gelächter des Lebens / Ferne Freuden / Gedanken an Liebe / Leuchtende Momente.« Als Oriana kurz darauf erfährt, dass er ins Krankenhaus eingeliefert wurde, kehrt sie auf der Stelle nach Athen zurück. Sie macht sich Sorgen. Körperlich hat Alekos sehr unter der Haft und der Folter gelitten. Sein Körper ist voller Narben. Ab und zu entdeckt er eine neue und fragt sich: Und wann haben sie mir die zugefügt?

Als sich bestätigt, dass Alekos nicht in Lebensgefahr ist, reist Oriana nach Italien zurück. Doch am Ende kehrt sie gleich wieder um. Sie hat um ein Treffen mit Papadopoulos gebeten, doch das Interview wird im letzten Moment abgesagt. Jedes Mal, wenn sie in Athen landet, muss sie strenge Kontrollen über sich ergehen lassen, die offenkundig das Ziel haben, sie zu entmutigen. Sie sorgt sich um Alekos' Unversehrtheit, der offenbar entschlossen ist, das Regime herauszufordern und immer noch das sagt, was er über die Militärjunta denkt. Sie weiß, dass sein Haus überwacht und sein Telefon abgehört wird.

Am Ende überredet sie ihn, einen Pass zu beantragen und mit ihr nach Italien zu gehen. Sie ist überzeugt davon, ihn mit ihrer Bekanntheit schützen zu können. Solange Alekos an ihrer Seite ist, wird niemand es wagen, ihn zu töten. Sie bringt ihn in die Toskana, wo es im Herbst wunderschön ist. Sie erklärt ihm, dann dufte es in den Wäldern besonders gut, das amerikanische Weinlaub, das die Mauern ihres Hauses bedecke, sei feuerrot, und im schwindenden Abendlicht könne man einen gemütlichen Spaziergang machen. Tatsächlich jedoch schließt sich Alekos, kaum sind sie angekommen, im Haus ein und verrammelt die Fenster. Nach all den Jahren in einer winzig kleinen Zelle kann er offene Räume nicht ertragen.

Orianas Eltern schließen ihn sofort ins Herz. Edoardo ist während des Krieges ebenso gefoltert worden wie er, Tosca behandelt Alekos wie einen Sohn, und er erwidert ihre Zuneigung, indem er sie »Mama« nennt. Eine Zeitlang wechseln Oriana und Alekos zwischen Casole und einem Hotel in Rom hin und her. Es ist das erste Mal, dass Oriana mit einem Mann zusammenlebt, und sie findet alles sehr schwierig. Jahre später wird sie in einer Notiz schreiben: »Ich habe versucht, mit meinem Lebensgefährten wie in einer Ehe zusammenzuleben. Oder, besser, ich war durch verschiedene Umstände dazu gezwungen; Umstände, die übrigens durchaus edler Natur waren. Ich verlor leicht die Geduld. Ich schaffte es einfach nicht. Und ich muss sagen, dass auch er nur schlecht mit dieser Zweisamkeit zurechtkam, weil wir in dieser Hinsicht gleich sind: in diesem Hunger nach Unabhängigkeit. Er kam schlecht damit zurecht, obwohl er sich doch die beste Scheibe des Kuchens nehmen konnte – nämlich die bequemste. Der Haushalt blieb an mir hängen, das Essen kochte ich auch, und so weiter. Er rührte keinen Finger. Doch mehr als das fand ich dieses erzwungene Zusammenleben erdrückend: Seine Anwesenheit dort zu spüren, selbst wenn er schwieg oder schlief. Und sich zum Beispiel das Telefon zu teilen. Keine Geheimnisse zu haben!«

Die beiden streiten wegen Nichtigkeiten. Oriana nervt Alekos' Phlegma. Sie weckt ihn, wenn er den ganzen Tag im Bett liegen bleibt. Ich denke nach, rechtfertigt er sich. Nein, du schläfst doch, protestiert sie. Jahre später wird sie einem Journalisten, der sie fragt, ob sie gestritten hätten, antworten: »Immer. Er sagte: ›Wir zwei sind zum Streiten geboren!‹ Es waren Auseinandersetzungen homerischen Ausmaßes, endlose Kabbeleien. Keiner von uns beiden gab jemals nach.«

Alekos ist ein Mann des alten Schlages, der sich nur

schlecht an eine emanzipierte Frau wie Oriana anpassen kann. Der Konkurrenzkampf zwischen beiden hört nicht auf. »Dass ich Briefe nie aufmachte oder erst Wochen oder Monate später, ist eine Macke, die ich immer schon hatte und die Alekos in den Wahnsinn trieb. Er wurde wütend. ›Mach den Brief auf‹, sagte er. ›Nein‹, antwortete ich. ›Es ist mein Brief, und ich mache ihn nicht auf‹, wiederholte ich. Und er: ›Dann mache ich ihn auf.‹ ›Ja, mach ihn auf, mach ihn auf.‹ ›Und dann lese ich ihn auch.‹ › Klar, lies ihn nur.‹ Dann machte er den Brief auf, las ihn und fügte dann hinzu: ›Willst du wissen, was drinsteht?‹ ›Interessiert mich nicht.‹ Ach, was waren wir für schreckliche Streithähne!«

Rasch hat Oriana begriffen, dass es eine Sache ist, einen Helden zu bewundern, und eine andere, mit diesem Mann aus Fleisch und Blut zusammenzuleben. Vor allem, wenn es ein Mann wie Alekos ist, der von dem, was er durchlitten hat, traumatisiert ist. Jahre später wird sie sagen: »Einmal hat mich jemand gefragt: ›Bist du glücklich mit Alekos?‹ Ich weiß noch, dass meine Antwort etwas heftig ausfiel: ›Wie soll man denn mit einem Mann glücklich sein, der unglücklich ist?‹« Schon von Beginn an erweist sich Alekos als launischer und unberechenbarer Partner. Manchmal verkündet er zum Beispiel: »Heute Abend möchte ich dich elegant haben, zieh dir was Rotes an.« Und er geht mit ihr bis in die frühen Morgenstunden aus. Dann wieder ist er verschlossen, still, spricht obsessiv vom Tod. Nachts hat er oft schreckliche Alpträume, aus denen er schweißgebadet aufwacht. An ihm ist etwas Wahnsinniges, als wäre er eine gespaltene Persönlichkeit. In einem Gedicht, das er im Kerker verfasst und mit Blut auf ein Stück Papier geschrieben hatte, hat er selbst von dieser Vielfalt von Persönlichkeiten gesprochen, die in ihm wohnen: »Wie viele Leben habe ich in Gedanken geboren / um meine Einsamkeit zu besiegen.«

Oriana ist eine große Bewunderin seiner Lyrik. Mit Geduld hilft sie ihm dabei, die Gedichte zu rekonstruieren, die er im Gefängnis geschrieben und auswendig gelernt hat, weil er kein Papier hatte, um sie aufzuschreiben. Daraus entsteht ein Buch mit dem Titel *Vi scrivo da un carcere in Grecia*[35]. Oriana arbeitet wochenlang daran, immer zwischen einem journalistischen Auftrag und dem nächsten. Als das Buch fertig ist, freut sie sich darüber, als wäre es ihr eigenes. »Ich hütete die Druckfahnen wie mein Kind, und als alles gedruckt war, brachte ich Alekos die erste Ausgabe des Büchleins. Ich erinnere mich, dass wir damals in Rom waren, und es war die Zeit der Volksabstimmung zum Thema Scheidung: der Tag eines Sieges aller Fortschrittlichen, an dem mit gewaltiger Mehrheit das Recht auf Scheidung beschlossen wurde. Rom war mit Flaggen festlich geschmückt, hupende Autos fuhren durch die Straßen, doch Alekos schlief in unserem Hotel. Ich legte das Buch neben ihn aufs Kopfkissen und ging dann noch einmal aus, um meinen Artikel für die Zeitung zu schreiben. Als ich ins Hotel zurückkam, schlief er immer noch, doch er hatte das Buch in den Armen. Als wäre es kein Buch, sondern ein Kind.«

Sie hatte Pier Paolo Pasolini gebeten, ein Vorwort zu schreiben, den sie schon seit Jahren kennt und bewundert. Seit ihrer allerersten Begegnung ist sie tief beeindruckt von diesem so besonderen Mann, der über eine fast weibliche Empfindsamkeit ebenso verfügt wie über eine verborgene Grobheit, der über Jesus und den heiligen Franziskus spricht, wie es kein Priester besser könnte, und dann des Nachts in üblen Vierteln auf der Suche nach Strichern unterwegs ist. Über einen Aufenthalt Pasolinis in New York hat sie ihm einmal geschrieben: »Wir standen vor dem Lincoln Center, und du wolltest dir ein Taxi rufen, um an einen Ort zu fahren, den du nicht näher benennen wolltest. Du zittertest vor Ungeduld. Ich murmelte: Eines Tages werden sie dir die Kehle durchschneiden, Pier Paolo. Und du hast mich mit deinen glänzenden, traurigen Augen angeschaut (deine Augen waren immer traurig, selbst wenn du lachtest), und antwortetest ironisch: ›Ach, ja?‹«

Als Pasolini in der Nacht vom 1. auf den 2. November 1975 ermordet wird, ist Oriana in Rom. Sie sitzt mit Alekos in einem Restaurant an der Piazza Navona. Ein Junge, der die *Unità* verkauft, nähert sich den Tischen, und die Nachricht macht die Runde. Man habe Pasolini ermordet, habe ihn tot am Wasserflughafen von Ostia aufgefunden. Er sei erschlagen und dann mit einem Auto überfahren worden. Oriana, die in Vietnam Zeugin schrecklicher Gewalttaten wurde, ist erschüttert: »Es hieß, von weitem habe es gar nicht wie ein menschlicher Körper ausgesehen, so schlimm war er zugerichtet. Er sah aus wie ein Haufen Abfall.«

Einem Impuls folgend teilt Oriana dem Herausgeber des *Europeo* mit, sie wolle sich mit dem Mordfall befassen. Sie beginnt, in der römischen Unterwelt Erkundigungen einzuholen. Dabei folgt sie einer Spur, die ihr eine in Rom stationierte amerikanische Journalistenkollegin verraten hat; diese hat von einem Zeugen munkeln hören, der alles gesehen habe, jedoch aus Angst schweige. Und so schreibt Oriana ihren Artikel und sagt schon von der ersten Zeile an das, was sie denkt: »Es gibt noch eine andere Version des Todes von Pasolini.« Sie bestreitet heftig die offizielle Version, nach der ein siebzehnjähriger Strichjunge namens Giuseppe Pelosi ihn nach einem Streit über seine sexuellen Dienstleistungen ermordet habe. Sie behauptet, ihr geheimer Zeuge habe mindestens zwei weitere Männer gesehen, die den Schriftsteller geschlagen und getötet hätten. Pelosi sei nicht mehr als ein Zuschauer gewesen und allein am Tatort zurückgelassen worden, um ihn des Verbrechens beschuldigen zu können. Als Minderjähriger riskiere er keine lange Gefängnisstrafe. Schließlich sei er auch weniger ein Schuldiger als offenbar ein Opfer, ein armer Teufel, der gezwungen sei, sich zu prostituieren und gegen Bezahlung die Gelüste eines Mannes zu erfüllen, der sein Vater sein könnte. Tatsächlich konzentrieren sich die Ermittlungen und das Hauptaugenmerk der Presse mehr auf die sexuellen Vorlieben Pasolinis als auf das, was wirklich in Ostia geschehen ist. Oriana ist angewidert: »Die wollen ihn gleich zweimal sterben lassen, nämlich körperlich und moralisch: in der Schande.« Sie vermutet ein Komplott, und dass jemand Pasolini habe ausschalten wollen.

Als die Richter von ihr verlangen, sie solle den Namen ihres Informanten preisgeben, weigert sie sich und beruft sich auf einen Artikel im italienischen Presserecht, der es einem Reporter erlaube, seine Quellen zu schützen. Sie weiß sehr wohl, dass das italienische Recht ein solches berufliches Schweigerecht nur Ärzten, Priestern, Anwälten und Hebammen gewährt, doch für sie ist es eine Frage des Prinzips, für das sie sich einsetzt. Sie stellt sich dem Prozess und wird wegen Verweigerung ihrer Aussage verurteilt. Anschließend gibt sie den Nachrichtenagenturen eine Erklärung ab: »Ich habe meine Pflicht erfüllt, und mein Gewissen ist rein, meine Würde unangetastet. Man muss keine Angst haben oder sich einschüchtern lassen, wenn es um Fragen des Prinzips geht.« Sie verfällt in ein entrüstetes Schweigen. Jahre später gibt Pelosi, der mittlerweile wieder auf freiem Fuß ist, zu, dass er in jener Nacht nicht allein gewesen sei.

Auch Alekos reagiert erschüttert auf Pasolinis Ende. Der Tod ist für ihn eine Obsession, er fasziniert ihn. Ständig redet er davon, als ahnte er, dass auch sein eigenes Ende nahe ist.

Oriana hätte es gern, wenn er mit der Politik aufhören würde, doch er will nichts davon wissen. Er kämpft weiterhin gegen die Diktatur und reist immer wieder heimlich nach Athen. Auch das Ausland bereist er, um bei den griechischen Gemeinden in der Diaspora und den Politkern Europas Spenden für den Widerstand zu sammeln. Oft beteiligt er Oriana daran, die ihn begleiten soll und sich nicht selten in surrealen Situationen wiederfindet, bei denen volle Geldkoffer den Besitzer wechseln. Von einer dieser Begegnungen, auf der Durchreise zur Biennale in Venedig, wo Alekos eine Rede halten soll, erzählt sie eines Tages der Schauspielerin Isabella Rossellini: »Als wir am Dogenpalast ankamen, wo die Eröffnungsfeier stattfand, Alekos auf die Bühne ging und mir seinen Aktenkoffer gab, stellte ich fest, dass ich neben deinem Vater saß. ›Gib bloß nie diesen Koffer aus der Hand! Während ich spreche, will ich ihn immer auf deinen Knien sehen!‹, hatte mir Alekos eingeschärft. Und dieser Koffer auf den Knien quälte mich, er quälte mich … ›Stellen Sie ihn doch auf den Boden‹, sagte mir dein Vater. Und ich: ›Nein, das kann ich nicht. Da sind wertvolle Dokumente drin.‹ Auf einmal meint er: ›Geben Sie ihn mir, ich halte ihn.‹ Er packt ihn entschlossen und legt ihn auf seine Knie. Alekos hört sofort auf zu reden und starrt mich finster von der Bühne aus an, als wollte er mich umbringen. Also versuche ich, den Koffer wieder an mich zu nehmen, und es gibt ein kleines Gezerre zwischen deinem Vater und mir. ›Geben Sie ihn mir, machen Sie sich keine Umstände.‹ – ›Das macht überhaupt keine Umstände, ich halte ihn gern.‹ Währenddessen starrt Alekos mich – uns – immer noch an, offenbar wütend. Es war wirklich mühsam, den Koffer wiederzubekommen: Dein Vater begriff einfach nicht, warum ich ihm diese Geste der Höflichkeit nicht gewähren konnte. Und hinterher fragte mich Alekos: ›Aber wer war denn dieser gutaussehende Mann in Blau, der meine fünf Millionen klauen wollte?‹ – ›Das war Roberto Rossellini. Und er wollte dir überhaupt nichts klauen, er wollte nur nett sein‹, antwortete ich.«

Oriana nimmt vieles hin, was Alekos tut, denn dieser Mann erscheint ihr wie die Verkörperung des Helden, den sie schon sucht, seit sie ein kleines Mädchen war und an der Seite ihres Vaters im Widerstand kämpfte: »Panagoulis ist wirklich ein außergewöhnlicher Mann. Die Freiheit liebt er über alles, und das ist nicht nur so dahergesagt. Hätte er vor dreißig Jahren in Italien gelebt, wäre er bestimmt der Aktionspartei beigetreten.« Länger als ein Jahr kehrt Oriana nicht mehr nach New York zurück, weil Alekos kein Visum für die Vereinigten Staaten bekommt. Um bei ihm zu sein, reduziert sie ihre Reisen auf ein Minimum und verzichtet darauf, Ereignisse, die sie eigentlich sehr interessieren, zu verfolgen, so wie den Staatsstreich Pinochets in Chile, den Jom-Kippur-Krieg in Israel oder den Sturz des Regimes in Portugal.

Sie ist auch bereit, Alekos zu heiraten, allerdings auf seine Art, mit einem geheimen Ringtausch. »Der Ring, den er mir geschenkt hatte, war sehr schön, mit Brillanten. Der, den ich ihm geschenkt hatte, war sehr schlicht: weil er sich das so gewünscht hatte. Er hatte sogar einen aus Eisen haben wollen, aber Eisenringe gibt es nicht, und so war ich gezwungen gewesen, ihm einen Silberring zu besorgen. Ich hatte allerdings die falsche Größe gekauft. Alekos fand das sehr amüsant und schob ihn sich auf den kleinen Finger, wo er immer noch sehr eng saß. Er hatte ziemlich dicke Finger. Doch er nahm ihn nicht mehr ab, nie wieder.«

Alekos fürchtet um sein Leben. Oft hat er den Eindruck, man verfolge sie. Im August 1974 – mittlerweile ist die Diktatur der Militärjunta beendet – beschließt Alekos, nach Athen zurückzukehren und für das Parlament zu kandidieren. Oriana kommt nicht mit. Sie zieht es vor, in ihre Wohnung nach New York zu fahren und wieder ihre Arbeit für die Zeitung aufzunehmen. Ein ganzes Jahr an seiner Seite zu sein war für sie sehr belastend, und ihr steht nicht der Sinn nach einer Fortsetzung.

Gelegentlich besucht sie Alekos in Athen, auch wenn sie seinen kleinen Hofstaat nicht ertragen kann, der ihn ständig umgibt und der aus ehrlichen Freunden, aber auch aus vielen Nutznießern, Schnorrern, Drückebergern sowie Frauen besteht, die mit ihm ins Bett gehen wollen. Oriana ist nicht eifersüchtig, findet jedoch die Vulgarität gewisser Situationen unerträglich: Alekos, der seine vielen Affären »Ein-Sprung-ins-Wasser-und-fertig« nennt, die Abende, an denen er zu tief ins Glas schaut und sie ihn mühsam nach Hause bringen muss, wo er voll bekleidet ins Bett plumpst. Was Oriana angeht, basiert ihre Beziehung nicht auf körperlicher Anziehung. Sie weiß, was Eifersucht ist – »dieses Gefühl, das dir das Blut aus den Adern laufen lässt bei dem Gedanken, dass dein geliebtes Wesen in den Körper einer anderen eindringt, die Eifersucht, die dir den Boden unter den Füßen wegzieht und dir den Schlaf raubt« –, und sie weiß auch, was Begehren heißt – »dieses Sehnen, das den Blick vernebelt und dir den Atem raubt, wenn du das geliebte Wesen auch nur anschaust«. Beides hat sie in den Beziehungen zu Alfredo und zu François kennengelernt. Doch bei Alekos ist das anders. Wenn sie ganz ehrlich zu sich ist, so ist die körperliche Anziehung, die er auf sie ausübt, nicht sehr groß. Eine Frau, mit der sie viele Jahre später befreundet ist, erinnert sich, wie sie ihr von ihrem griechischen Verlobten erzählt habe, der besessen vom Sex gewesen sei. Oriana habe erwidert: »Genau wie Alekos. Mir war es wichtig, dass unsere Beziehung seelischer und geistiger Natur war, doch er wollte mich nur ständig ins Bett kriegen.«

Als man ihn ins Parlament wählt, beginnt Alekos einen weiteren einsamen Kampf gegen einige Vertreter der neuen griechischen Regierung, denen er vorwirft, schon in der Diktatur aktiv gewesen zu sein. Insbesondere attackiert er den Verteidigungsminister, welcher eine Armee befehligt, die nach dem Fall der Junta nicht im Geringsten einer Säuberung unterzogen wurde. Monatelang sucht er nach Beweisen für dessen Kollaboration mit den Militärs, doch nach dem Fall der Junta sind die Archive der Militärpolizei auf mysteriöse Weise verschwunden. Für diese Geheimpapiere entwickelt er eine wahre Obsession, die Oriana mit Besorgnis erfüllt. Sie vermutet, dass dahinter auch noch andere, persönlichere Beweggründe stecken: Alekos will endlich die Wahrheit über das Verschwinden seines Bruders Georgios herausfinden.

17

Die nie geborenen Kinder

»Heute nacht erfuhr ich, daß du da bist: ein Tropfen Leben, dem Nichts entkommen.« Das ist zweifellos Orianas bekanntester erster Satz – der Beginn ihres Romans *Lettera a un bambino mai nato.*[36] Veröffentlicht im September 1975, hat das Buch selbst für die hohen Ansprüche einer Autorin wie Oriana einen außergewöhnlichen Erfolg. In sechs Monaten verkaufen sich fast eine halbe Million Bücher, und es wird in mehr als zwanzig Sprachen übersetzt. Bis heute lieferbar und in unzähligen Auflagen erschienen, gehört es zu den meistverkauften und beliebtesten Büchern auf dem Markt. Es beschäftigt sich mit dem Dilemma einer Frau, die nicht weiß, ob sie ihr Kind zur Welt bringen soll oder nicht – ein Thema, das sofort hohe Wellen schlägt. Die Fortschrittlichen bringt es mit dem Gedanken gegen sich auf, ein Kind sei schon von der ersten Zellteilung an ein Lebewesen, und die Konservativen mit der Idee, die Frau sei die einzige Person, die über ihre eigene Schwangerschaft entscheiden könne. Vor allem aber bewegt dieses Buch wegen seiner überraschenden Wendung: Zunächst geht es von der Weigerung einer Frau aus, Mutter zu werden, entwickelt sich dann aber zu einer leidenschaftlichen Hymne an die Beziehung zwischen Mutter und Kind.

Der Erfolg des Buches erklärt sich in allererster Linie aus der stilistischen Wahl des Dialogs einer Mutter mit ihrem ungeborenen Kind. Schon von der ersten Zeile an ist der Leser wie gebannt von dieser Stimme, die ganz allein spricht. Eine

Frau blickt mit aufgerissenen Augen ins Dunkel und weiß, noch bevor sie sich auf den Weg zum Arzt macht, dass sie ein Kind erwartet. Es ist eine namenlose Frau, eine Frau ohne Alter und ohne Nationalität. Oriana hat dies so gewollt, damit sich alle Frauen der Welt mit ihr identifizieren können. Die Protagonistin lebt aus freien Stücken allein, geht voller Leidenschaft ihrem Beruf nach und pflegt einen bewusst unverbindlichen Umgang mit Männern, ohne von ihnen Schutz und ein Eheversprechen zu erwarten. Bei dem Gedanken, ein Kind zu erwarten, fühlt sie sich von Anfang an zwiegespalten. Zuerst ist sie sich nicht sicher, ob sie sich ein Kind wünscht, dann kommt in ihr die Frage auf, ob denn umgekehrt dieses Kind auf die Welt will. »Ich habe kein Interesse daran, dich nur meinetwegen zur Welt zu bringen. Umso weniger, als ich dich überhaupt nicht nötig habe«, sagt sie zu Beginn des Buches.[37] Und doch beschließt sie, mit diesem »Knäuel kaum begonnener Zellen«[38] zu reden und hat auf einmal etwas in ihrem Leben, das sie »Kind« nennt.

Der Monolog ist auf seine Weise ein Manifest zugunsten des Lebens, denn die Frau spürt, dass in ihrem Körper etwas passiert: »Wer will da behaupten, dass du träge Materie bist, fast wie eine Pflanze, die man mit einem Löffel ausheben kann? Wenn ich mich deiner entledigen will, sagen sie, ist dies der richtige Moment. Ja, er setzt jetzt gerade ein. Anders ausgedrückt, ich hätte abwarten müssen, bis du zu einem menschlichen Wesen mit Augen, Fingern und Mund geworden bist, um dich umzubringen. Früher warst du zu winzig, um wahrgenommen und ausgerissen zu werden. Sie sind wahnsinnig.«[39] Gleichzeitig kommen in diesen schwierigen Momenten Zweifel in ihr auf: »Und wenn du schon alles weißt, dann sag mir: Wann fängt das Leben an? Sag mir, ich bitte dich inständig: Hat das deine wahrhaftig schon begonnen? Wann? In dem

Augenblick, als der Lichttropfen, den man Spermium nennt, deine Zelle durchstieß und teilte? In dem Augenblick, als dir ein Herz wuchs und Blut zu pumpen begann? In dem Augenblick, als sich in dir ein Gehirn herausbildete und ein Rückenmark und du menschliche Gestalt anzunehmen begannst? Oder muß dieser Augenblick noch kommen und du bist erst wie ein Motor, der zusammengesetzt wird?«[40] In dem Monolog der Frau wechseln sich die unterschiedlichsten Gefühle ab. Erstaunen, Zuneigung, Ärger, Aufbegehren. Gelegentlich wird sie wütend, weil ihr der Arzt weiterhin absolute Ruhe verordnet: »Für was hältst du mich eigentlich? Für einen Container, für irgendein Gefäß?«[41] Am Ende beschließt sie, aus dem Bett aufzustehen. Sie muss eine wichtige Reise antreten, auf die sie nicht verzichten möchte: »Gelingt es dir, geboren zu werden, dann wirst du geboren. Gelingt es dir nicht, so wirst du sterben. Wohlgemerkt, ich bringe dich nicht um: Ich weigere mich ganz einfach, dir behilflich zu sein, deine Gewaltherrschaft bis zum äußersten auszuüben.«[42] Sie ist optimistisch, hat sogar eine Wiege gekauft und viel Kinderkleidung. In der Nacht vor ihrer Abreise verabschiedet sie sich gut gelaunt: »Gute Nacht, Kind.«[43] Doch dann runzelt sie die Stirn, weil sie die kleinen Bewegungen in ihrem Bauch schon seit geraumer Zeit nicht mehr wahrnimmt. Während der Reise, als sie ganz allein im Auto auf einer abgelegenen Straße unterwegs ist, bekommt sie die ersten Wehen. Man bringt sie in die Notaufnahme, operiert sie, entfernt den abgestorbenen Fötus. Nach der Narkose ist sie bewusstlos. Dann, die letzten Worte, immer noch für ihr Kind. »Du bist gestorben. Vielleicht sterbe auch ich. Doch das zählt nicht. Denn das Leben stirbt nicht.«[44]

Dieser Schlusssatz, mit dem die Leser jahrelang die Lektüre des Buches beenden, war von Oriana ursprünglich nicht so geplant. Alekos hat für dieses »vielleicht« gekämpft, weil es eine gewisse Hoffnung beinhaltet. In den Neunzigerjahren wird Oriana den Satz abändern, das »vielleicht« streichen und ihm damit jegliche Zweideutigkeit nehmen. Sie erklärt es so: »Ich hatte nie Zweifel an der Tatsache, dass die Frau stirbt. Hinter dem, was nur wie ein erzählerisches Überdenken aussieht, steckt etwas anderes. Es ist eine schöne Geschichte. Und die geht so. Die Fahnen für *Brief an ein nie geborenes Kind* wurden nicht in Italien Korrektur gelesen. Das geschah in Athen, in der Wohnung nebst Büro, in der Alekos Panagoulis lebte, nachdem er als Vertreter der Zentrumsunion ins Parlament gewählt worden war. Die Fahnenkorrektur wurde zwischen uns zum Anlass vieler Streitigkeiten, weil Alekos darauf bestand, daran teilzunehmen. Als guter Lyriker, dem die Metrik meines Textes besonders am Herzen lag, wollte er zum Beispiel, dass ich den Text nicht als Prosa, sondern in Versen veröffentliche. Eines Nachmittags entdeckte ich, dass die Fahnen mit lauter Schrägstrichen vollgekritzelt waren, um aus dem Text Verse zu machen. Sprich: ›Heute nacht erfuhr ich / dass du da bist: / ein Tropfen Leben / dem Nichts entkommen.‹ Er mischte sich auch bei den Verben ein, bei den Adjektiven, bei der Zeichensetzung … Ich wusste nicht mehr, wo ich die Fahnen verstecken sollte. Einmal, als ich aus dem Haus ging, schob ich sie in einen Topf. Doch er fand sie sogar dort. Vor allem jedoch gefiel ihm das Ende nicht. Das heißt, die Tatsache, dass die Frau stirbt. ›Du Mörderin! Du hast diese Frau getötet, du tötest sie!‹, schrie er in seinem putzigen Italienisch. Und es war sinnlos, ihm zu erklären, dass dieser Tod sich aus der Logik der Erzählung ergibt, sinnlos auch, ihm zu antworten: ›Kümmere dich um deinen eigenen Kram, es ist mein Buch, und es endet, wie ich will.‹ Als ich bei der letzten Seite der Fahnen angelangt war, stellte ich fest, dass er den Satz

›Jetzt sterbe auch ich.‹ gestrichen hatte. Ich wurde furchtbar wütend. Oh, und wie wütend! Ich wurde so wütend, dass ich meine Koffer packte und nach Italien zurückfuhr. Ich nahm es ihm wirklich übel. Mir war es wie ein gewaltsamer Eingriff in meinen Text erschienen, eine Verstümmelung meiner Schöpfung. Doch drei Tage später, als ich in dem Büro saß, das ich in Florenz immer noch am Poggio Imperiale hatte, stand Alekos auf einmal vor mir: mit einem völlig zerknirschten Gesicht und einem Zettel in der Hand: ›Ich bin gekommen, um dir einen Kompromiss vorzuschlagen‹, sagt er. ›Und einen Waffenstillstand.‹ Dann reicht er mir den Zettel, und auf dem Zettel steht: ›Vielleicht sterbe auch ich.‹ Na ja. Was sollte ich machen?«

Dieses von Oriana so geliebte Buch ist ein Roman, doch zugleich ist es auch kostbares Zeugnis eines der privatesten Kapitel ihrer Existenz: der Kinder, die sie niemals hatte. »Für mich war es immer sehr schmerzlich, meine ungeborenen Kinder zu verlieren. Denn wer stirbt, ohne Kinder zu hinterlassen, der stirbt zwei Mal.« Aufgrund der Aussagen von Familienmitgliedern und Freunden sowie ihrer eigenen lässt sich sagen, dass Oriana mindestens noch zwei Mal schwanger war und das Kind jedes Mal verloren hat. »Es war eine Entscheidung des Schicksals. Abgetrieben habe ich nie, ich habe die Kinder immer verloren. Vielleicht hatte ich mich auch zu spät dafür entschieden, welche zu bekommen. Oder ich habe zu wenig auf mich geachtet, ja, eigentlich habe ich gar nicht auf mich geachtet. Ich hatte einfach keine Zeit dazu, das ist die Wahrheit. Es tut nicht gut, ständig mit dem Flugzeug unterwegs zu sein und so vielen Gefühlsschwankungen, Ängsten und Anstrengungen unterworfen zu sein, wenn man schwanger ist. Man verliert das Baby. Für mich hat das Problem Abtreibung nie existiert, das Problem Pille. Mein Problem war eine Pille, die mir geholfen hätte, Kinder zu bekommen. Und die einzige Pille dieser Art wäre eine Ruhe und Gelassenheit gewesen, die ich nie hatte.« Über diesen Aspekt ihres Lebens wird Oriana nie viel mehr sagen, weil sie sich weigert, über ein Thema mehr ins Detail zu gehen, das sie als sehr privat empfindet. Es können nur einige Daten rekonstruiert werden.

Das erste Kind verliert Oriana im Jahre 1958 in Paris, während ihrer Beziehung zu Alfredo. Es ist ein schreckliches Trauma im Zusammenhang mit einer unglücklichen Liebe und ein Ereignis, über das sie praktisch nie sprechen wird. Es ist ihr großer geheimer Schmerz, weil sie ihn nie mit jemandem teilen konnte: ein Moment absoluter Einsamkeit, in dem sie sich wie weggeworfen fühlt, zusammen mit einem winzigen, namenlosen Fötus, von einem Mann, der sie nie gewollt hat.

Das zweite Kind verliert sie im Dezember 1965. Wer der Vater ist, ist nicht klar zu sagen. Sehr wahrscheinlich ist er Amerikaner, ganz gewiss eine bekannte Persönlichkeit. Der Mann ist verheiratet und sieht seine Karriere und die Ehe durch einen möglichen Skandal gefährdet: vielleicht einer der NASA-Astronauten. Jedenfalls beschließt Oriana, ihm nichts zu sagen und die Schwangerschaft allein durchzustehen. Mit ihrer Familie spricht sie nicht darüber. Alle sind auf ihrer Seite, auch die Eltern, die davon überzeugt sind, dass alles, was Oriana beschließt, das Richtige ist. Eine der beiden Schwestern schickt ihr ein Päckchen mit einem Paar winziger weißer Schühchen. Oriana schreibt: »Es ist so schön, dass sie sie geschickt hat, ohne etwas hinzuzufügen. Als ich ein kleines Mädchen war, waren wir arm, und Schuhe waren sehr wichtig. Weil sie sehr teuer waren. Deshalb kaufte meine Mutter sie mir immer eine Nummer größer, damit sie länger passten.

Aus diesem Grund verbrachte ich meine Kindheit immer mit unförmigen Füßen in viel zu großen Schuhen. Einmal jedoch, an meinem Geburtstag, wollte mir meine Mutter ein Paar Schuhe in der richtigen Größe kaufen. Sie waren weiß und ganz leicht. Doch mein Großvater schlug jede Menge Nägel rein, und so wurden sie ganz schwer.«

Oriana hat beschlossen, ihr Kind allein großzuziehen, auch das ein Beispiel für ihre Art, gegen den Strom zu schwimmen, und sie ist stolz auf die Entscheidung. Aus diesem Grund ist die plötzliche und unerwartete Fehlgeburt im fünften Schwangerschaftsmonat ein großer Schmerz. Vielleicht auch wegen dem, was Jahre zuvor in Paris passiert war, ist dieses Kind so wichtig gewesen, eine Überraschung nach all den Jahren, in denen Oriana gedacht hatte, keine Kinder mehr bekommen zu können. In gewisser Weise auch eine Wiedergutmachung. Wie im Roman ist es ihr rasanter, von Arbeit geprägter Lebensstil, der die Fehlgeburt verursacht. In einem Brief beschreibt sie ihr Leben zu jener Zeit so: »Ich möchte mehr schreiben, ertrinke jedoch in Arbeit, in den Gedanken, die ich mir mache, den Reisen. Deshalb werde ich mich auch in einem ruhigeren Moment wieder melden: vielleicht aus Kalifornien oder Texas, aus Florida oder Mexiko, den verschiedenen Etappen, die mich erwarten und die ich erwarte. Dort haben die Tage eine europäischere Länge. Und wie ich hoffe, werde ich dich zu Weihnachten sehen, wenn ich meine achtundvierzig Kilo, die mittlerweile nur noch siebenundvierzig sind und bald nur noch sechsundvierzig, fünfundvierzig, vierundvierzig und nichts mehr sein werden, in Casole ausruhe.«

Nach der Fehlgeburt geht es Oriana schlecht, physisch ebenso wie psychisch. Einem Freund, der ihr Geld anbietet, damit sie eine Auszeit nehmen kann, antwortet sie: »Ich möchte keinen Monat mit Nichtstun verplempern. Die viele

Arbeit, die Müdigkeit sind oft das Einzige, was mich davon abhält, zu viel nachzudenken und verrückt zu werden. Das an Weihnachten war ein großer Schock. Ich habe mich immer noch nicht davon freigemacht und frage mich, ob ich das jemals kann. Ich habe dir ja gesagt, wie sehnsüchtig ich dieses Kind erwartet hatte, wie verzweifelt. Und es dann so zu verlieren …« Es ist Juli, mehr als sechs Monate sind vergangen, doch Oriana kommt nicht wieder auf die Beine. In dem Brief wird auch wieder jener Zweifel zur Sprache gebracht, der dann, in veränderter Form, im Mittelpunkt ihres Romans stehen wird: »Die ganze Welt kommt mir so feindselig vor, und ich begreife sie nicht mehr, diese Welt. Manchmal fühle ich mich wie jemand, der die Tram nimmt und an der falschen Haltestelle aussteigt, sich umschaut und nichts in der Umgebung erkennt, der nicht weiß, was er tun soll, und dann ist die Tram schon weitergefahren und hat dich dort mit deinem Fehler zurückgelassen, mit deiner Einsamkeit, deiner Verwirrung … Vielleicht hätte diese Trambahn mich ja nie in diese Welt bringen sollen. Vielleicht bin ich an der falschen Haltestelle ausgestiegen. Vielleicht hätte ich gar nicht erst geboren werden sollen. Vielleicht hat mein Kind die richtige Entscheidung getroffen und sich viel Kummer erspart. Vielleicht ist ja das Nichts die richtige Lösung.«

Der Verlust dieses zweiten Kindes lässt auch die Widersprüche zutage treten, die schon immer Orianas Wunsch, Mutter zu werden, begleiten. Sie leidet, weil sie keine Kinder hat, doch zugleich ist sie sich nicht sicher, ob sie bereit ist, sich um ein Kind zu kümmern. Einer Freundin erzählt sie vom schwierigen Abschied von ihrem geliebten Hündchen, das sie 1969 bei ihrer Mutter lassen musste, weil sie es auf ihre Reisen rund um die Welt nicht mitnehmen konnte. »Am Flughafen flossen die Tränen. Wir küssten uns, wir weinten, wir machten uns Versprechen. Doch kaum hatte das Flugzeug abgehoben, fühlte ich mich so frei, so leicht, dass es mir nicht schwer fiel, der Posse ein Ende zu bereiten und zu begreifen, dass ich für alles Mögliche geeignet war, nur nicht für das Zusammenleben mit jemandem – ob nun Mann, Kind oder Hund. Ich begriff voller Scham, dass meine Sehnsucht nach Mutterschaft hochgradig theoretisch war.«

Für Oriana ist ein Kind vor allem ein Symbol, eine Willenserklärung. Es ist das Leben, das heißt, die höchste Form des Widerstandes gegen die Tragödie, an die sie sich nie gewöhnen wird: den Tod. Auch aus diesem Grund wird Orianas Kinderwunsch in Saigon neu entfacht. »Als ich in Vietnam war und in Dak To diese vielen Leichen sah, verdoppelte sich mein Verlangen danach, schwanger zu werden«, erzählt sie in einem Interview. »Ich weiß, und das kannst du auch schreiben, ich weiß, was es heißt, schwanger zu sein. Aber nicht sehr lange. Ich neige nämlich zu Frühgeburten. Doch das ist ein Gefühl, das ein Mann nicht nachvollziehen kann. Du bist dir dieses anderen Lebens, das in dir heranwächst, so sehr bewusst. Du fühlst dich so wichtig.« In Vietnam denkt Oriana darüber nach, ein Kind zu adoptieren, sie besucht ein Waisenhaus, was sehr gegensätzliche Gefühle in ihr weckt. Einerseits spürt sie, dass sie mit einem Kind eine Frau sein wird, für die sich gewisse Probleme gelöst haben: »Ich werde nicht mehr auf mich schießen lassen müssen, um mich lebendiger zu fühlen.« Andererseits macht ihr der Gedanke aber auch Angst. Sie geht durch viele Räume mit Waisenkindern. Ihr schwirrt der Kopf. Sie fühlt sich von allzu vielen schwarzen Kinderaugen beobachtet, in denen der Schmerz der ganzen Welt zu liegen scheint. Am Ende sagt sie zu ihrer Begleiterin: »Gehen wir, ich bitte Sie.«

Während ihrer Beziehung zu François hatte sie mehrfach

den Verdacht, schwanger geworden zu sein, und jedes Mal empfand sie große Freude und dann hinterher große Enttäuschung. In einem Gedicht schreibt sie: »Ich glaubte, dich verewigt zu haben / in einem Kind. / Und dann ging ich allein am Strand spazieren / mit meiner Illusion, und suchte nach einem Namen.« Dann, Jahre später, verwandelt sie diese Gefühle – die Erfülltheit, dann die schmerzliche Leere – in eine Szene des Romans *Ein Mann*. Sie erzählt von ihrem und Alekos' Kampf vor der geschlossenen Tür. Sie möchte ausgehen und sich mit Freunden treffen, er will sie daran hindern; dann ein Tritt, der sie versehentlich am Bauch trifft: »Ein entsetzlicher Schmerz. Der Schlüssel lag in deinen Händen. Meine Stimme zerbrach das Schweigen, um das auszusprechen, was du nicht wußtest: ›Das Kind.‹«[45] Wir wissen nicht, wie sehr diese Szene der Wirklichkeit entspricht. Zu der Zeit, als Oriana mit Alekos zusammen ist, ist sie über vierzig. Doch gewiss bleibt das Bedauern, das mit den Jahren immer heftiger wird. »Ich hätte gerne ein Kind gehabt, ich habe auf mich geachtet, um es zu haben, und jedes Mal, wenn ich es versuchte, habe ich es verloren.«

Brief an ein nie geborenes Kind schreibt Oriana rasch, kurz nachdem sie 1966 das zweite Kind verloren hat. Dann versteckt sie das Manuskript fast zehn Jahre in der Schublade, aus Angst vor dieser ersten Fassung, die wehtut und ihr an die Nieren geht. Als 1974 der Herausgeber des *Europeo* sie bittet, eine Beilage zum Thema Abtreibung vorzubereiten, lässt sie sich ein wenig Zeit und schreibt stattdessen eine Erzählung. Für fast vier Monate schließt sie sich im Haus ein, und als sie dann ihre Isolation beendet, hat sie den Roman fertig. Die erste Version hat sie überarbeitet, allzu persönliche Dinge gestrichen, um dem Buch einen universelleren Charakter zu geben. »Von dem Aufschrei von damals bleiben nur wenige Dinge: der Anfang, das Ende, die Episode vom Mondstaub, den sie von ihren Fingern abspült. Doch wenn ich in dem Aufschrei von damals die Hauptfigur war, so bin ich das in den rationaleren Überlegungen von heute nicht mehr. Sie ist höchstens eine Frau, die mir ähnelt.«

In ihrem Nachlass ist die erste Fassung noch erhalten: verfasst in der Form eines Tagebuches und näher an den autobiografischen Ereignissen. Die Eckdaten passen genau. Im Sommer 1965 entdeckt Oriana in New York, dass sie schwanger ist. Ende September rät ihr der Arzt zu Bettruhe. Und das ist es, was sie nicht kann: »Ich habe dem Arzt erklärt, dass ich mir den Luxus, hier herumzuliegen und nichts zu machen, nicht erlauben kann, und ebenso wenig kann ich mir erlauben zu verkünden, dass ich schwanger bin.« Sie verliert nur wenige Worte darüber, wer der Vater des Kindes ist: dass sie ihn mittlerweile nur noch selten sieht und die Leidenschaft von einst erloschen sei. Wahrscheinlich ist sie bei einer der paradoxen Situationen schwanger geworden, bei denen sie einem Exliebhaber nicht Nein sagen konnte, ohne ihn zu kränken: »Es gehört sich nicht, einen Mann zurückzuweisen, der einmal wichtig für dich war«, schreibt sie. Als sie merkt, dass sie schwanger ist, sagt sie dem Vater des Kindes nichts. Zumal er, wie alle anderen, überzeugt davon ist, dass Oriana keine Kinder bekommen kann. Jene Schwangerschaft kultiviert sie im Verborgenen, wie ein Mirakel. Ein Satz steht im Vordergrund jener ersten Fassung, wie eine geheime Quelle, aus der Jahre später der Roman entspringen wird: »Wenn du stürbest, würde ich daran sterben. Ich würde daran sterben, auch wenn ich überleben würde, denn ich würde wieder das, was ich bin. Ein ausgedörrter Baum, ohne Zukunft. Ein sinnloses Warten auf nichts.«

Der Roman wird im Jahre 1975 veröffentlicht, während Italien gespalten über die Frage des Abtreibungsgesetzes ist, das erst drei Jahre später in Kraft tritt. Zu diesem Thema hat Oriana eine klare Position. Sie steht immer auf der Seite des Lebens, und zwar auf fast militante Art und Weise. »Nehmen wir einmal an, als ich noch ein Embryo von wenigen Millimetern war, hätte man zu mir gesagt: ›Hör mal, Oriana, wenn du zur Welt kommst, dann wirst du ein ausgehungertes Kind, das mit sechs Jahren in einem Krematorium in Mauthausen endet. Willst du trotzdem zur Welt kommen?‹ Ich hätte geantwortet: ›Ja. Wenigstens diese sechs Jahre lebe ich, ich stille meine Neugier darauf, die Sonne zu sehen, das Grün, das Blau, das Leben zu schnuppern.‹« Dennoch denkt sie, die Einzigen, die darüber entscheiden können, seien die Frauen, weshalb sie andererseits vehement für ein Gesetz eintritt, das die Abtreibung legalisiert. »Ich bin bereit, dafür ins Gefängnis zu gehen, damit alle die Freiheit haben zu entscheiden, ob sie in nötigen Fällen abtreiben wollen.«

In Wirklichkeit interessieren Oriana die Diskussionen über die Abtreibung nicht. Sie sind hilfreich, was den Verkauf des Buches angeht, das weiß sie, doch sie entsprechen nicht ihrem Verständnis. In einem Brief setzt sie sich mit den polemischen Diskussionen auseinander, die das Buch vom ersten Tag an begleiten. »Die Frauen sind ungehalten und die Männer wütend, die Anhänger der Abtreibung verfluchen mich, weil sie zu dem Schluss gekommen sind, dass ich dagegen bin, und die Gegner beleidigen mich, weil sie der Ansicht sind, ich sei dafür. Und fast niemand merkt, was eigentlich wirklich in dem Buch steht. In der Diskussion haben weder die einen noch die anderen recht, oder es haben beide recht.« Wiederholt sagt Oriana über ihr Buch, dass es kein Buch über Abtreibung sei, sondern über den Zweifel. Und über den Schmerz:

»Das hat mich einmal ein Freund erkennen lassen, Giorgio Amendola, der vor einiger Zeit eine Tochter von siebenunddreißig Jahren verloren hat und mir sagte, es sei genauso gewesen, wie ein Kind zu verlieren, das noch nicht geboren oder gerade erst zur Welt gekommen sei. Genau so hat er es mir gesagt: dass dies ein Buch über den Schmerz sei. Einige Augenblicke lang blieb mir die Luft weg: Ich glaubte nicht, ein Buch über den Schmerz geschrieben zu haben. Doch dann dachte ich an den Tag vor einigen Jahren zurück, als ich begonnen hatte, es zu schreiben, und ich erinnerte mich, dass ich dabei geweint hatte.«

18

Die Wüste Arabiens

Für kurze Zeit, im März 1976, hat Oriana den Eindruck, dass Alekos nicht mehr so besessen von seinen Nachforschungen in den Archiven der griechischen Militärpolizei ist. Er erklärt sich sogar damit einverstanden, ein Buch über seinen Gefängnisaufenthalt zu schreiben, wozu sie ihn schon seit geraumer Zeit drängt. Er kehrt mit ihr in das Haus bei Florenz zurück und macht sich an die Arbeit. Jeden Morgen reiht er auf dem Schreibtisch seine Papiere, Stifte, die Pfeife und das Feuerzeug auf und arbeitet mit Feuereifer. Er beginnt mit der Szene des Attentats, mit dem Bild von sich selbst, wie er versucht, die Lunte der Bombe zu entwirren, die sich verknotet hat und schließlich gekürzt werden muss; ein Detail, das dazu führt, dass das Attentat scheitert und für immer unmöglich bleibt. Doch kaum ist er bei der Festnahme und den ersten, heftigen Schlägen angelangt, erleidet er eine Schreibblockade, kommt nicht mehr weiter. Oriana versucht auf jede erdenkliche Weise, ihm zu helfen, bereitet sorgfältig für ihn den Entwurf des Romans vor. Doch am Ende kapituliert er und kehrt nach Griechenland zurück. Bevor er abreist, sagt er noch zu ihr: »Schreib du ihn.«

In Alekos' letzten Lebensmonaten sehen sie sich fast gar nicht mehr. Er lebt in Athen, sie in New York. Wenn sie fern von ihm ist, gelingt es ihr immer, ein Idealbild von Alekos in sich zu bewahren, ein Bild ihrer Erinnerungen oder ihrer Fantasie. In den folgenden Jahren wird sie eine andere Version dieser Situation erschaffen und in Interviews behaupten, die Fernbeziehung, die sie geführt hätten, sei die freie Entscheidung von zwei Menschen gewesen, die gleichermaßen besessen von der Freiheit waren: »Als Alekos nach Griechenland zurückkehrte, lebten wir an verschiedenen Adressen. Und alles wurde schöner, weil es viel freier war.« In Wirklichkeit ist ihre Beziehung damals bereits angeschlagen, auch wenn die beiden sich einander weiterhin sehr verbunden fühlen. Es vergehen immer nur wenige Tage, bis sie wieder miteinander telefonieren. Bis dieser Prozess jäh unterbrochen wird – durch Alekos' Tod, der sie für immer aneinander binden wird.

Alekos kommt in der Nacht vom Freitag, dem 30. April, auf Samstag, dem 1. Mai 1976, bei einem Autounfall ums Leben. Am Montag darauf hat er im Parlament die Geheimpapiere vorlegen wollen, die er endlich tatsächlich entdeckt hat. Offiziell ist es ein Unfall, doch für Oriana besteht kein Zweifel daran, dass es sich in Wirklichkeit um eine Hinrichtung durch gedungene Mörder gehandelt hat, die Alekos in jener Nacht in zwei Autos gefolgt waren. Obwohl sie mit eigenen Mitteln umfangreiche technische Gutachten in Auftrag gibt, wird sie nie vollständige Klarheit über den Unfallhergang bekommen. Alles ist bei Nacht geschehen, Zeugen gibt es nicht. Einzige Gewissheit ist, dass Alekos' Wagen ins Schleudern gerät und über die Montagegrube einer Autowerkstatt hinweg gegen eine Mauer gefahren ist. Das Auto hatte ihm Oriana nur wenige Monate zuvor zu Weihnachten geschenkt. Ein Fahrzeug mit ungewöhnlicher Farbe – einem fast schelmisch anmutenden, leuchtenden Grün. Alekos hatte den Wagen »Primavera« – Frühling – getauft.

»In meinem Leben hat es zwei Menschen gegeben, die mir wichtiger waren als mein eigenes Leben: mein Mann und meine Mutter. Und alle beide sind tot, einer nach dem anderen ist gestorben, innerhalb von acht Monaten. Und jetzt, wo diese zwiefache Kette gerissen ist, weiß ich nichts mehr mit meiner Freiheit anzufangen. Ich bin leer wie die Wüste Arabiens.« Im Mai 1976 verliert Oriana Alekos, im Januar des Jahres 1977 ihre Mutter Tosca. Es ist eine schreckliche Zeit ihres Lebens, in der sie die bittere Erfahrung machen muss, dass geliebte Menschen einfach verschwinden. Während Alekos' Tod plötzlich kommt – seine Gefährdung durch die Diktatur liegt mittlerweile lange zurück –, war mit dem Tod ihrer Mutter schon lange zu rechnen, seit Monaten, in denen es ihr langsam immer schlechter ging. »Der Tod, der tröpfelt wie ein kaputter Wasserhahn: *tack... tack... tack.* Er tröpfelt und tröpfelt, doch er kommt nie. Du weißt, dass er kommen muss, aber du willst es nicht, auch wenn es eine Befreiung sein wird, wenn er endlich da ist... Diesen Menschen, der dich liebt, den du liebst, leiden zu sehen, wie das Leiden Jesu am Kreuz... Ein Schlauch in jedem Nasenloch, um zu atmen... und die Stimmbänder funktionieren nicht mehr, während diese Augen dich anschauen und dir etwas sagen wollen, was der Mund nicht mehr sagen kann... Also reihst du Wörter aneinander auf und fragst: Das? Das? Das? Und der Kopf bewegt sich langsam hin und her und sagt: Nein. Nein. Nein.«

Nach dem Dahinscheiden von Alekos hat sich Tosca, bereits geschwächt durch einen Tumor, ins Bett gelegt und ist nicht mehr aufgestanden. Als Oriana den Ernst ihres Zustands begreift, schließt sie sich mit ihr in Casole ein, um ihr nahe zu sein. »Ich ging im Haus umher wie eine Touristin, rauf und runter, durch dreißig Zimmer, und die Stille, die herrschte, ließ mich an den Tod denken, an das Mysterium, den Raum, die Zeit. Ich beobachtete mich mit ironischem Blick, wie eine Figur aus einem romantischen Roman, etwa eine, wie sie aus der Feder von Emily Brontë stammen könnte, und dachte: ›Das hier wird mein Greisenalter sein, ein Alter, das sehr einsam sein wird.‹«

Am Ende reagiert Oriana so, wie sie immer reagiert hat: Sie schreibt. Sie macht sich an die Arbeit an dem Romanprojekt, das Alekos liegen ließ, um zurück nach Griechenland zu fahren. Obwohl es im Haus Dutzende von Zimmern mit großen, lichtdurchfluteten Fenstern gibt, wählt sie fürs Arbeiten einen engen Flur zwischen ihrem Zimmer und dem Bad. Licht fällt hier nur durch ein Fensterchen herein, durch das man auf ein kleines Feld blickt. »Eines Morgens saß ich da und hing einem Gedanken nach. Plötzlich sah ich die weiße Mauer. Ich schaute mich um: ›Warum habe ich mich bloß in diesen winzigen Flur gesperrt, wo es weder Luft noch Licht gibt?‹ Erst jetzt begriff ich, dass mein Unterbewusstsein mich dazu gebracht hatte, mich in einer Art Zelle einzuschließen. Jener Flur, an der schmalsten Stelle des ganzen Hauses, war das, was in seinen Proportionen, in der Beklemmung, der Einsamkeit, dem Gefühl des Bestraftwerdens der Zelle von Boiati am nächsten kam.«

Oriana verspürt das Bedürfnis, über Alekos einen Roman zu schreiben, als wollte sie ihm mit Worten eine Gruft bauen. Das Grab, das seine Familie für ihn in Athen errichtet hat, kommt ihr mit seinen Heiligenfiguren und Lämpchen von Anfang an wie ein grässlicher Jahrmarkt vor. Vergebens hat sie dagegen protestiert und gesagt, so hätte Alekos das bestimmt nicht gewollt. Sie hat auch angeboten, sich selbst darum zu kümmern und für eine Grabstätte weißen Marmor aus Carrara kommen zu lassen. Doch die Mutter und der Bruder von Alekos haben ihr geantwortet, ihnen sei es lieber, sie würde nur das Geld zur Verfügung stellen und alles andere ihnen überlassen.

Das Verhältnis ist in den Tagen nach dem Begräbnis sofort gestört. Die Familie hat Oriana gebeten, das Geld zurückzugeben, das Alekos im Ausland gesammelt und in Italien auf Orianas Konto eingezahlt hat. Sie hat geantwortet, Alekos habe das Geld dem spanischen und chilenischen Widerstand spenden wollen, eine Million Lire den Spaniern und eine den Chilenen. Das habe er am 5. Mai in Rom erledigen wollen, wofür er bereits eine Fahrkarte gehabt habe, erklärt sie. Sie beharrt darauf, seinem letzten Willen zu folgen, und schickt der Familie die Belege für die beiden Einzahlungen sowie das Geld, das noch übrig ist. Der Gedanke, dass sie etwas davon behalte, was ihr nicht gehöre, kränkt sie maßlos. Sie schreibt einen harten Brief, um zu bekräftigen, dass sie auf Alekos' Geld nicht angewiesen und ein Mensch sei, der daran gewöhnt sei, Geld zu geben, statt welches zu nehmen. Von diesem Moment an brechen alle Kontakte zwischen ihr und der Familie Panagoulis ab.

Kaum hat Oriana mit dem Schreiben des Romans begonnen, geht sie vollkommen in der Arbeit auf. Sie steht nur vom Schreibtisch auf, um ein paar Stunden zu schlafen und in das Zimmer zu gehen, in dem Tosca auf den Tod wartet. Als deren Zustand in den letzten Tagen immer aussichtsloser wird, wagt Oriana es nicht einmal mehr, das Zimmer zum Schlafen zu verlassen. Viele Jahre später wird sie einem Freund in einem Brief von den letzten Stunden, die sie mit der Mutter verbringt, berichten. »Obwohl ich doch in unser Haus aufs Land gezogen war, um ihr nahe zu sein, und obwohl ich mich an den Gedanken ›gewöhnt‹ hatte, habe ich schrecklich gelitten. Mein einziger Trost war, dass es mir am Vortag gelungen war, ihr einen

Priester zu schicken … ›Priester‹ hatte sie gegen Mitternacht mit flehendem Blick gemurmelt. Und ich war gleich losgelaufen, sogar ohne mir einen Mantel überzuziehen. Es war Winter und schneite. Im Dunkeln erreichte ich die Dorfkirche und rief nach einem gewissen Don Gori, der jedoch nicht kommen wollte. ›Morgen, morgen, heute ist es zu spät, und es ist kalt.‹ Schließlich habe ich ihn so bedrängt und bedroht – nach dem Motto: Wenn Sie nicht auf der Stelle mitkommen, dann bringe ich Sie um –, dass er schließlich mitkam, samt lila Schal und dem anderen Kram. Und als sie ihn eintreten sah, da leuchtete in diesen flehenden Augen eine unsinnige Freude. Eine erhabene, unsinnige Freude. Dabei konnte sie ihn nicht ausstehen, weil er jedes Mal, wenn er in unserer kleinen Gartenkapelle die Messe zelebrierte, zwanzigtausend Lire dafür verlangte. Und weil er während der Messe York, Mutters Yorkshire-Terrier, der sich unter dem Altar niedergelassen hatte, mit Füßen trat. Nachdem der Typ sie schließlich von den Sünden erlöst hatte, die sie nie begangen hatte, nickte sie ein, mit einem glücklichen Lächeln auf den Lippen.«

»Der Tod der Mutter ist nicht mit dem Tod des Mannes zu vergleichen, den du geliebt hast. Er ist das Vorspiel zu deinem eigenen Tod. Denn es ist der Tod des Menschen, der dich zur Welt gebracht hat, der dich neun Monate lang in seinem Bauch herumgetragen hat.« Angesichts des Dahinscheidens von Tosca empfindet Oriana die Grausamkeit des Todes nur noch schlimmer. Aufgewachsen im Krieg, ist sie als Kriegsberichterstatterin an die Front zurückgekehrt, sie begegnet dem Tod seit Jahren, berichtet über ihn in ihren Artikeln und ihren Büchern, ohne ihn jedoch jemals akzeptiert zu haben. Der Tod ist ein Problem, das sie schon immer beschäftigt hat, und jenes Jahr ist der Moment, in dem Oriana ihm lange in die Augen schaut, um schließlich verwandelt aus diesem Blick hervorzugehen. Der Tod wird sie zeichnen, auf ihrem Gesicht erscheinen Falten und Schatten, die nicht wieder weggehen, als wäre sie plötzlich gealtert.

»Es war traumatisierend. Es geschah etwas in meiner Seele. Wenn du mich fragst: ›Welches ist das Wort, an das du am meisten denkst, Tag und Nacht?‹, so werde ich dir sagen: ›Der Tod.‹ Immer«, wird sie später einem amerikanischen Kollegen berichten. »In Amerika gibt es eine Fernsehserie, die sich *The Bionic Woman* nennt, die bionische Frau, und es ist die Geschichte einer Pilotin, die mit ihrem Flugzeug abstürzt. Ihr Körper wird vollkommen zerstört. Es bleibt nichts von ihr übrig außer dem Gehirn, und so lesen sie sie auf, bringen sie in einen OP-Saal, flicken sie wieder zurecht und bauen sie aus Metallteilen und Plastikteilen zusammen, mit elektronischen Augen und einer Pumpe anstelle des Herzens. Vom Original ist nur das Gehirn übrig. Na ja, ich möchte nicht irgendwelchen Idioten Vorschub leisten, indem ich sage, an der Stelle meines Herzens hätte ich eine Pumpe und statt Fleisch Plastik. Aber eine Sache ist gewiss: Von dem, was ich war, bevor ich vom Himmel gefallen bin, ist nur noch ziemlich wenig übrig.«

1977 ist ein Jahr, das ihr Leben verändert. Sie kündigt beim *Europeo*, wobei ihr bei dieser Entscheidung auch die Entlassung von Tommaso Giglio hilft, dem Herausgeber, dem sie sich sehr verbunden fühlt. Oriana ist schon seit geraumer Zeit der journalistischen Arbeit müde und träumt davon, nur noch Bücher zu schreiben. »Ich habe mich im Spiegel angeschaut und mich daran erinnert, dass ich über vierzig bin, und da habe ich mir gesagt: Was mache ich – soll ich weiterhin alles von mir dem Journalismus geben, das heißt, einem Handwerk, das ich zwar gelernt habe zu lieben, das ich aber nur aus reiner Notwendigkeit und als Kompromiss zu meinem Broterwerb gemacht habe?«

Nachdem sie so viele Jahre eine Person der Öffentlichkeit war, wird Oriana nun zu einem sehr zurückgezogenen Menschen, wie besessen von ihrem Wunsch nach Stille. Sie stellt das Telefon aus, lehnt Interviews zu aktuellen Themen ebenso ab wie Einladungen, vor Publikum zu sprechen. Drei Jahre lang lebt sie einsam in ihrer Klause in Casole, um an dem Roman über Alekos zu arbeiten – einer Hommage an einen Mann, der von der Obrigkeit getötet wurde, die jedoch in Wirklichkeit unter dem Zeichen von zwei Verlusten steht: dem der Mutter und dem ihres Gefährten. »Sie waren die Menschen, die ich am meisten geliebt habe. Ich liebte sie so sehr, dass es mich eine fast tragische Mühe kostete, meine Liebe unter ihnen aufzuteilen. Damit will ich sagen, die Zeit, die ich mit dem einen verbrachte, schien ich dem anderen zu stehlen, denn eigentlich hätte ich sie mit ihm verbringen sollen … Eine der Treppen zwischen Erdgeschoss und dem ersten Stock in meinem Haus auf dem Land ist die, die den Wohnbereich meiner Mutter mit dem Bereich verband, in dem Alekos und ich lebten. Und so war es, wenn ich mich mit beiden dort im Haus aufhielt, buchstäblich ein ständiges Auf und Ab. Treppauf, treppab.«

In jener Zeit entsteht für Oriana eine Methode des Schreibens, die von diesem Moment an für alle ihre Bücher gilt: Wenn sie schreibt, zieht sie sich von der Welt zurück und macht ihre Arbeit vollkommen zum Geheimnis. Sowohl Verwandten als auch Freunden ist es streng verboten, über das Buch zu sprechen, mit dem sie gerade beschäftigt ist. Und wenn jemand sie treffen will, so haben die Menschen in ihrer näheren Umgebung den Auftrag, ihm zu sagen: »Sie arbeitet.«

»Ich habe es drei Mal geschrieben. Nein, vier Mal. Fünf, wenn man die Fahnenkorrektur mitrechnet. An einem bestimmten Punkt haben mich die Setzer gehasst, und die Lektoren auch. ›Sie hat die Fahnen immer noch nicht abgesegnet! Sie gibt kein ›druckreif‹! Die bringt alles durcheinander! Die spinnt, die spinnt total!‹ Man glaubte, ich sei tatsächlich verrückt geworden. Und in gewisser Weise stimmte das auch, denn ich konnte mich von diesen Fahnen einfach nicht trennen, ich konnte sie nicht in Ruhe lassen, fand immer noch etwas zu korrigieren, zu verändern, zu streichen oder hinzuzufügen.« Der Roman *Ein Mann* kostet sie gewaltige Mühe. »Um zu erzählen, muss ich auch leiden«, sagt sie. »Und als würde ich in meinem Körper die Seele dieses toten Mannes tragen, als würde ich immer noch seine Stimme hören, habe ich zweieinhalb Jahre nicht gelebt: Ich sprach nur noch mit meinen engsten Vertrauten, isolierte mich von der Welt.«

Das Buch setzt mit dem Begräbnis von Alekos ein, in einer gewaltigen, von Menschenmassen getragenen Ouvertüre. Dann geht Oriana zu der Schilderung des gescheiterten Attentats und der Festnahme über. Sie beschreibt mit großem Realismus die Folter und die Haft, dann die Liebesgeschichte zwischen den beiden, die den zweiten Teil des Romans mit ihrem Licht überstrahlt, bis zum dramatischen Ende, dem Tod von Alekos. Alles wird genauestens beschrieben, als hätte sie selbst dieses Leben gelebt, anstelle von Alekos. Unzufrieden mit den Kapiteln über das Gefängnis hat sie ausnahmsweise ihre Isolation unterbrochen und ist ins griechische Boiati gefahren, um sich Alekos' Zelle anzuschauen: »Ich bat meinen Begleiter, mich in der Zelle einzuschließen. ›Ich möchte hier drin bleiben, ganz allein und so lange, wie ich es schaffe.‹ Sie schlossen mich ein, gingen weg. Ich setzte mich auf das, was von der Pritsche übrig war. Es war Sommer, trotzdem war es dunkel.

Das Licht drang durch die Gitterstäbe des Fensterschlitzes, der auf den Innenhof hinausging, und die schwache Spiegelung des Lichts von draußen sickerte durch das Gitter in der Decke. Man fragt sich, wie man hier drin leben kann, wenn es Winter ist… Ich hatte einen Zollstock mitgebracht… Damit maß ich sorgfältig die Wände ab: dreißig Zentimeter hier, vierzig da, ein Meter achtzig hier… fertig. Ich zeichnete einen Grundriss. Fertig. Ich setzte mich wieder hin, um nachzudenken. Aber ich konnte nicht nachdenken. In mir stieg ein Gefühl der Beklemmung auf, ja, sogar eine lächerliche Angst: Und wenn sie mich hier drinnen vergessen? Mir schien, als wäre eine unendliche Zeit vergangen (dabei waren es nur zwanzig Minuten gewesen, wie ich später feststellte), als ich die Gitterstäbe packte und schrie: ›Genug! Ich hab's kapiert, genug!‹ Alekos hatte hier fünf Jahre verbracht.«

Das Buch wird im Juli 1979 veröffentlicht und ist sofort ein gewaltiger Erfolg, in Italien wie im Ausland. Laut der klassischen Formel, die für Orianas Bücher gilt, ist es ein Roman, der jedoch auf realen Begebenheiten basiert. Es ist aber trotzdem ein Buch, das schwer einzuordnen ist: zugleich eine Elegie an den verstorbenen Lebensgefährten und ein Faktenroman. »Es ist nicht möglich, *Ein Mann* genauer zu definieren. Weil es ein Buch voller Bücher ist«, sagt Oriana selbst. Besonders liegt ihr daran zu unterstreichen, *Ein Mann* könne als Fabel über den Kampf des einsamen Helden gegen die Obrigkeit gelesen werden: »Die Erzählung folgt genau der klassischen Struktur der Fabel, die immer die gleiche ist, ob nun bei den griechischen Sagen oder bei den Volksmärchen aller Zeiten. Initiation, die Zeit der großen Proben, die Rückkehr ins Dorf, die letzte Herausforderung, Tod oder Apotheose.« Auch wenn Oriana betont, dass alles der Wahrheit entspricht, legt sie dennoch Wert darauf, dass das Buch ein Roman ist. Für sie ermöglicht nur der Roman ihr, dem, was sie erzählt, eine größere, das heißt eine universelle Wahrheit zu geben.

Das Ergebnis ist ein gewaltiges Epos von siebenhundert Seiten, dramatisch, brutal, exzessiv. Mit den Augen dieses Romans beschreibt Oriana einen kurzen, aber überaus intensiven Abschnitt ihres Lebens, rechnet mit ihrer obsessiven Beschäftigung mit dem Mut ab und schildert eine schwierige Liebesbeziehung zu einem Mann, der sich allzu sehr von ihr unterscheidet. »Ich bin nicht gut zu mir selbst gewesen, weil ich gut zu ihm, zu Alekos sein wollte, denn es hat mir nicht immer gefallen, wie ich mich ihm gegenüber verhalten habe. Nicht immer habe ich versucht, ihn zu verstehen, ihm entgegenzukommen. Und das alles hat sich in Schuldgefühle verwandelt, als er starb.«

Die Widmung des Buches lautet, auf Griechisch und Italienisch: *Ghia sena. Per te.* Für dich. So heißt auch ein Gedicht, das Alekos für sie geschrieben hat: »Gedanken der Liebe, vergessen / da sind sie wieder / und bringen mich ins Leben zurück.« Mit diesem Roman verknüpft Oriana ihren Namen für immer mit dem von Alekos, über den Tod hinaus: »Die Journalisten fragen mich, ob ich mich wieder verlieben werde. Ich antworte: Macht ihr Witze? Etwas Derartiges kann ich mir nicht einmal vorstellen. Ich glaube, die Leute sehen mich wie eine dieser indischen Witwen, die sich auf dem Scheiterhaufen ihres Mannes mit verbrennen lassen.«

Nun, da der Roman fertig ist, kann sie von *ihrem* Alekos erzählen und ihn manchmal auch neu erfinden. In Interviews erklärt sie, mit ihm habe sie eine außergewöhnliche Liebesgeschichte erlebt: »An einem gewissen Punkt meines Lebens ist mir ein Wunder geschehen: Ich traf Alexandros Panagoulis, habe ihn geliebt und wurde von ihm geliebt. Ich sage ›Wunder‹, weil es nicht irgendeine Liebe war: Es war eine gewaltige, eine große Liebe.« Jetzt, da er tot ist, kann sie ihn noch viel mehr lieben. Jetzt, da sie ihn für immer zur Legende gemacht hat, kann sie ihn auch zum Mann ihres Lebens machen.

19

Die Rückkehr

Die Veröffentlichung von *Ein Mann* im Jahre 1979 zwingt Oriana dazu, Casole für die Vermarktung des Buches, sowohl in Italien als auch im Ausland, zu verlassen. Nach drei Jahren völliger Isolation kehrt sie in die Welt zurück, nimmt ihre Reisen wieder auf, liest wieder Zeitung, schaut wieder fern. Ab und zu – wenn das Thema sie besonders reizt – beschließt sie sogar, wieder Interviews zu führen, die sie dann in einer der großen amerikanischen Zeitungen, sei es der *Washington Post* oder der *New York Times*, veröffentlicht oder in der wichtigsten Tageszeitung Italiens, dem *Corriere della Sera.*

Das ist auch der Fall bei Khomeini, mit dem sie ein Interview im Iran bekommt. Für einen westlichen Journalisten ist es nicht leicht, einen Termin beim Anführer der islamischen Revolution zu bekommen, der den Schah gestürzt hat – erst recht nicht für eine Frau. Wie früher schon ist es Orianas Berühmtheit, die ihr Tür und Tor öffnet. »1973 hatte ich den Schah interviewt und geschrieben, er sei ein Hundesohn. So kam es, dass Khomeini mir das Interview gab, weil er davon ausging, darin besser wegzukommen als sein alter Kontrahent. Tatsächlich glaubte auch ich, Khomeini könne mir ein wenig besser gefallen als der Schah, doch als ich ihn dann tatsächlich traf, stellte ich fest, dass er mir überhaupt nicht zusagte, dass er genauso ein Tyrann war wie der Schah, dass seine Tyrannei einfach an die Stelle der Tyrannei des Schahs getreten war, und so schrieb ich über ihn genauso negativ wie über den Schah.«

Für die Begegnung erklärt sie sich bereit, wie gewünscht den Tschador zu tragen. Doch als Khomeini, genervt über ihre Fragen zur Situation der Frauen im Iran, eine sarkastische Bemerkung macht – »Wenn die islamische Bekleidung Ihnen nicht gefällt, sind Sie nicht verpflichtet, sie zu tragen. Der Tschador ist für junge und anständige Frauen« –, reagiert Oriana damit, dass sie sich das Gewand mit einer ärgerlichen Geste auszieht. Es entsteht ein Tumult. Khomeini, der es nicht akzeptieren kann, in einem Raum mit einer Frau zu sein, deren Kopf nicht bedeckt ist, verlässt das Zimmer. Oriana weigert sich zu gehen, weil man ihr nur die Hälfte des Interviews gewährt habe. Stundenlang bleibt sie sitzen, bis ein Sohn Khomeinis auf den Koran schwört, dass man sie am nächsten Tag noch einmal empfangen werde. Oriana erzählt: »Am nächsten Tag kam Khomeini herein. Ich schaute ihm direkt in die Augen und sagte: ›Nun, Imam, werden wir dort weitermachen, wo wir gestern aufgehört haben. Wir sprachen darüber, dass ich eine unanständige Frau bin …‹ Da machte Khomeini etwas sehr Interessantes. Er schaut dir nie ins Gesicht, sondern immer zu Boden. Doch in diesem Moment sah er mich tatsächlich an, und auf seinen Lippen stand ein amüsiertes Lächeln. Das war lustig, denn offenbar konnte er nicht lachen.« Freunde erinnern sich, dass Oriana den alten Imam ausgezeichnet nachmachen konnte, vor allem sein verkniffenes Lächeln.

Das Interview wird in viele Sprachen übersetzt und zeigt, dass Oriana ihren alten Biss nicht verloren hat. Wie immer sucht sie die Konfrontation, stellt polemische Fragen, will von Khomeini wissen, warum er die gleichen Aufrührer verfolgt, die den Schah vertrieben haben, und wieso er sein Land zurück ins Mittelalter katapultieren will. Doch der Imam geht nicht auf ihre Provokationen ein. Er antwortet ungerührt, wird nie hitzig, geht einem Streit aus dem Wege. Wenn er eine Frage besonders ungehörig findet, beschränkt er sich darauf, zu seufzen und zu murmeln, dass diese ausländische Journalistin ihn ermüde. Oriana ist frustriert, als sie geht, macht jedoch keinen Hehl daraus, dass sie beeindruckt vom Charisma des Mannes ist: »Vielleicht ist das ein banales Wort, aber die schlichte Wahrheit über Khomeini ist, dass er ein Fanatiker ist. Eigentlich bin ich der Meinung, dass ein Fanatiker notwendigerweise kein besonders intelligenter Mensch sein kann, doch ich muss zugeben, dass Khomeini die Ausnahme von der Regel ist. Ich hatte mich darauf eingestellt, einen Idioten zu treffen, doch in Wirklichkeit begegnete ich einem scharfsinnigen Menschen.«

Einen Monat später, am 4. November 1979, stürmt eine Gruppe von etwa 400 Studenten die amerikanische Botschaft in Teheran und nimmt alle dort Anwesenden als Geiseln. Es ist der Beginn einer dramatischen diplomatischen Krise. Mehr als ein Jahr lang bleiben zweiundfünfzig Personen als Geiseln in Gefangenschaft, während um ihre Köpfe ein interner Machtkampf innerhalb der iranischen Revolutionskräfte, zwischen Gemäßigten und Radikalen, geführt wird und es mit den Vereinigten Staaten zu einem diplomatischen Tauziehen kommt, weil diese sich weigern, den Schah auszuliefern, der sich im Exil dort aufhält und kurze Zeit später stirbt.

Oriana beschließt, noch einmal in den Iran zu fahren. Sie reist im Auftrag der *New York Times* und erhält im März 1980 ein Visum. In Teheran bittet sie um Einlass in die Botschaft, um Geiseln wie Besetzer zu interviewen. Doch ihre Bitte wird abgelehnt. Die Erinnerung an ihre provokante Geste Khomeini gegenüber ist immer noch sehr lebendig im Land.

Die feindselige Menge vor der Botschaft umringt und schubst sie, Oriana muss den Rückweg antreten und fährt Hals über Kopf zum Flughafen.

Immer noch im Jahre 1979 interviewt sie Gaddafi, der zehn Jahre zuvor mit einem Staatsstreich in Libyen an die Macht gekommen ist. Der Diktator hat gewettet, er würde Oriana im Gegensatz zu Khomeini ein positives Interview abringen. »Er liebt Herausforderungen«, erklärt ihr der Regierungsvertreter, der sie zum Diktator begleitet. »Außerdem gefällt er allen, Männern wie Frauen, aber besonders Frauen. Viele verlieben sich in ihn, während sie ihn interviewen.«

Oriana trifft Gaddafi zwei Mal, am ersten Tag in seinem Hauptquartier, am zweiten in einem Zelt in der Wüste. Um sich vorzubereiten, hat sie sein *Grünes Buch* gelesen und rasch ihre Schlüsse daraus gezogen: »Das Büchlein zeigte schlicht und ergreifend, dass der Oberst blöd ist, und das hatte ich kapiert.« Wie immer kommt Oriana mit einer Liste polemischer Fragen zum Interview – über Themen wie seine Finanzierung der Roten Brigaden, über die Beziehungen zu Fiat, über seine Gastfreundschaft gegenüber Idi Amin, dem Diktator Ugandas –, doch Gaddafi weicht ihr aus und bringt bei seinen Antworten alle möglichen anderen Themen aufs Tapet: Vietnam und den italienischen Kolonialismus, die Palästinenserfrage, die Neutronenbombe. »Meine Güte. Das war so, wie wenn man sich auf einem Fluss treiben lässt und nicht weiß, wo er einen hinbringt«, schreibt Oriana im Interview, das zu einer Art absurdem Theaterstück gerät, als sie sich weigert, Gaddafis Gedankensprüngen zu folgen und den Tyrannen stattdessen durch den Kakao zieht.

In Wirklichkeit erschüttert das Interview sie mehr, als sie den Lesern zeigen will. Jahre später wird sie sagen: »Dieses

Interview war wirklich furchterregend. Gaddafi ist im klinischen Sinne krank, mental gestört, ein Wahnsinniger. Wäre ich so mutig gewesen wie Alekos, hätte ich ihn umgebracht, als ich zum Interview zu ihm ging. Ich hätte einfach nur den Mumm haben müssen zu sterben, wenn ich Gaddafi umbrachte, aber ich habe es nicht getan.«

China ist ein weiteres Land, das sie besuchen möchte und das sich gerade aus seiner Isolierung befreit. Dank Staatspräsident Sandro Pertini darf Oriana an einer offiziellen Reise im August 1980 teilnehmen. Sie ist neugierig, will alles sehen, bittet um Zugang zu Maos Mausoleum – Dinge, die ihr natürlich nicht gestattet werden. Aber sie erhält die Erlaubnis, sich mit Premierminister Deng Xiaoping zu treffen, woraus ein weiteres Interview entsteht, das Geschichte macht. Tiziano Terzani, der sich damals in China aufhält, schreibt ihr: »Hier, wo man zu jeder Mahlzeit, zu jedem Drink von nichts anderem redet als von dir, ist es öfters vorgekommen, dass ich als dein Fürsprecher aufgetreten bin, und ich kann dir versichern, dass es dir gefallen würde, mich zu hören. Dieses Interview ist großartig. Zum ersten Mal trägt ein führender chinesischer Politiker menschliche Züge, weil er nicht einfach nur wie ein Papagei die *Volkszeitung* nachplappert. Er ist der erste kommunistische Leader Chinas, der natürlich wirkt und den Lesern nahebringt, was es heißt, in diesem Reich der Mitte Herrscher zu sein.«

Wie immer hat es Oriana geschickt verstanden, Deng Xiaoping die Fragen zu stellen, die auch den einfachen Mann von der Straße interessieren würden. Sie eröffnet das Interview damit, dass sie ihm zum Geburtstag gratuliert, der einen Tag später liegt. »›Mein Geburtstag? Habe ich morgen Geburtstag?‹ – ›Ja, das habe ich in Ihrer Biografie gelesen.‹ – ›Ach! Na, wenn Sie das sagen … Ich weiß nie, wann mein Geburtstag ist, aber selbst wenn, besteht kein Anlass zu Glückwünschen. Es bedeutet, dass ich sechsundsiebzig werde. Und sechsundsiebzig ist ein dekadentes Alter.‹ – ›Es ist das Alter meines Vaters, Herr Deng, und wenn ich meinem Vater sage, er sei in einem dekadenten Alter, gibt er mir eine Ohrfeige.‹«

Sie findet Deng sympathisch, geistreich, auf charmante Weise schwerhörig. Sie piesackt ihn mit impertinenten Fragen – über das Stalin-Porträt auf dem Tian'anmen-Platz, für das es ihrer Meinung höchste Zeit wäre, es abzunehmen, über die Viererbande, die angeblich unrecht hat, während Mao unschuldig ist –, will von ihm wissen, wie viele Menschen während der Kulturrevolution umgekommen sind. Doch sie macht auch keinen Hehl daraus, dass ihr dieser Mann, der über sich selbst lachen kann, im Grunde sympathisch ist. Und sie weiß, dass dies auf Gegenseitigkeit beruht. »Ehrlich gesagt hat dabei wahrscheinlich nicht nur geholfen, dass ich eine Frau bin, sondern auch, dass ich klein bin. Denn Tatsache ist, auch Deng ist klein; sogar noch kleiner als ich.«

Schließlich reist Oriana im Februar 1981 nach Polen, weil sie neugierig darauf ist, Lech Wałęsa kennenzulernen, den Arbeiter an der Spitze der Gewerkschaft Solidarność, der dem kommunistischen Regime der Sowjetunion große Schwierigkeiten bereitet. Das Interview ist nicht einfach. Wałęsa traut dieser berühmten Journalistin nicht, die so manche Männer, die viel wichtiger sind als er, in der Luft zerrissen hat. Wiederholt bezeichnet er sich selbst als ungebildeten Mann, der in seinem Leben kein einziges Buch gelesen habe. »Warum schauen Sie mich so an?«, schnauzt er sie an, genervt von Orianas inquisitorischem Blick. »Ich schaue Sie an, weil Sie Stalin ähneln«, antwortet sie ungerührt. »Dieses Interview, wie schreiben Sie das?«, fragt er dann, sehr nervös. »Frage und Antwort, Frage und Antwort, oder alles hintereinander, mitsamt Kommentaren? Kommentare sind mir nämlich nicht recht. Es ist nicht ehrlich, urteilen muss der Leser selbst, er muss entscheiden, ob ihn jemand überzeugt oder nicht.« Wenn Oriana ihn zu sehr bedrängt, protestiert er: »Sie haben einen autoritären Stil, geradezu diktatorisch, und da ich den auch habe, bekommen wir hier ein Problem. Treffen wir eine Abmachung: Ab jetzt werde ich nett zu Ihnen sein, und Sie sind nett zu mir. Wenn nicht, zerfleischen wir uns. Okay?«

Oriana interviewt Wałęsa in zwei langen Sitzungen von drei Stunden und schreibt anschließend ein stellenweise uriges, aber insgesamt positives Porträt des Gewerkschaftsführers. Jahre später wird sie im Gespräch mit einer italienischen Zeitung Folgendes sagen: »Eigentlich war ich von Wałęsa nicht begeistert gewesen. Ich hatte sehr wohl begriffen, dass es sich bei ihm um einen eitlen und anmaßenden Ignoranten handelte, einen Bigotten, der von der katholischen Kirche eingesetzt worden war, so wie ein Filmproduzent einen talentfreien Schmierenkomödianten einsetzt. Ich hatte sogar einen Hauch von herrischem Gehabe an ihm erschnuppert, wie bei einem kleinen Faschisten, der, kaum ist er an der Macht, seinem Pferd oder seinem Fahrer einen Senatorenposten zuschustert. Doch nach langem Hin und Her, als ich überlegte, soll ich das schreiben oder nicht, beschloss ich, dass ich den Kommunisten, genauer, Moskau, einen Gefallen getan hätte, wenn ich es so geschrieben hätte. Das Blöde ist, dass der Journalismus dir in seiner Unmittelbarkeit nie die Zeit lässt, eine Sache richtig zu durchdenken.«

In dieser Zeit der Rückkehr in die Welt ist es vor allem der Nahe Osten, der Orianas Aufmerksamkeit auf sich zieht. Im Juni 1982 marschiert Israel im Libanon ein und zwingt die bewaffneten palästinensischen Truppen zum Rückzug aus dem

Land. Oriana beschließt, sich das anzuschauen. Nach langer Zeit fährt sie wieder einmal an eine Front. Ein Kollege erinnert sich daran, er habe sie auf dem Militärflughafen von Pisa auf einer Bank sitzen und auf den Flug nach Beirut warten sehen. »Was machst du denn im Libanon, schreibst du eine Reportage?« Sie kuschelt sich in ihre Jacke und zuckt mit den Achseln. »Schauen«, antwortet sie. Dann schließt sie die Augen und tut so, als würde sie schlafen, um weiteren Fragen aus dem Weg zu gehen. In Wirklichkeit reist Oriana nicht im Auftrag einer Zeitung, wie es schon seit geraumer Zeit der Fall ist. Sie selbst hat beschlossen zu fahren. Ein anderer italienischer Journalist erinnert sich an ihre Ankunft im Hotel Alexandre in Beirut: »Es war gerade eine Bombe hochgegangen. Überall Glasscherben, Splitter, ich mit angesengten Haaren. Ich hatte mich verletzt, weil ich eine Frau rausgeholt hatte. Plötzlich taucht mitten in diesem Chaos aus atemlosen und verletzten Menschen Oriana auf. Sie wendet sich mit einem ›Was zum Henker ist hier los?‹ an mich und beschwert sich dann beim Hotel, weil man ihr ein Zimmer voller Glassplitter gegeben hat. Dann verkündet sie mir, sie wolle den libanesischen Milizenführer Bashir Gemayel interviewen.«

Zehn Jahre zuvor hat Oriana mit ihren Interviews in den Lagern der palästinensischen Untergrundkämpfer und dem großen Porträt Golda Meirs journalistische Lorbeeren eingeheimst. Auch diesmal möchte sie etwas schaffen, das bleibt. Als sie begreift, dass sie das Interview mit Gemayel nicht bekommen wird, nimmt sie stattdessen General Ariel Sharon, den Chef der israelischen Streitkräfte, ins Visier. Der eben erwähnte Kollege erinnert sich: »Sharons Wagen fährt vor dem Hotel Alexandre vor. Plötzlich baut sich eine Frau vor dem Wagen auf. Ich höre, wie ein Bodyguard ruft: ›*Crazy woman!*‹, was für eine Verrückte! Dann die Stimme, die ich nur zu gut kenne: ›*I am Oriana Fallaci, you must give me an interview!*‹ Jemand aus dem Begleittrupp von Sharon muss eines ihrer Bücher gelesen haben, denn er flüstert ihm etwas ins Ohr, woraufhin Sharon die Scheibe herunterlässt, sich herauslehnt und sagt: ›*No problem, Mrs Fallaci, come to my office in Tel Aviv. Monday morning at ten o' clock.*‹ Die internationalen Reporter staunen, und Oriana schaut sie triumphierend an, wie eine Katze, die gerade die Maus gefressen hat.«

Das Interview mit Sharon dauert den ganzen Tag. In regelmäßigen Abständen bringt die Ehefrau des Generals Teller mit Essen herein, die während des Gesprächs verzehrt werden, wobei Oriana Kaffee und Zigaretten vorzieht. Mit ihrem Gesprächspartner geht sie nicht zimperlich um. Sie erinnert ihn daran, dass viele ihn für einen »Killer, einen Brutalo, einen Bulldozer, einen ungehobelten Klotz, einen Machtgeilen« halten. Sie versucht ihm aufzuzeigen, dass die Vertreibung der Palästinenser aus dem Südlibanon nur ein Pyrrhussieg sei, weil sie internationale Solidarität mit ihnen hervorgerufen habe. Sie weist ihn darauf hin, dass auch die Juden einmal Bomben geworfen haben: »Tatsache ist, dass Sie das Wort Terrorist wie ein Schimpfwort benutzen. Und Sie haben recht. Aber wart ihr denn etwa anders, als ihr gegen die Araber und Engländer gekämpft habt, um den Staat Israel zu gründen?« Am Ende des Interviews drückt ihr Sharon die Hand und sagt zu ihr: »Ich habe sehr wohl gewusst, dass Sie Ihrer Sammlung einen weiteren Skalp beifügen wollten. Sie sind hart, sehr hart. Aber mir hat jeder Augenblick dieser stürmischen Begegnung gefallen, weil Sie eine mutige Frau sind, die aufrichtig und fähig ist. Noch nie ist jemand zu mir gekommen, der so gut informiert war wie Sie. Niemand begibt sich in den Krieg, so wie Sie es tun, während die Bomben fallen, nur um ein Interview vorzubereiten.«

20

Inschallah

Als eine internationale Friedenstruppe für den Libanon aufgestellt wird, fährt Oriana nach Beirut, um das italienische Kontingent zu besuchen. Sie ist beeindruckt von diesen Soldaten, die zum größten Teil Wehrpflichtige sind, sich jedoch mit großer Professionalität einsetzen. Wieder zu Hause, reagiert sie im Oktober 1983 mit Erschütterung, als sie erfährt, dass zwei sprengstoffbeladene Lastwagen mit islamistischen Selbstmordattentätern am Steuer die Kasernen des amerikanischen und französischen Kontingents in die Luft gejagt haben und mehr als dreihundert Soldaten im Schlaf getötet wurden. Oriana kehrt auf der Stelle nach Beirut zurück und spricht mit italienischen Soldaten, die unter der ständigen Bedrohung leben, das Gleiche könnte mit ihnen passieren.

Unter den Soldaten des Kommandos befindet sich auch ein Sergeant namens Paolo Nespoli, mit dem sie sich anfreundet, obwohl er Jahrgang 1957 und folglich etwa halb so alt ist wie sie. In dem in Beirut stationierten Kontingent der multinationalen Friedenstruppe hat er unter anderem die Aufgabe, sich um die italienischen Journalisten zu kümmern, die über den Konflikt vor Ort berichten. Er erhält die Anweisung, die berühmte Journalistin überallhin zu begleiten und dafür zu sorgen, dass ihr nichts zustößt. Paolo Nespoli ist ein Bewunderer von Oriana. Der Roman *Ein Mann* war eines der Lieblingsbücher seiner Mutter, und als er noch ein Junge war, hat ihm seine Freundin in der Mittelstufe *Wenn die Sonne stirbt* geschenkt, weil sie von seiner Leidenschaft fürs All wusste. Während jener langen Tage in Beirut, zwischen einem Interview und einem Ortstermin in einem der Palästinenserlager, haben Oriana und Paolo genug Gelegenheit, sich besser kennenzulernen. Sie sprechen über den Krieg, über Geschichte, Familie, über ihre Ideale, über die Zukunft. Oriana ist überrascht, über wie viele Dinge sie sich mit einem so jungen Mann austauschen kann, der doch ihr Sohn sein könnte.

Oriana kehrt mehrmals nach Beirut zurück, auch im Februar 1984, als die Situation in der Stadt sehr gefährlich geworden ist. General Franco Angioni, Truppenführer des italienischen Kontingents der UN-Friedenstruppe, erinnert sich: »Damals hatte sich die Situation im Libanon sehr verschlechtert, und alle schossen auf alle. Mit normalen Verkehrsmitteln konnte man nicht mehr ins Land. Doch sie schaffte es, indem sie vom Verteidigungsministerium forderte, dass man es ihr möglich machte.« Oriana wird in einem Militärflugzeug nach Zypern gebracht, wo sie an Bord einer Fregatte geht und dann in Sichtweite des Festlandes einen Helikopter besteigt, der im Dunkeln in Richtung Küste fliegt, auf eine Stelle zu, die mit Fackeln beleuchtet ist. Sie springt von dem Hubschrauber ab, der noch in Bewegung ist, kurz bevor der Pilot ihn wendet, um wieder an Flughöhe zu gewinnen. »Das war eine Mutprobe, der sich nicht viele gestellt hätten«, kommentiert Angioni.

Eigentlich hätte Oriana in einem Hotel im Zentrum absteigen soll, doch sie bleibt in Ostbeirut, beim Kommando des italienischen Kontingents der UN-Friedenstruppe, stecken. Sie schläft bei den Soldaten in der Kantine, wo man ein Feldbett für sie aufgestellt hat. Eines Nachts kommt aus Rom der Befehl zu evakuieren, und so beginnt bei Morgengrauen der Rückzug des italienischen Militärs, das aus den Camps abgezogen, auf LKW verfrachtet und zum Hafen transportiert wird, wo es an Bord mehrerer wartender Schiffe geht. Als Letzte werden die Soldaten des Kommandos evakuiert. Paolo besorgt Oriana einen Helm und eine schusssichere Weste, was ihr beides – wie immer, wenn sie bei ihrem schmalen Körperbau in eine Uniform schlüpft – zu groß ist. Er setzt sie in einen Jeep und erfüllt ihr einen letzten Wunsch: Sie will noch einmal das italienische Feldlazarett besuchen, das der Zivilbevölkerung überlassen wurde. Als sie dort ankommen, sind Gruppen von bewaffneten Männern bereits dabei, das Gebäude zu plündern, und zerstören das, was sie nicht mitnehmen können, während einige religiöse Anführer die Essensvorräte verbrennen, die in ihren Augen unrein sind. Oriana steht aufrecht im Jeep und beschimpft laut die Plünderer. Am Ausgang fällt ihr ein Dutzend Kinder auf, die, statt wie sonst die Hände aufzuhalten und um Schokolade zu betteln, aufspringen und vor dem vorbeifahrenden italienischen Jeep salutieren. Die Soldaten salutieren zurück, als handelte es sich um eine militärische Ehrenformation. Oriana kann die Tränen nicht zurückhalten. Während das Schiff aus dem Hafen von Beirut ausläuft, steht sie bis zuletzt auf der Brücke und schaut zur Strandpromenade der Stadt zurück, die sich am Horizont entfernt.

Während der viertägigen Rückreise hat sie viel Zeit, um mit Paolo zu reden. Endlich duzen sie sich und diskutieren über Gegenwart und Zukunft. Oriana fragt ihn, was er denn später werden wolle. Er gesteht ihr, dass er immer schon davon geträumt habe, Astronaut zu werden, dieser Traum jetzt jedoch, mit siebenundzwanzig Jahren, ohne Universitätsabschluss und ohne englische Sprachkenntnisse, in weite Ferne gerückt sei. Oriana wird wütend. Sie erklärt ihm, wenn er an seinen

Traum glaube, dann müsse er es wirklich versuchen. Als sie von Bord geht, umarmt sie ihn und verspricht ihm zu helfen.

In den folgenden Monaten sehen die beiden sich oft und verbringen mehrere Wochenenden miteinander. Es erstaunt Oriana, dass sie tatsächlich noch etwas für einen Mann empfinden kann. Nach Alekos' Tod hat sie sich gefühlsmäßig vollkommen abgeschottet: »Ich hatte mir geschworen, nie wieder einen Mann anzurühren. Doch dann habe ich dich getroffen«, schreibt sie Paolo in einem Brief. Im Sommer 1984, als es den beiden endlich gelingt, eine längere Zeit miteinander zu verbringen, stellt Oriana fest, dass sie Dinge sagen kann, von denen sie gedacht hatte, sie würde sie nie mehr sagen, und sie schreibt wieder Gedichte – wie sie es früher getan hat –, sammelt sie in einem Büchlein und spricht darüber mit dem Mann, den sie liebt.

In einem dieser Gedichte beschreibt sie einen Fallschirmsprung von Paolo. Oriana bleibt voller Sorge am Rande der Landefläche zurück, während er zunächst nur ein schwarzer Punkt am Himmel ist, der zu Boden zu rasen scheint, bis der große Fallschirm sich öffnet und den Fall bremst. »Dann öffnete sich der kleine Punkt / der Schirm entfaltete sich, wie ein Segel / groß und blau sank er, ganz sachte / er schwebte und kreiste und zuckte / brachte dich zu mir zurück / und ich war wie neugeboren. / Dann, endlich, hörte ich meinen Namen, du schriest ihn / voll purer Freude, und ein großer grüner Vogel / der noch an Fäden am Segel hing / landete direkt neben mir / unversehrt / und lächelte mich an.«

Auch Paolo hegt tiefe Gefühle für Oriana, ungeachtet der Lebensjahre, die zwischen ihnen liegen. Diese Frau, der er zunächst fast ehrfürchtig begegnet ist, so wie alle es tun, fesselt ihn mit ihrer starken Vitalität. Ihre Begeisterung und ihre Lebenslust machen sie jünger als viele andere Frauen ihres Alters. In einem Brief schreibt er ihr: »Ich denke, diese Zeit in Italien wird dir wirklich nützlich sein, und du wirst die Lösung all der Probleme, die vor dir liegen, mit dem ganzen Kampfgeist angehen, der dir eigen ist. Und es wird nichts und niemanden geben, das oder der dir widerstehen kann. Ich denke, im Grunde ist das das Geheimnis deiner unwandelbaren Jugend und deiner verblüffenden geistigen Klarheit.«

Orianas Gedichte erzählen diese Liebe mit großer Zärtlichkeit und zugleich absoluter Ehrlichkeit. Oriana weiß von Anfang an, dass ihre Beziehung zu einem baldigen Ende verurteilt ist: »Zerstreut wirst du diese Liebe in eine Schublade legen / wie einen alten Schuh oder einen Reisepass / der nicht mehr gültig ist. / Oder du wirst dir höfliche Ausreden ausdenken / um sie mir auszutreiben / ohne dass es wehtut.« Sie weiß auch, dass alles an diesem Paar, von außen betrachtet, unsinnig erscheint: »Wir zwei zusammen / wir sind Ketzerei / eine Hypothese, die man verwirft / ein Phänomen, das man studiert / so wie die Schwarzen Löcher und die Quantentheorie. / Zwischen uns geht keine Rechnung auf / weder das Alter noch die Größe noch das Gewicht / noch der Beruf oder der Ort, an dem wir wohnen.« Und doch feiert sie diese Beziehung wie ein Wunder: »Aber sag mir, warum / sind wir beide miteinander /so glücklich und zufrieden / warum können wir es kaum erwarten / uns wiederzusehen / wenn unsere Wege sich einmal trennen? / Weil wir zusammen lachen / und uns wegen derselben Sachen grämen / weil wir zusammen schlafen / so tief und fest, wie zwei Steine / umspült von der Strömung des Flusses / Seite an Seite.« In ihrem Arbeitszimmer hat Oriana eine Karte der Brianza und eine Vergrößerung von Paolos Augen hängen, doch wenn die Leute sie fragen, was das sei, gibt sie ihnen keine Antwort. »Wie soll ich den Leuten erklären / dass die Brianza dort hängt / weil du dort geboren bist, / und dass deine Augen dort hängen / weil sie schauen und sehen können / über mein müdes Gesicht hinaus.« Sie spricht mit niemandem über diese Verbindung. Für ihre Freunde ist Paolo nur ein junger Schützling von ihr. Und um die verblüfften Blicke der Menschen, die sie im Restaurant oder auf der Straße sehen – er sehr groß, sie winzig, er jung und sie im besten Alter –, versucht sie sich nicht weiter zu kümmern: »Tatsächlich / schauen die Leute uns an / und können es nicht glauben. / Und wer durch Zufall einen Verdacht hat / bleibt verwundert stehen und beschließt dann: / Nein.«

Im April 1985 beendet Paolo seinen Militärdienst und richtet sich in Orianas New Yorker Wohnung häuslich ein. Etwa vier Jahre lang arbeitet jeder von ihnen verbissen an seinem Vorhaben: Paolo an seinem Universitätsabschluss in Luft- und Raumfahrttechnik an der Polytechnischen Hochschule in New York, Oriana an ihrem neuen Buch, mit dem sie fast zehn Jahre beschäftigt sein wird. *Inschallah* ist der komplexeste ihrer Romane, ein Epos von achthundert Seiten, wie eine kleine *Ilias*, die den Leser mit einer Fülle von Figuren – fünfundsechzig beziehungsweise hundertzehn, wenn man die Komparsen hinzunimmt – ebenso auf die Probe stellt wie seine radikale sprachliche Gestaltung, die jeden Soldaten in seiner eigenen Sprache reden lässt, vom amerikanischen Slang der Marines bis zu lokalen Dialekten Italiens. Die erzählte Zeit umfasst eine Spanne von drei Monaten, vom Attentat bis zum Rückzug der UN-Friedenstruppen, und basiert auf der fiktiven Annahme, es habe einen dritten, mit Sprengstoff beladenen Lastwagen gegeben, der für das italienische Kontingent bestimmt war. Er ist der erzählerische Versuch einer Abrechnung mit dem »einen immerwährenden Massaker Krieg«[46], wie es in der Widmung des Romans heißt, die sowohl den Opfern der Attentate als auch allen Männern, Frauen, Alten und Kindern gilt, die in Beirut so brutal getötet wurden.

Oriana, die in ihrem Leben so viel Gewalt gesehen hat, war im Libanon besonders erschüttert über die Massaker, die von den verschiedenen am Krieg beteiligten Gruppierungen begangen wurden: »In Westbeirut war ich ergriffen. Diese brutale… brutale Zerstörung zu sehen, diesen erstickenden Gestank nach Toten zu riechen, all die entstellten Leichen zu sehen.« Einer Figur des Romans legt sie die traurige Wahrheit in den Mund, die sie selbst schon vor langem erkannt hat: »Der Krieg ist zu gar nichts nutze… er löst gar nichts. Sobald ein Krieg vorüber ist, wird dir klar, daß die Gründe, weshalb er ausgebrochen war, nicht verschwunden oder daß neue dazugekommen sind, und deshalb ein neuer Krieg ausbrechen wird.«[47]

Der Roman beginnt mit dem Bild der Banden von streunenden Hunden, die des Nachts die Kontrolle über die verlassenen Straßen der Stadt übernehmen: Symbol der Milizen, die untereinander um die Herrschaft in der Stadt kämpfen. Oriana erspart dem Leser keinen Gewaltakt und keine Brutalität. Dennoch ziehen sich mehrere Liebesgeschichten durch das Buch, die immer wieder aus den unwahrscheinlichsten Situationen erblühen, als wäre das Leben selbst inmitten der alltäglichen Zerstörung nicht aufzuhalten. Es ist der Roman des Krieges in seiner höchsten Potenz. Jeder in Beirut besitzt eine Waffe, und man stirbt aus den nichtigsten Gründen. Kleinere Ereignisse, die nur scheinbar weit weg sind, führen zu größeren, eine Kettenreaktion der Unmäßigkeit, die nur immer größer wird. Das Chaos ist eine Kraft, die permanent am Wirken ist. Um all das auszudrücken, benutzt Oriana eine wissenschaftliche Formel: die Boltzmann-Formel.

Diese wurde am Ende des neunzehnten Jahrhunderts von einem österreichischen Physiker entwickelt, der später Selbstmord beging, und versucht, Entropie, das heißt das Chaos, in mathematische Begriffe zu fassen. Oriana ist fasziniert davon, denn sie hält sie für die Formel des Krieges. Den ganzen Roman hindurch quält sich die Hauptfigur, Sergeant Angelo, Student der Mathematik, mit dieser Gleichung, die er Formel des Todes nennt, und fragt sich, ob es denn umgekehrt auch eine Formel des Lebens gebe.

Inschallah ist ein Roman, der in vieler Hinsicht prophetisch ist. Er zeigt den Libanon als Laboratorium, in dem der Terrorismus der Zukunft gezüchtet wird, mit einer Mischung aus Politik und Religion, die schon bald explosiv wird. Der Islam wird zur politischen Waffe, und der Konflikt im Nahen Osten nimmt einen anderen Charakter an. Fast zwanzig Jahre vor dem 11. September 2001 stellt Oriana die These auf, der radikale Islam habe seinen Ursprung im Kriegsschauplatz des Nahen Ostens und werde bald einen weitaus größeren Krieg gegen den Westen führen. Ein italienischer Freund erinnert sich, wie sehr sie der Konflikt zwischen der arabischen Welt und dem Westen beschäftigt habe: »Die Tragödie von New York konnte sie natürlich nicht vorhersehen, doch schon damals, in den Achtzigerjahren, sagte sie in Gesprächen mit mir genau das voraus. Schau doch, wie wir hier in Amerika den Hass, den es gibt, unterschätzen, sagte sie mehrfach. Wer weiß, wie und wann er sich einmal entladen wird …«

Nachdem Oriana sich jahrzehntelang mit internationalen Konflikten beschäftigt hat, begreift sie intuitiv, welcher Art die Auseinandersetzungen in der Zukunft sein werden, die neuen Spannungen, die die Welt spalten werden – eine Erkenntnis, die sie unmissverständlich einer ihrer Romanfiguren in den Mund legen wird: »Von wegen Russen und Amerikaner, von wegen Kommunisten und Kapitalisten! Der nächste Krieg würde nicht zwischen Armen und Reichen ausbrechen: er würde zwischen Guelfen und Ghibellinen ausbrechen, genauer gesagt zwischen Schweinefleischfressern und Nichtschweinefleischfressern, zwischen Weinsäufern und Nichtweinsäufern, zwischen Pater-Noster-Stammlern und Allah-russillallà-Heulern!«[48]

Oriana bezieht Paolo in ihre Recherchen mit ein, bittet ihn um Karten, Fotos, Beschreibungen, Details. Am Abend, während des Essens oder vor den Bergen Material, das sie ansammelt, um die Hintergründe des Romans so detailliert wie möglich zu gestalten, sprechen sie stundenlang über die Figuren und die Situationen, in denen sie agieren. Oriana liest sich das am Tag Geschriebene noch einmal durch, sucht in ihren Gesprächen mit Paolo manchmal die Konfrontation, manchmal eine kleine Geste der Zustimmung oder auch nur einen aufmerksamen Zuhörer. Die Myriaden von Geschichten, die in ihrem Kopf Gestalt annehmen, empfindet sie als geradezu erdrückend. Als würde alles, was sie in ihrem Leben als Kriegsberichterstatterin angesammelt hat, in ihr anklopfen und darum bitten, erzählt zu werden, aber sie könnte zu keiner der Figuren, die von ihr ins Leben gerufen werden wollen, Nein sagen. Um alle in Schach zu halten, hängt sie in ihrem Arbeitszimmer eine große Schiefertafel auf, auf der sie sich die Namen notiert, sie durch Pfeile und Kommentare miteinander verbindet und neben jeden Namen ein Zeichen macht, wann die Figur stirbt, denn in *Inschallah* wird viel gestorben. Eine der wenigen Freundinnen, die in jener Zeit bei ihr zu Hause vorgelassen werden, erinnert sich: »Manchmal besuchte ich sie am Abend, und sie kam mir aufgewühlt entgegen und sagte: ›Heute habe ich ihn umgebracht, ich habe ihn umgebracht!‹ Sie sprach von einer ihrer Romanfiguren, und nach einer Weile konnte sie nicht mehr … ›Ich hab ihn umgebracht, und ich hab ihn leiden lassen …‹ Sie war glücklich, weil sie eine ihrer Figuren hatte sterben lassen.«

Wie immer, wenn Oriana an einem Roman arbeitet, widmet sie dem Schreibprozess ihre ganze Zeit. Diesen unterbricht sie nur kurz vor Weihnachten 1987 kurz, um ihrem Vater beizustehen, bei dem ein Tumor entdeckt wurde. Sie fährt nach Italien zurück und bleibt zwei Monate dort. Für sie ist es erschütternd, den Helden ihrer Jugendzeit zu einem winzigen Vögelchen geschrumpft zu sehen: »Ich komme mir vor, als wäre ich seine Mama. Er ist so klein geworden, weißt du«, sagt sie zu einer Freundin. »Wenn ich ihn hochhebe und ins Bad bringe, macht das überhaupt keine Mühe.«

Edoardo stirbt in ihren Armen. »Ich war verzweifelt. Ich begriff, dass es nur noch eine Frage von Augenblicken war. Er litt schrecklich, und urplötzlich hatte ich eine Eingebung. Ich sagte zu ihm: ›Was für ein wundervoller Mann du bist, Papa, was für ein mutiger Mann! Bravo! Bravo!‹ Er öffnete die Augen, schaute mich an, lächelte. Und dann starb er.« Als Edoardo mit einer schlichten, zivilen Zeremonie zu Grabe getragen wird, begleitet von Fahnen der *Giustizia e Libertà*, der Partisanenorganisation und der Metallarbeitergewerkschaft, hält Oriana eine Trauerrede, die sie geschrieben hat, während sie an seinem Bett wachte. Dann kehrt sie nach New York zurück und setzt die Arbeit an ihrem Roman fort.

Die Beziehung zu Paolo dauert fünf Jahre an, ein langes Zusammenleben, wie es für Oriana außergewöhnlich ist. Aufgrund des Altersunterschiedes fühlt sie sich in dieser letzten Liebe ihres Lebens oft in einer Position der Schwäche, und da es ihr zuwider ist, mit ihrer eigenen Zerbrechlichkeit konfrontiert zu sein, reagiert sie oft wütend auf das, was sie als Akt des Verrats von Seiten Paolos empfindet, ob es nun seine Freundschaften mit Gleichaltrigen an der Universität sind oder Situationen, in denen sie ihm vorwirft, in einem Streit mit anderen nicht ausreichend ihre Position ergriffen zu haben. Auch der kleinste Vorfall genügt dann, um lange, bissige Diskussionen zu entfesseln, worauf Oriana manchmal tagelang kein Wort mehr mit Paolo wechselt und sich in langen, vorwurfsvollen Briefen an ihn Luft macht. Zum ersten Mal empfindet sie ihr Alter als eine Last: »Ich habe mich immer deutlich jünger gefühlt, als ich war und als ich bin. Und so habe ich mich auch verhalten. Plötzlich jedoch liegt mir mein Alter wie ein Gewicht auf der Seele. Ich fühle mich alt, und das ist ein Gefühl, das du mir gegeben hast, das du mir gibst.«

Trotz ihrer Auseinandersetzungen leben die beiden bis 1990 zusammen, dem Jahr, in dem *Inschallah* in Italien veröffentlicht wird. Wie so oft bei Oriana ist der Bruch die Folge einer Enttäuschung. 1989 veranstaltet die italienische Raumfahrtagentur ASI einen Wettbewerb, um den ersten Astronauten Italiens auszuwählen. Paolo beschließt, daran teilzunehmen, und obwohl sie gerade in den letzten Zügen mit ihrem Roman ist, beschließt Oriana, alle Hebel in Bewegung zu setzen und ihre vielen Beziehungen zu nutzen, damit er genommen wird. Paolo will nichts davon wissen. Er findet ihren Einsatz überzogen und vielleicht auch kontraproduktiv. Auch darüber gibt es heftigen Streit. Oriana bezeichnet Paolo als naiv und behauptet, wenn er den Wettbewerb erst einmal gewonnen habe, werde er seine Meinung revidieren und ihr Recht geben. Paolo landet bei der Ausschreibung auf einem guten Platz, wird jedoch nicht genommen. Für beide ist es eine herbe Niederlage, vor allem jedoch für Oriana.

Nach seinem Universitätsabschluss sucht sich Paolo zunächst Arbeit in Italien in einem Forschungslabor, das sich mit der Entwicklung der Raumfahrt beschäftigt, und dann beim Europäischen Astronautenzentrum in Köln. Als er im Januar 1991 nach Deutschland aufbricht, teilt Oriana ihm mit, dass sie ihn nicht mehr sehen und auch nichts mehr von ihm hören wolle, ein Wunsch, an den sie sich selbst für immer halten wird, so wie sie es immer tut, wenn sie jemanden aus ihrem Leben streicht.

Das Buch ist fertig. Ein weiteres Kapitel ihres Lebens endet für immer. Einige Jahre später, als sie an ihrem letzten Roman arbeitet, wird sie diese Gedanken einer ihrer Hauptfiguren in den Mund legen, einer reifen Frau, die sich in einen viel jüngeren Mann verliebt und beschließt, einen sauberen Schlussstrich zu ziehen: »Er sagte, ich sei die schönste Liebe seines Lebens gewesen. Die reinste, die ehrlichste, die beste. Doch im Grunde war es ihm lieber, dass es hier und heute ein Ende hatte: Keine Liebe dauert ewig. Jede Liebe nutzt sich ab und erstirbt irgendwann.« Mit Paolo wird Oriana nie mehr sprechen, auch nicht, als er zehn Jahre später seinen Traum wahrmachen kann und doch noch Astronaut wird.

21

Die Truhe der Ildebranda

Im Winter 1991, als Oriana an den französischen und englischen Übersetzungen von *Inschallah* sitzt, bemerkt sie etwas Seltsames an ihren Brüsten, eine kleine Verhärtung. Sie weiß, dass sie zum Arzt gehen müsste, verschiebt den Besuch jedoch, aus Angst, ihre Arbeit unterbrechen zu müssen. Erst ein Jahr später, als *Inschallah* in den Vereinigten Staaten erschienen ist, beschließt sie endlich, nach Italien zurückzukehren und sich untersuchen zu lassen. Das Ergebnis ist unwiderruflich: Brustkrebs. Sie muss sich einer Notoperation unterziehen.

Als die Zeit für den Eingriff gekommen ist, bittet sie darum, den entfernten Tumor sehen zu dürfen. »Die Ärzte antworteten: ›Na, kommen Sie, das macht niemand, es ist schrecklich.‹ Doch ich habe darauf bestanden. ›Das ist meiner, ich möchte ihn sehen.‹ Es war ein kleines weißes, länglich geformtes Ding. Oh, wie ich ihn hasste. Und ich begann mit ihm zu reden: ›Du Scheißding, wag es bloß nicht wiederzukommen. Hast du noch irgendwelche Nachkommen in mir zurückgelassen? Ich bring dich um! Du wirst nicht siegen!‹ Die Ärzte trauten ihren Ohren nicht. Sie sagten: ›O Gott …‹«

Orianas Eltern sind an Krebs gestorben, und auch ihre Schwester Neera hatte einen Tumor, dem sie 1984, noch in jungen Jahren, zum Opfer gefallen ist. Oriana ist sich sicher, dass jetzt sie an der Reihe ist und der Krebs zurückkehren wird. Sie hatte immer schon eine angegriffene Gesundheit und einen gewissen Hang zur Hypochondrie. Ein Freund erinnert sich mit einem Lächeln, wie er ihr eines Tages eine medizinische Enzyklopädie geschenkt hat: »Sie hat das Buch gelesen und alle möglichen Krankheiten entdeckt. Natürlich nur die tödlichen.« Oriana hat sich bereits einer Operation an den Stimmbändern unterzogen, die durch das Rauchen angegriffen sind, und führt seit Jahren einen Kampf mit ihren Zähnen, die von den vielen Zigaretten und einer Reihe von Infektionen in Mitleidenschaft gezogen sind und ständig behandelt werden müssen. Ihr Adressbuch ist gespickt mit Namen von Zahnärzten, die sie in rapider Abfolge wechselt. Eine Freundin sagt: »In meinen Augen war Oriana ein sehr mutiger Mensch, doch vor einer Sache hatte sie Angst: vor dem Zahnarzt.« Auf einmal hat Oriana den Eindruck, langsam gehe ihrem Leben die Luft aus. Sie hatte schon immer ein schwieriges Verhältnis zum Thema Zeit und befürchtete bereits in jungen Jahren, nie genug Muße für all die Dinge zu haben, die sie tun wollte, doch jetzt scheint die Zeit viel zu schnell zu verrinnen.

Oriana kehrt nach New York zurück und beschließt, sich dem Familienroman zu widmen, über den sie schon lange nachdenkt. Das Projekt dient auch dazu, den Tod in Schach zu halten: »Ich bin bereit, das Buch zu schreiben, das ich schon seit mindestens zwanzig Jahren (vielleicht auch dreißig) schreiben möchte, von dem ich bislang aber immer dachte, es sei noch nicht reif. Das Buch über meine Familie, meine Kindheit, meine frühe Jugend. Ich arbeite bereits daran, treffe Vorbereitungen. Ich widme ihm all meine Gedanken, meine Energien, und es ist für mich zum Lebenszweck geworden. Vielleicht sollte ich besser sagen: Es ist das, was mich am Leben hält. Gäbe es dieses Buch nicht, so würde ich vermutlich nicht mehr gesund werden. Ich würde es zulassen, dass ich sterbe, so wie meine Schwester Neera, würde mich damit abfinden, dass mich der Krebs besiegen wird.«

Oriana trägt sich schon seit ihrer Kindheit, als sie verzaubert vor der Truhe ihrer Ahnin Ildebranda saß, mit dem Gedanken an dieses Projekt. Im Jahre 1972, beim Tode ihres Onkels Bruno, wird dieser Gedanke bewusster. Für Oriana ist es ein schwerer Verlust, denn mit Bruno Fallaci verschwindet auch das große Vorbild ihrer Kindheit und Jugend, der Mann, der sie zu ihrem Traum angestiftet hat, Journalistin zu werden: »Es heißt, kurz bevor er für immer die Augen schloss, habe er gemurmelt: ›Oriana, wo ist sie?‹ – ›Wieder mal in Saigon.‹ ›Na ja, wo sonst.‹« Als sie das Telegramm mit der traurigen Nachricht erhält, wird ihr bewusst, dass die Zeugen ihrer Familiengeschichte einer nach dem anderen das Zeitliche segnen werden und sie sich beeilen muss, wenn sie ihre Erinnerungen aufschreiben möchte. Sie lässt sich die Tagebücher des Onkels geben, beginnt mit Recherchen über die Vergangenheit, sammelt Material, um den Stammbaum der Familie mit seinen vier Ästen zu rekonstruieren: die Fallacis und die Ferrieris auf der Seite des Vaters, die Launaros und die Cantinis auf mütterlicher Seite. Sie alle stammen aus der Toskana, haben jedoch auch andere Wurzeln, in Spanien und in der Romagna: »Eine üble Mischung, wie man sich denken kann, wenn man sich das Temperament der Familie anschaut.«

Der Roman, der posthum unter dem Titel *Un cappello pieno di ciliege*[49] veröffentlicht wird, schildert den langen Abschied von der Vergangenheit. »Eine Frau fühlt ihren Tod nahen und begibt sich in der Erinnerung auf eine Reise in ihre Kindheit, ihre Jugendzeit, geht zurück bis zu ihrem Eintritt in die Welt. Als wollte sie sich selbst das Mysterium des Lebens erklären, die Frage beantworten, warum sie geboren wurde und von wem, durchforstet sie die Erinnerungen und sucht nach einer Vergangenheit, von der sie fast nichts weiß. Sie hat nie nach dieser Vergangenheit gefragt, von der es nichts mehr gibt außer Bruchstücke von Geschichten, manchmal nur wider Willen von ihren Eltern erzählt, die jetzt schon tot sind. Auch die anderen Mitglieder ihrer Familie leben nicht mehr: die Tanten, die Onkel, die Großeltern. Es ist niemand mehr da, der ihre existenzielle Neugier stillen könnte, außer diesen Fragmenten, an die sie sich klammert wie ein Schiffbrüchiger an ein Stück Holz. Und sie schmückt sie aus, lässt sie mit ihrer Vorstellungskraft wachsen, fabuliert sie zu fantastischen Geschichten.«

Oriana ist auf sich allein gestellt, denn Verwandte, die sie fragen könnte, gibt es nicht mehr. »Da war nur noch eine vierundneunzigjährige Tante, die auf meine Litanei sag-mal-Tante-sag-mal kaum die trüben Pupillen bewegte und murmelte: ›Bist du der Postbote?‹« Um eine Vergangenheit wiederaufleben zu lassen, die doch unwiderruflich verloren ist, nimmt Oriana sich vor, noch einmal jeden Zweig des Familienstammbaumes zu durchforsten und in größtmöglicher Genauigkeit von ihren Vorfahren zu erzählen, sie zu erkunden und neu zu erfinden. Dabei geht es ihr nicht zuletzt auch darum, sich selbst zu begreifen, als steckte ein Teil von ihr dort in der Vergangenheit, in den Existenzen der Menschen, die ihr vorausgegangen sind. Vor allem jedoch – »weil die Zukunft absehbar kurz geworden ist« – möchte sie eine Antwort auf eine Frage finden, die sie sich selbst stellt: »Warum wurde ich geboren, warum habe ich gelebt, und wer oder was hat dieses Mosaik von Menschen erschaffen, aus dem an einem längst vergangenen Sommertag das wurde, was mein Ich ist.« Auf der Suche nach dem Rätsel des Lebens auf den Gedanken an einen Gott zurückzugreifen, ist in Orianas Augen nur ein Notbehelf, den sie »nie begriffen und nie akzeptiert« hat. So bleibt ihr nichts anderes übrig, als zurückzugehen, in die Erinnerung ihrer Vorfahren, in die verschiedenen Zeiträume, die ihrer eigenen Existenz vorausgingen. Wie sie in einem Brief schreibt, ist es »eine Suche, bei der sich herausstellen wird, dass in meiner ganzen Vorgeschichte das Leben immer ein Chaos und eine Qual gewesen ist. Darin wimmelt es nur so von Bauern, Seeleuten, Proleten, Hungerleidern, doch es finden sich auch Aristokraten, denen ich meinen Hochmut verdanke.«

Eigensinnig wie immer möchte Oriana die Epochen, die ihre Vorfahren durchlebt haben, bis ins letzte Detail rekonstruieren. Dazu sammelt sie ganze Schuhkartons voller Notizen und Material über alle möglichen Themen: was 1880 ein Schnitzer verdiente, die Geschichte der Waldenser im Piemont, die Historie Livornos, Dampfschiffe, der Telegraph, die Entwicklung der Briefmarke im neunzehnten Jahrhundert, die Geschichte der Ballonfahrt, das Leben der Polen im Exil, die Singer-Nähmaschine. Sie nimmt Kontakt mit dem Museo del Risorgimento in Turin auf, mit dem Gabinetto Viesseux in Florenz, mit Lloyd's in London, der *National Geographic*, der historischen Abteilung der Marine, kramt in Gemeindearchiven und auf Katasterämtern. Nichts bleibt unerforscht. In Orianas Nachlass finden sich haufenweise Notizen über Historisches und Kurioses: über das Alltagsleben in der Toskana, über Pflanzen, die Blitzschläge anziehen oder sie abwehren, über Tiere, die die Fähigkeit besitzen, ein nahendes Gewitter zu erspüren, über alten Volksglauben. Ganze zwei Seiten füllt sie mit Bauernweisheiten über das Wetter. Der Roman ist wie eine gewaltiges Bauprojekt, an dem sie ständig und ohne Pause arbeitet. Oriana hat den maschinengeschriebenen Text immer bei sich, in einer Tasche, von der sie sich niemals trennt.

Im Jahre 1994 spricht sie in einem Brief an einen britischen Historiker, den sie im Zuge ihrer Recherchen kontaktiert hat, ausführlich über das Projekt: »In diesem Moment bin ich vollkommen versunken in meiner Arbeit am ersten Teil. Es ist ein Buch, das am Ende des achtzehnten Jahrhunderts beginnt und, mit einigen Zeitsprüngen, 1944 endet. Und stellen Sie sich vor, momentan bin ich an dem Punkt angelangt, wo Frankreich kurz vor dem Ausbruch der Revolution steht. In Amerika trachtet George Washington danach, Präsident zu werden, Marie Antoinette hat noch ihren Kopf auf den Schultern, ebenso wie Robespierre, und Napoleon ist noch ein junger Spund. Ich bewege mich folglich zwischen Perücken und Dreispitzen. Die Resistenza ist noch weit entfernt. In Florenz widmete ich mich während meiner mühsamen Recherchen allen Epochen gleichzeitig: 1700, 1800, 1900. Doch an einem bestimmten Punkt merkte ich, dass das Wahnsinn war, und eine Dummheit noch dazu. Ich unterbrach meine Nachforschungen über die Zeit nach 1900 und konzentrierte mich, mit größerer Urteilsfähigkeit, auf die Periode, an der ich jetzt arbeite.« Oriana stellt ihm Fragen über die Zeit der Resistenza, wo sie hofft, in etwa einem Jahr anzukommen. In Wirklichkeit wird sie selbst sieben Jahre später, 2001, nicht einmal den Teil über das neunzehnte Jahrhundert abgeschlossen haben. »Ich schreibe sehr langsam, ausschweifend, bin nie zufrieden. Und dieses Buch ist das schwierigste, was ich je geschrieben habe, eben genau aus dem Grund, weil es an die historischen Ereignisse gebunden ist und auf exakten Recherchen basiert. Folglich lässt es weder Unbefangenheit noch Fehler zu.«

Jetzt, da beide Eltern tot sind, reist Oriana nicht mehr so oft nach Italien. Von New York nach Casole ist es weit. Dafür muss sie per Flugzeug den Ozean überqueren und dann einen Wagen mit Chauffeur nehmen, der sie vom Flughafen in Rom oder Mailand ins toskanische Hügelland bringt. Das Verhältnis zu ihrer Schwester Paola ist immer angespannt und von langen Phasen des Schweigens und verhinderten Besuchen geprägt. Orianas Adoptivschwester Elisabetta, die mittlerweile erwachsen ist, hat jeglichen Kontakt zur Familie abgebrochen. »Man muss es lernen, sich mit seinem Schicksal abzufinden. Meines ist es, die letzte Phase eines Lebens, das nur ein oberflächlicher oder schlecht informierter Mensch als glücklich bezeichnen würde, in schrecklicher Einsamkeit zu verbringen«, schreibt Oriana ihrem Neffen Edoardo, dem ältesten Sohn Paolas, den sie immerhin mit gewisser Regelmäßigkeit sieht.

Oriana schätzt es sehr, wenn Edoardo sie besucht, wann immer er sich aus beruflichen Gründen in New York aufhält. Sie findet die Frau, die er geheiratet hat, reizend, ein schönes apulisches Mädchen, das mit ihm eine kinderreiche Familie gründen will. Zur Hochzeit schickt sie den beiden ein Tonband, das sie höchstpersönlich mit Teilen des Hoheliedes der Liebe besprochen hat, und auch bei der Geburt eines jeden seiner Kinder denkt sie an ihn und schickt ihm etwas, das sie selbst hergestellt hat: besondere, altmodisch anmutende Stickereien, selbst genähte Taschen aus antiken Stoffen. Oriana fand schon immer Gefallen an Handarbeiten, an Spitze, an Troddeln, raren Stoffen. Das ist ihre altmodische Seite, die sie ebenso auslebt wie ihre ausgesprochen moderne Art, mit der sie ihrer Zeit oft genug weit voraus ist.

Bei den Streitigkeiten mit Schwester Paola geht es oft um den Erhalt von Casole, das umfangreicher Pflege bedarf. Nach dem Tod der Eltern kümmert sich Paola um das Anwesen. Oriana fährt nur noch selten hin, verfolgt jedoch mit Argusaugen jede Veränderung, jede Reparatur. Niemand wagt es, etwas am Haus zu tun, ohne sie vorher zu befragen. »Ohne deine Anweisungen geschieht hier gar nichts«, formuliert es Paola in ihren Briefen, die oft aus Auflistungen der verrichteten Arbeiten und der daraus folgenden Kosten bestehen, wenn zum Beispiel am Brunnen etwas kaputt ist, wenn im Winter Rohre platzen, die Wände feucht werden, Türen und Tore baufällig werden oder die Stützbalken dem Fraß von Termiten zum Opfer fallen. Oriana weiß, dass die Instandhaltung Casoles sehr mühsam ist, aber sie will es so. Sie möchte ohne Vorankündigung dort erscheinen, die Gartentür öffnen, den Hund sehen, der ihr bellend entgegenläuft, und die wohlgenährten Katzen, die neugierig die Schwänze heben.

In einer Familie, in der seit Generationen Armut herrscht, ist sie schon seit jungen Jahren diejenige, die am meisten verdient, eine Tatsache, die ihre Beziehungen zur Familie beeinflusst und gelegentlich auch zutiefst deformiert hat. Seit den Fünfzigerjahren bitten alle sie um Geld, selbst die alten, unverheirateten Tanten, und großzügig, wie Oriana von Natur aus ist, verweigert sie es nie. Einen Teil ihres Gehalts lässt sie direkt an die Eltern überweisen, ihren Schwestern macht sie großzügige Geschenke. Wenn ihr der Sinn danach steht, kann es durchaus vorkommen, dass sie ohne jede Vorankündigung eine Wohnung, einen Pelz, ein Auto verschenkt. Was sie selbst betrifft, verabscheut sie den Umgang mit Geld und kann damit nicht haushalten. Sie hat nicht einmal einen Überblick über die Tantiemen, die aus den Verkäufen ihrer Bücher fließen: »Ich hasse Geld. Nichts widert mich mehr an als diese schmutzigen Papierlappen. Wenn ich sie in die Hände kriege, juckt es mich so sehr in den Fingern, dass ich sie gleich wieder ausgebe und für die absurdesten und sinnlosesten Dinge verpulvere. Und dann brauche ich neues Geld. Dafür arbeite ich.« Einem amerikanischen Journalisten, der sie in den Sechzigern nach ihrem Lebensstil fragt, antwortet sie entnervt: »Ich lebe wie eine Millionärin, und warum auch nicht? Zum Teufel.«

Mittlerweile verbringt Oriana den größten Teil ihrer Zeit in ihrer New Yorker Wohnung und arbeitet an ihrem Familienroman. Ihr liegt sehr viel an diesem Buch, weil sie weiß, dass es ihr letztes sein wird. Sie befürchtet zu sterben, bevor sie den Roman abschließen kann, erschöpft von ihrer Krankheit. »Ich fürchte immer, dass sie eines Tages meine Tür eintreten und mich tot auffinden, verdorrt oder gar mumifiziert, wie diese Frau in Varese, bei der erst sieben Jahre, nachdem sie gestorben ist, jemand gemerkt hat, dass sie tot ist«, schreibt sie in einem Brief an ihren Neffen Edoardo. Sie verbringt viel mehr Zeit mit ihren längst verstorbenen Vorfahren, die in ihrem Roman Gestalt annehmen, als mit Freunden. Ihre Wohnung ist voller Notizen und anderer Materialien. So hat sie auch sämtliche Familienfotos mit nach New York genommen. »Das ist eine seltsame Sache: Dass ich eine moderne Frau bin, daran kann kein Zweifel bestehen, vieles habe ich vor anderen Frauen gemacht; trotzdem lebe ich von der Vergangenheit.« Das Buch ist eine Rekonstruktion ihrer Vergangenheit, eine Neuerfindung all dessen, was ihr vorausgegangen ist und woraus sie ihre Rechtfertigung bezieht, sozusagen eine Kompensation für ein Leben großen beruflichen Erfolgs, doch andererseits auch großen privaten Unglücks. In einem Brief kurz vor ihrem Tod wird Oriana über ihr Leben schreiben: »Ja, unglücklich. Bar der Liebe, bar der Zärtlichkeit, bar der Zuneigung. Und im Grunde auch bar einer Familie. Tatsächlich ist mein Roman die verzweifelte Suche nach der Familie.«

Als mehrere Teile des Manuskripts fertig sind, liest sich Oriana den Text selber laut vor, um seiner inneren Musik zu lauschen. So macht sie es immer mit ihren Büchern. Sie ist besessen vom Gedanken der Musikalität, möchte, dass ihr Stil immer flüssig ist: »Hemingway hat einmal gesagt, eine gut geschriebene Seite sei wie ein Schneefeld ohne Löcher, ohne Steine, ohne Hindernisse, über das man skifahren kann, ohne wegzurutschen, zu stolpern, zu stürzen oder vom Weg abzukommen.« Jeder Satz müsse mit dem folgenden harmonieren, wie bei einer musikalischen Partitur: »Das geschriebene Wort ist nicht stumm! Es ist Stimme. Auch wenn ich schreibe, bin ich nicht stumm. Ich flüstere mir die Sätze zu, diktiere sie mir, rezitiere, mache daraus eine Begleitmusik, deren Ton genau zu dem der Erzählung und der Dialoge passt.«

Aus diesem Grund unterbricht Oriana auch im Jahre 1993, als man in Italien mit der Produktion von Hörbüchern beginnt, ihre Arbeit am Familienroman, um persönlich *Brief an ein nie geborenes Kind* aufzunehmen. Viele berühmte Schauspielerinnen haben bereits bei ihr um die Genehmigung angefragt, den Text im Theater rezitieren zu dürfen, doch daraus ist nie etwas geworden, ebenso wenig wie andere Romane von ihr jemals verfilmt wurden, obwohl es so manche Anfrage aus Hollywood gab. Oriana hat selbst den angesehensten Regisseuren immer einen Korb gegeben und außerdem durch ihre Anwälte mindestens drei Filme über ihr eigenes Leben verhindert. »Wenn sie das unbedingt wollen, dann sollen sie es machen, wenn ich tot bin«, sagt sie. Sie ist überzeugt davon, niemand könne mit ihren Formulierungen und Geschichten umgehen, ohne ihnen Unrecht zu tun.

Auch das Hörbuch produziert sie ganz allein – die Aufnahme selbst, die Auswahl der Musik, die Montage – im Laufe eines langen Sommers, in dem sie sich täglich von morgens bis abends mit einem Tontechniker in einem Studio einschließt. »Ich habe eine eher tiefe, kehlige Stimme, und morgens war ich immer heiser. Folglich kam ich mit rauer Stimme ins Studio, und er protestierte. ›Das kann man nicht machen. So geht das nicht! Sie müssen sich erst warmsprechen.‹ Um mich warmzumachen, las ich ein oder zwei Stunden, ohne dass aufgenommen wurde. Wenn dann der Moment kam, wo man mit der Aufnahme beginnen sollte, war ich bereits müde, was mich ärgerte, und … was ich da geflucht habe!« Das alles strengt Oriana sehr an, aber es macht sie auch glücklich. Dieses Lieblingsbuch von ihr, das um einen inneren Monolog herum gestaltet ist, hat nun durch ihre Stimme eine fast körperliche Konkretheit erlangt. Als Eröffnung der Aufnahme lässt sie ihr Lieblingsmusikstück spielen, *Greensleeves.* »Ein jeder von uns hat doch eine Melodie, die ihn mehr berührt als andere, im Herzen und im Verstand. Und für mich ist *Greensleeves* diese Melodie. Ich weiß nichts über *Greensleeves*, niemand weiß etwas. Weder, wer es geschrieben hat, noch wann oder wo. Manche halten es für ein irisches Wiegenlied. Für mich ist es die Weise eines mittelalterlichen Troubadours. Ein Minnesang vom Hofe des Königs Artus. Die Sanftheit und Traurigkeit dieser Melodie berühren mich so sehr, dass ich oft sage: ›Wenn ich sterbe, dann verschwendet keine Zeit mit einer Beerdigung. Wenn ihr mich unter einem Olivenbaum verscharrt, ist mir das auch recht. Aber wenn ihr es tut, dann spielt *Greensleeves.* Ihr tut mir einen Gefallen.‹«

Oriana stört das Altern nicht, auch ist sie nicht besessen von ihrem Aussehen. »Die Falten sind meine Orden. Auszeichnungen, die ich mir verdient habe«, wird sie sagen. »Und alt zu werden ist wunderschön. Denn, wie ich gerne sage, mit dem Alter erlangt man eine Freiheit, die man als junger Mensch nicht hatte. Eine absolute Freiheit.« Doch Oriana weiß, dass ihr nur noch wenig Zeit bleibt, um ihren Familienroman abzuschließen. Sobald sie in Italien die Aufnahme des

Hörbuchs beendet hat, kehrt sie nach New York zurück und widmet dem Projekt erneut ihre ganze Zeit.

Wie immer, wenn sie schreibt, existiert nichts anderes um sie herum: »Am frühen Morgen beginne ich zu arbeiten und mache ohne Unterbrechung weiter bis sechs oder sieben Uhr abends, ohne zu essen oder mich auszuruhen. Ich rauche mehr als sonst, das heißt, etwa fünfzig Zigaretten am Tag. Nachts schlafe ich schlecht. Ich sehe niemanden. Ich gehe nicht ans Telefon. Ich gehe nirgendwohin. Für mich gibt es keinen Sonntag, keine Feiertage, kein Weihnachten, kein Neujahr.«

Während ihrer Arbeit am Roman kehren ihre Gedanken oft zu den Eltern zurück, den einzigen Menschen, von denen sie sich nie verraten gefühlt hat: »Mir scheint, dass wir alle nach einer totalen Beziehung zu einem anderen Menschen suchen. Eine solche Beziehung hatte ich: zu meiner Familie, bestehend aus meiner Mutter und meinem Vater, die mich niemals zu etwas zwangen oder mich einengten, so wie ein Ehemann es getan hätte. Sie ließen mich kommen und gehen, sie gaben mir die Möglichkeit, mich zurückzuziehen.« Die Beziehung zum Vater ist immer konfliktreich gewesen, was am launischen und aufbrausenden Charakter von Vater und Tochter lag. Die Beziehung zur Mutter hingegen war innig und ungetrübt. »Im Krieg war mein Vater ein Held, doch zu Friedenszeiten einfach nur ein Mann. Meine Mutter hingegen war ein wundervolles menschliches Wesen.«

Tosca hatte einen freundlichen Charakter und war in einer Familie, in der viel gestritten wurde, immer diejenige, die schlichtete. Eine Frau von großer Schönheit, war sie größer als ihr Mann und hat aus Rücksicht auf ihn nie hohe Absätze getragen, ein Detail, an das sich Oriana mit einem Lächeln erinnert. 1973, als sie berühmt geworden ist, wird sie in einem Interview mit einer amerikanischen Zeitung sagen: »Ich finde es untragbar, dass eine Frau wie meine Mutter – eine Frau mit einem Intellekt, der nie zum Ausdruck kam – Hausfrau sein musste. Sie träumte davon, Astronomie zu studieren und zu reisen.« Im Verlauf von Orianas Karriere wird diese Bezugnahme auf eine geistig brillante, jedoch als Frau unterdrückte Mutter immer deutlicher und dringlicher. Tosca ist in Bezug auf Orianas Leben das Gegenbeispiel, mit dem sie sich bis an ihr eigenes Lebensende ohne Unterlass konfrontiert sieht. »Sagt mir nicht: ›Oriana, du bist fantastisch‹«, protestiert sie einer Kollegin gegenüber, die sie interviewt. »Ich mache meinen Job, und es ist meine Pflicht, ihn gut zu machen. Wir sollten unsere Sache immer gut machen, jeden Tag. Meine Mutter ist eine wunderbare Köchin, doch sie kommt nicht aufs Titelblatt der *Time*, bloß weil sie einen tollen Braten gezaubert hat.«

Während ihrer gesamten Karriere hat Oriana stets Möglichkeiten gefunden, ein Auslandsgespräch nach Hause zu führen, selbst von den abgelegensten Orten aus, allein um des Vergnügens willen, Toscas Stimme zu hören, die mit ihrer hellen Stimme ins Telefon kräht: »Hallo! Wo bist du?« Und sie schreibt ihr lange Briefe voller Anekdoten, die die Mutter den anderen dann laut vorliest. Tosca schreibt weniger, weil sie der Tochter auf ihren Reisen um den Globus immer hinterherhinkt: »Jetzt muss ich mich schon zum vierten Mal darüber ärgern, dass ich dir umsonst geschrieben habe, denn kaum schreibe ich dir nach Saigon, bist du schon in Indien, und wenn ich dir nach Indien schreibe, bist du längst wieder in Saigon.«

Wie alle Mütter ermahnt Tosca Oriana ständig, besser auf sich zu achten: »Ich hoffe, es geht dir gut, und du begibst dich nicht in Gefahr, da ich sehr wohl weiß, dass du Gefahren ganz bestimmt nicht aus dem Wege gehst.« In den Briefwechseln mit Tosca offenbart sich eine zerbrechliche Seite von Oriana, eine, die von anderen nicht gesehen wird. Nur ihrer Mutter erzählt Oriana, dass sie am Ende ihrer Kräfte und ihrer Nerven ist. Sie spricht von Zeiten der Depression, in denen es ihr Mühe bereitet, morgens aufzustehen. Sie berichtet ihr von Schlaflosigkeit, von Migräne, plötzlichen Fieberanfällen, von schrecklichen Zahnschmerzen. Doch alle Ermahnungen, weniger zu rauchen und mehr zu essen, fruchten nicht. Oriana geht unbeirrbar ihren Weg; wohl beklagt sie sich über ihr schlimmes Schicksal, doch sie ist nicht bereit, ihren Lebensstil zu ändern.

Manchmal ist auch die Beziehung zur Mutter belastet. Vor allem in den Sechzigerjahren, als Orianas journalistische Aktivitäten auf dem Höhepunkt stehen und sie dabei ist, ein Weltstar zu werden. »Sei beruhigt. Du weißt, dass es mir immer leidtut, dich traurig zu sehen, wenn ich abreisen muss. Es wäre so viel leichter für mich, wenn du verstündest, dass dies eben nun mal mein Leben ist und ich anders gar nicht leben könnte, ebenso wenig, wie ich immer am selben Ort bleiben könnte. Ich würde wahnsinnig.« Dennoch ist Casole der Fixpunkt auf Orianas Landkarte, und jedes Mal, wenn ihr Flugzeug auf italienischem Boden landet, fährt sie dort vorbei, auch wenn es eine komplizierte Logistik erfordert: »Wenn ich aus Vietnam wegkann, fahre ich über Europa zurück. Wenn ich nach China fahre, muss ich ab Warschau fliegen und folglich auch nach Europa. Und wenn beides nicht klappt, bin ich innerhalb von zwei Monaten trotzdem wieder in Italien. Du siehst also … Andererseits kann ich Amerika nicht völlig aussparen, sonst bricht dort alles zusammen, was ich mir bis heute so mühsam aufgebaut habe.«

Wie all ihre Bücher ist auch der Familienroman ein Dialog mit jemandem, der nicht mehr da ist. In *Penelope im Krieg* hat sie von ihrem romantischen Traum eines Lebens mit Alfredo gesprochen. In *Brief an ein nie geborenes Kind* von verlorenen Kindern. In *Ein Mann* von Alekos, der von den Machthabern seines Landes ermordet wurde. In *Inschallah* von Paolo, der aufbrach, um sein eigenes Leben zu führen. Im Vordergrund dieses Romans nun stehen – obwohl sie nur selten beim Namen genannt werden – Edoardo und Tosca, beide längst dem Leben entrissen. »Es war wie eine Exhumierung meiner Eltern, gleichermaßen ihrer Stimmen wie ihres Aussehens, obwohl sie doch schon so lange unter einem Rosenbeet begraben waren. Ich begegnete ihnen überall. Allerdings nicht als alten Menschen, weil ich sie im Alter mehr als meine Kinder betrachtete denn als meine Eltern. Wenn ich meinen Vater aufhob, um ihn zu einem Sessel zu tragen, und er sich so leicht und klein und wehrlos anfühlte, wenn ich sein winziges, kahles Köpfchen betrachtete, das er so vertrauensvoll an meinen Hals schmiegte, dann hatte ich das Gefühl, mein achtzigjähriges Kind auf dem Arm zu halten. Nein, in dem Roman sah ich meine Eltern als junge Menschen. Wie damals, als sie selbst mich noch aufhoben und im Arm hielten. Stark, schön, furchtlos.«

Sie erzählt von den Vorfahren beider Eltern, begleitet sie durch zwei Jahrhunderte voller Abenteuer hindurch und folgt dabei der Formel, die so charakteristisch für Oriana geworden ist: Sie schreibt einen Roman, in dem alles auf wahren Begebenheiten beruht und trotzdem erfunden ist. Von den Fallacis – Halbpächtern aus dem Chianti, einer Sippe aus fleißigen Arbeitern und frommen Katholiken, von denen ihr Großvater Antonio abstammt – erinnert sie sich vor allem an Carlo Fallaci und seine Frau Caterina Zani, für die sie sehr viel Sympathie empfindet: eine ungezähmte Schönheit mit roter Mähne, die reitet und flucht und im Zeichen der Verachtung für die Kirche lebt, welche einst eine Vorfahrin von ihr als Ketzerin auf dem Scheiterhaufen verbrannt hat – die Ildebranda, deren Truhe immer noch in der Familie erhalten ist.

Vom anderen Zweig der Familie, den Ferrieris, bewundert Oriana vor allem die bildschöne und abenteuerlustige Anastasia, die als junges Mädchen Geliebte eines Turiner Edelmannes wird und mit ihm ein einziges Kind, eine Tochter, zeugt: Orianas Großmutter Giacoma. In der Familie wird der mysteriöse Vorfahr schon seit jeher »Der Unaussprechliche« genannt, und man munkelt, er sei berühmt gewesen, vielleicht sogar der König persönlich. Giacoma verrät Oriana auf dem Sterbebett seinen Namen, nimmt ihr jedoch den feierlichen Schwur ab, ihn niemals jemandem zu sagen. Ein Versprechen, an das sich Oriana immer halten wird. Auch im Roman ist und bleibt er unausgesprochen. Allerdings hat sie, was sie oft mit einem Lächeln erzählt, ein Foto von ihm zu Hause, das sie ab und zu, wenn sie allein ist, hervorholt, um mit ihm zu sprechen.

Sehr abenteuerlich ist auch die Geschichte der mütterlichen Seite des Stammbaumes, aus dem einst Tosca Cantini entstammen wird. Hier mischt sich das Erbe der Cantinis – einfacher, armer Leute aus dem Volk, die immer gegen die Obrigkeit kämpften – und der Launaros, Seeleuten und Abenteurern. Besonders inspirierend findet Oriana Francesco Launaro, Seemann und Streithammel, und seine Gattin Montserrat Grimaldi, uneheliche Tochter eines spanischen Grande, die im Irrenhaus enden wird, zerstört durch den Schmerz angesichts des Todes von vier Kindern, die bei einem Schiffbruch ums Leben gekommen sind. »Jenes unglückliche Paar, glücklos und unglücklich zugleich, spüre ich in mir wie eine Last, einen unerwünschten Gast. Jedes Mal, wenn mir eine Sache nicht gelingt, denke ich Das-ist-das-Vermächtnis-von-Francesco, das-ist-das-Vermächtnis-von-Montserrat, und ihre Geschichte macht mir Angst.« Oriana ist überzeugt davon, dass von dieser Seite der Familie auch ihre Prädisposition für den Krebs kommt, der so viele in ihrer Familie heimgesucht hat. Und es sei Montserrat gewesen, die katalanische Vorfahrin, die die Krankheit mit sich gebracht hätte: das *mal dolent*, wie man es in ihrer Sprache nennt.

Die Zeitachse des Romans soll laut Plan vom achtzehnten Jahrhundert bis zum Zweiten Weltkrieg reichen und schließt mit Orianas Kindheit im Jahre 1944, als Bomben auf das Haus der Fallacis fallen: »Letzte Szene wird ein großer Brand sein, wenn das Haus Feuer fängt und den Flammen zum Opfer fällt.« Doch bevor sie den Roman zu Ende schreiben kann, stirbt Oriana. Der Roman bricht 1889 ab, dem Jahr der Hochzeit der Großeltern Antonio und Giacoma Fallaci.

22

Das große Schweigen

In den Neunzigerjahren bewegt sich Oriana fast gar nicht mehr aus New York weg. Sie muss an ihrem Roman arbeiten, und wenn sie schreibt, duldet sie keinerlei Ablenkung. Mittlerweile hat sie die Sechzig überschritten, sie ist überzeugt davon, dass der Krebs zurückkommen wird, und erträgt den Gedanken nicht, Zeit zu verlieren. Außerdem liebt sie es, allein zu sein. Für sie ist das die einzig mögliche Voraussetzung, um arbeiten zu können. »Ich hab an der Sorbonne Einsamkeit studiert«, hat sie einmal gesagt. »Ich liebe die Einsamkeit. Allein langweile ich mich nie. Oft ist mir eher mit Leuten langweilig.«

Sie verbringt fast die ganze Zeit eingeschlossen in ihrem New Yorker Haus, einem schönen kleinen Altbau auf drei Etagen an der Siebzigsten Straße. Sie ist stolz auf dieses Haus, das sie von den Tantiemen ihrer Bücher gekauft hat. Wenn sie davon spricht, verrät sie, es habe sie ein Vermögen gekostet. Wo auch immer man hinschaut, sind Bücher. Oriana war schon immer eine leidenschaftliche Sammlerin von bibliophilen Ausgaben und besitzt Erstausgaben von Shakespeare, antike Klassiker aus römischer und griechischer Zeit, Ausgaben großer Denker wie zum Beispiel Voltaire. In jeder Stadt, die sie regelmäßig besucht, gibt es ein Antiquariat ihres Vertrauens, wo man sie kennt und sie sich mit neuen Schätzen eindecken kann. Oft verbringt sie dort Stunden vor den Bücherwänden und freut sich über jede Entdeckung. »An ein Zimmer ohne

Bücher kann ich mich nicht gewöhnen, denn für mich fühlt es sich leer an. Bei mir zu Hause gibt es keine Räume ohne Bücher: weder in Florenz noch in New York. Ich hab sogar welche in der Küche, auf dem Flur. Und natürlich im Living Room und im Schlafzimmer, wo Bücherregale die ganze Wand gegenüber von meinem Bett einnehmen. Beim Aufwachen sind sie das Erste, was ich sehe, wie damals, als ich noch ein Kind war. Ich liebe Bücher auch physisch: als Objekte. Es gefällt mir, sie anzuschauen, zu berühren, darin zu blättern. Und ich schaffe es nie, eins wegzuwerfen.«

Im Laufe der Jahre hat sie das Haus mit Möbelstücken aus Italien sowie Mitbringseln von ihren Reisen eingerichtet, die sich in munterer Unordnung in den Zimmern anhäufen, welche zum Bersten voll sind. An den Wänden hängen orientalische Drucke und Bilder jeglicher Art: »Ich bin süchtig nach Kunst. Manchmal gebe ich ein Vermögen für Bilder aus. Alles Mögliche, von der russischen Ikone bis zu naiver Malerei aus Haiti«, schreibt sie in einem Brief. Ihr gefallen antike Möbel, Fabergé-Eier, bunte Lampen, Karten vom Militär. Auf jedem Stockwerk des Hauses gibt es ein Telefon, auch wenn nicht jeder Apparat eine Verbindung nach draußen hat. Wer Oriana besuchen will, muss an ihrer Sekretärin beim Verlagshaus Rizzoli in New York vorbei, die die Anweisung hat, allen zu antworten: »Oriana ist nicht da, sie ist in China.« Zu Hause kleben überall bunte Post-it-Zettel, auf den Manuskriptseiten ihres Romans ebenso wie am Nippes und an den Wänden. Oft hängt sie ein Schild neben die Klingel, auf dem steht: *Go away,* haut ab.

Mit den Jahren entwickelt sich Orianas schwieriger Charakter nicht zum Besseren, sondern gleitet in Paranoia ab. Sie streitet mit allen. Mit den Gästen ihres Lieblingsrestaurants, die neben ihrem Tisch zu laut reden, mit den Nachbarn, die den Müll auf dem Gehweg stehen lassen, mit den Fahrern der Limousinen, die Gäste in ein nahes Lokal bringen und mit eingeschaltetem Radio auf sie warten. Manchmal vergisst sie sogar deren körperliche Überlegenheit und läuft auf die Straße, um sie anzuschreien. Regelmäßig streitet sie mit ihrem italienischen Lektor, und oft auch mit den ausländischen. Die Sekretärinnen, die ihr Rizzoli in New York zur Verfügung stellt, wechseln in rasantem Tempo und werden jedes Mal mit schrecklichen Vorwürfen entlassen. Auch die Lektoren, die sich von Italien aus um ihre Bücher kümmern, werden oft nach kurzer Zeit von ihr abgelehnt, weshalb einige von ihnen, die weiter mit Oriana arbeiten wollen, zumindest per E-Mail, unter falschem Namen auftreten müssen.

Als der Chefredakteur des *Corriere della Sera* einen Artikel von ihr will, ereifert sie sich: »Ihr seid doch alle gleich, am Ende wollt ihr immer nur das Eine. Ich kenne euch!« Für Zeitungen möchte Oriana nicht mehr arbeiten. Sie betrachtet sich als Schriftstellerin, und damit basta. Der große Familienroman ist ihr letztes Vorhaben und verdient in ihren Augen ihr vollstes Engagement, auch auf die Gefahr hin, dass sie sich gar keine Ruhe mehr gönnt. Einmal hat sie gesagt: »Das Schreiben raubt dir Lebenskraft. Wenn ich ein Buch schreibe, gehe ich mit ihm ins Bett. Wir schlafen beieinander, ich träume davon. Und wenn ich träume, sehe ich die Tasten der Schreibmaschine, das Kapitel, an dem ich gerade arbeite, den Dialog oder Erzählstrang, die mir noch nicht gut gelungen sind. Doch da ich weder verrückt noch masochistisch veranlagt bin, sage ich mir nach jedem Buch: ›Das ist jetzt das letzte. Ich schreibe keins mehr.‹ Dann verfalle ich in eine Starre, die vielleicht drei, vier, auch fünf Jahre andauert. Ich bin taub für die Ansprüche der Lektoren, die Wünsche der Leser, die fragen:

Wann-kommt-das-nächste-Buch-wann, und gehe in einen Winterschlaf, wie die Schildkröten, die sich unter dem Schnee vergraben. Ich schreibe nicht mehr. Doch irgendwann kommt immer der Tag, an dem es taut und der Winter zu Ende geht. Dann wache ich auf, vergesse all meine Vorsätze, es packt mich wieder, und ich schreibe noch ein Buch.«

Oriana schreibt selbst nach dem Siegeszug des Computers immer noch auf einer Olivetti, weil sie die Körperlichkeit einer Schreibmaschine liebt: »Gepäckträger haben Schwielen an den Händen, ich habe sie an den Fingerspitzen. Und das gefällt mir. Sie sind richtig hart. Wenn ich mich steche, spüre ich nichts.« Sie braucht es, das Klappern der Tasten zu hören, die mittlerweile ganz abgegriffen sind. Oft legt sie ihre Zigarette auf dem Rahmen der Maschine ab, die voller Brandflecken ist. Das Modell der Maschine hat sie nie gewechselt, auch wenn es mit der Zeit immer schwieriger wird, Schreibbänder zu finden oder die Maschine in Stand zu halten. Ein Freund erinnert sich: »Eines Nachts ruft sie mich an. Fix und fertig: ›Da ist so ein Depp gekommen, ein vollkommener Idiot … der war nicht in der Lage, mir meine Schreibmaschine zu reparieren. Und was soll ich jetzt machen? Die ist endgültig kaputt, und mit einer anderen Schreibmaschine kann ich nicht umgehen.‹ Zum Glück besaß ich noch eine identische Maschine. Sie: ›Du bist ein Genie. Das ist die Lösung. Gott segne dich.‹ Am nächsten Morgen, in aller Herrgottsfrühe, bin ich mit der Maschine bei ihr und fahre wieder nach Hause. Eine halbe Stunde später ruft sie mich an und sagt in Katastrophenton: »Deine Maschine hat keine Vertiefung in den Tasten. Ich hab fast geweint. Du musst das verstehen. Ich bin nicht dran gewöhnt. Ich werde nie mehr schreiben können …« Diesmal blieb ich hart. ›Gewöhn dich dran!‹«

Wenn Oriana ausgeht, versteckt sie sich hinter einer dicken Brille und ihrer Haarmähne. Sie will in Ruhe gelassen werden und bereut es, sich in der Vergangenheit so sehr den Blicken der Öffentlichkeit ausgesetzt zu haben. »Ein Schriftsteller sollte sich nie seinen Lesern zeigen. Er muss sich verstecken, darf sich nie aus der Nähe sehen lassen. Das Schlimme ist, dass ich das erst zu spät begriffen habe, als mich die Leute schon auf der Straße erkannt haben, mich sogar anhielten (was mir ziemliche Angst macht). Aber ich habe es nicht anders verdient, weil ich es jahrelang zuließ, dass mein Foto auf den Umschlägen meiner Bücher abgedruckt wurde. Noch mal würde ich das nicht machen.« Zum Erfolg hat sie ein zwiespältiges Verhältnis. Sie weiß ihn einerseits zu schätzen, weil er ihr die Möglichkeit gibt, viele Menschen zu erreichen, doch sie fühlt sich auch wie eine Gefangene: »Den Erfolg habe ich nie gesucht. Umgekehrt – er hat mich gesucht.«

Schon seit Jahren weigert sie sich, ihre Post zu lesen, weil sie zu viel davon bekommt. »Sie haben ja keine Ahnung, wie viele hundert Briefe ich kriege«, erzählt sie einem amerikanischen Journalisten bereits 1979. »Ich kann sie nicht einmal mehr öffnen, und ich lese sie nicht. Eine Freundin hat zu mir gesagt: ›Okay, dann lese ich sie für dich.‹ Doch sie gab schon bald auf, sagte: ›Ich kann nicht, es sind zu viele.‹« Im Laufe der Jahre schreiben ihr Menschen aus der ganzen Welt: Leser, die ihre Romane lieben, Komitees, die wollen, dass sie sich für ihr Anliegen einsetzt, Institutionen, die sie für einen Vortrag gewinnen wollen, Universitäten, die ihr einen Lehrauftrag anbieten.

In ihrem Nachlass findet sich der Brief einer amerikanischen Fakultät, die sie dazu einlädt, einen Vortrag zu halten. In ihrer Antwort entschuldigt sich Oriana dafür, dass zweieinhalb Jahre seit der Einladung verstrichen sind. Auch Howard Gotlieb, der sie anschreibt und ihr die Gründung einer Stiftung an der Universität von Boston unter ihrem Namen vorschlägt, antwortet sie nicht, aber aus anderem Grund. »Ich dachte, der Mann würde mich veräppeln, weshalb ich ihm auf seinen Brief nicht antwortete. Er schrieb mir noch einmal und fragte, ob ich die erste Sendung nicht bekommen hätte. Also rief ich ihn an und fragte, ob er wirklich eine Oriana Fallaci Collection eröffnen wolle. Er sagte ja. Das war mir ziemlich peinlich.« Das gleiche Schicksal ereilt einen Brief, in dem 1977 das Columbia College von Chicago verkündet, ihr einen Ehrendoktortitel verleihen zu wollen. Zu dieser Zeit schreibt sie gerade an *Ein Mann,* und es vergehen Monate, ehe sie den Brief öffnet: »Ich war gerade dabei, in Casole das Abendessen zu machen. Ich koche gern, es entspannt mich. Da kam dieser Brief von der Columbia, und ich öffnete ihn, ohne groß darauf zu achten. Ich trat ans Fenster und rief nach meinem Vater, der im Garten gerade die Rosen beschnitt. Ich sagte zu ihm: ›He, Papa. Die wollen mir in Amerika einen Doktortitel geben, mitsamt Talar und Barett.‹ Mein Vater hob den Blick, sagte: ›Gute Entscheidung‹, und wandte sich wieder seinen Rosen zu.«

Oriana ist immer noch erstaunt über die Wirkung, die sie bei ihren Lesern hinterlässt. Es schreiben ihr Menschen aus aller Herren Länder, die ganz unterschiedliche Leben haben. Kinder aus der Grundschule, junge Männer, die sich Sorgen wegen ihrer Einberufung nach Vietnam machen, eine Frau, die ihr eine Klinik für Schwangerschaftsabbrüche empfiehlt. »Es ist ein seltsames Phänomen, dass eine Schriftstellerin wie ich auf der ganzen Welt bekannt ist, obwohl ihre Arbeit weder einfach noch unterhaltsam ist. Meine Bücher sind keine leichte Kost. Und unterhaltsam sind sie auch nicht. Ich bin todernst, spreche immer von Themen, die ernst und größtenteils auch tragisch sind.«

Ab und zu öffnet sie doch einen Brief, und wenn sie etwas besonders betroffen macht, nimmt sie sich sogar die Zeit zu antworten. Ein dänisches Ehepaar, das seine neugeborene Tochter auf ihren Namen getauft hat, erhält als Antwort ein Brieflein, das an das kleine Mädchen gerichtet ist: »Liebe Oriana! Ich wünsche dir, dass du ein gutes Leben hast. Ein erfülltes Leben, ein ehrliches, nützliches, mutiges Leben. Und wenn möglich, ein glückliches. Lass dich niemals von seinen Widrigkeiten abschrecken, oder von seinem Schmerz.« Eine Gruppe italienischer Studenten erhält einen langen Brief von Oriana, in dem sie erklärt, warum sie bei ihnen eine Ausnahme gemacht hat: »Dass ich euren Brief überhaupt geöffnet habe, dass ich ihm fünfundvierzig Minuten Zeit am Stück gewidmet habe, dass ich dabei die Hoffnung hatte, etwas Sinnvolles zu tun, und dabei sogar gelächelt habe: Das alles habt ihr dadurch erreicht, dass ihr mir geschrieben habt, ihr hättet nicht einmal das Geld für einen Anruf, weil ihr euch mit euren paar Kröten zu viert kaum eine Pizza teilen könnt.« Oriana hat eine Schwäche für junge Leute. Wenn ihre ausländischen Verlage darauf bestehen, dass sie eine PR-Tour für ihr Buch macht, antwortet sie, sie würde nur dann zusagen, wenn auch ein Zusammentreffen mit Studenten vorgesehen sei: »Ich gehe immer gern an Unis, ganz gleich, wo ich hinkomme, weil ich es liebe, mit jungen Leuten zu reden. Sie sind wichtig.« Die Rezensionen zu ihren Büchern liest sie immer aufmerksam, doch zu Kritikern hat sie in der Regel ein schwieriges Verhältnis. Sie hält sie für faul, weil sie nur selten über die ersten Seiten eines Buches hinauskommen, und für neidisch, weil viele von ihnen auch gerne geschrieben hätten, es aber nicht geschafft haben. Für sie ist der wahre Kritiker das Publikum, das schon immer ihre Bücher kauft und zeigt, dass es sie zu schätzen weiß. »Ein Schriftsteller ohne Leser ist wie eine Stimme, die ins Leere spricht, wie eine Quelle, an der niemand seinen Durst stillt, und er fühlt sich einsamer als der allerletzte Fisch im Meer. Wenn ich einen Menschen mit einem Buch von mir in der Hand sehe, bin ich immer versucht, auf ihn zuzugehen und das zu tun, was mein Onkel Bruno Fallaci machte, als er noch Herausgeber einer der damals größten Wochenzeitungen Italiens war. Um eine Vorstellung davon zu bekommen, wie viele Leser sich die neue Ausgabe seiner Zeitung zu Gemüte führten, stellte sich mein Onkel Bruno jede Woche ein paar Minuten vor den Zeitungsladen. Und wenn jemand die Zeitung kaufte, zog er den Hut, machte einen Diener und sagte: ›Danke, mein Herr. Danke, meine Dame.‹«

Oriana Fallaci ist eine der beliebtesten Schriftstellerinnen des zwanzigsten Jahrhunderts. Die Geschichten sprudeln förmlich aus ihr heraus, in einer Fülle, wie die Natur Früchte und Blumen hervorbringt. Dieses Bild stammt von ihrer großen Bewunderin, der amerikanischen Schriftstellerin Janet Flanner: »Du gehörst zu der Kategorie Mensch, der von Natur aus schöpferisch ist, ebenso wie ein Obstbaum schöpferisch ist.« Jedes Element ihres Lebens durchläuft den Filter ihrer Fantasie und wird zum Roman. »Was ich weiß, ist, dass ich überall Literatur sehe. Wenn ich esse und wenn ich ein Interview führe. Das ist ein bisschen wie Pantheismus.«

Oriana schreibt nicht für Intellektuelle, eine Kategorie Mensch, über die sie sich oft abfällig äußert, sondern für das einfache Volk. Einem Kritiker, der sie 1969 fragt, an wen sie eigentlich einen Artikel oder ein Buch richtet, antwortet sie: »Ich denke an Romeo, einen meiner Bauern. Einen blitzgescheiten Mann, der unendlich neugierig, aber vollkommen ungebildet ist.« Wenn sie sich ihre Leser vorstellt, denkt sie an eine Schneiderin, eine Hausangestellte, einen Arbeiter, einen Malermeister. »Ich habe ebenso wenig für schwierige Wörter übrig wie für komplizierte und unverständliche Sachverhalte und habe von meiner Mutter gelernt, sie zu verabscheuen – einer sehr gescheiten, aber ungebildeten Frau, die man einfach nicht zur Schule geschickt hat. Meine Mutter hat mir immer gesagt: Schreib bitte einfach! Weil auch ich es kapieren will.«

Ginge es um ein literarisches Erbe, so würden Orianas Romane direkt von denen Curzio Malapartes abstammen, den sie dank ihrem Onkel Bruno als junges Mädchen kennengelernt hat. »Er war mit mir in der Toskana unterwegs und hat mir, wie ein Haruspex, der seine Schlüsse aus dem Zug der Vögel zieht, eine glorreiche Zukunft prophezeit. ›Sie ähneln mir, Oriana! Eines Tages werden Sie gewaltigen Erfolg haben. Aber nicht in Italien – im Ausland. In Italien wird man Sie auf den Tod nicht ausstehen können, so wie mich.‹ ›Wieso das, Malaparte?‹ ›Weil man in Italien, wenn man gut ist und akzeptiert werden will, erst einmal in einem Sarg liegen und unter einer Zypresse begraben sein muss.‹« Mit Malaparte hat Oriana einerseits den angriffslustigen, niemals neutralen Stil gemein und andererseits auch die Direktheit, mit der er Gewalt und Tod beschreibt. »Auch ich versuche, wenn ich schreibe, meinem Leser Gewalt anzutun: Ihn dazu zu verpflichten, mich zu lesen. Ihn zu überraschen, zu empören, ihn zu reizen, zu verführen. Es ist ein mühevolles Unterfangen, doch am Ende sehr unterhaltsam.« Die italienischen Schriftsteller, die sie jedoch am meisten bewundert, sind Italo Calvino und Natalia Ginzburg, und beide schreiben vollkommen anders als sie.

Orianas Stil war immer schon sehr natürlich, wie in einem Gespräch. »Ich schreibe, als würde ich meiner Mutter einen Brief schreiben oder dem Mann, den ich liebe«, erklärt sie. Doch wenn man sich das Vorbereitungsmaterial ihrer Bücher anschaut, begreift man, dass Orianas flüssiger Schreibstil in

Wirklichkeit das Ergebnis harter Arbeit ist. Sie formuliert und schreibt um, verwirft Hunderte von Seiten, ganze Versionen eines Romans, wenn sie mit dem Ergebnis nicht zufrieden ist: »Ich bin Perfektionistin. Manisch, was Genauigkeit angeht. Und immer fürchte ich, Fehler zu machen. Ich bin nie zufrieden mit dem, was ich schreibe.« Oriana kontrolliert und wägt jedes Wort, jede Zeile ab und ist besessen vom Rhythmus dessen, was sie schreibt: »Es ist durchaus möglich, eine Prosa zu schreiben, die so musikalisch ist wie ein Gedicht, die einen Rhythmus hat, der die Metrik ebenso respektiert wie ein Gedicht. Zwischen Prosa und Lyrik gibt es keine klar gezogenen Grenzen, der freie Vers kann sich durchaus unter Prosa mischen.« Oriana betrachtet jede Übersetzung als Verrat, denn in einer Fremdsprache gehe notgedrungen der Rhythmus des italienischen Originals verloren. Aus diesem Grund ist sie auch der Schrecken all ihrer ausländischen Verlage.

Wenn ein Buch in eine Sprache übersetzt wird, die Oriana beherrscht, so wie das Englische, das Französische oder das Spanische, entwickeln sich die Fahnenkorrekturen oft zu wahren Dramen, in denen sie persönlich um ein Ergebnis kämpft, das in Wirklichkeit unmöglich ist, weil sie will, dass ihre Originalsprache möglichst genau in der Übersetzung reproduziert wird. Sie besteht darauf, dass in der Übertragung alles erhalten bleibt, auch die Zeichensetzung, auch die Silbentrennung. Wenn dies nicht mit der Sprache zu vereinbaren ist, in die ihr Buch übersetzt wird, ist ihr das gleichgültig.

Noch viele Jahre später erinnert sich der amerikanische Lektor und Verleger Jonathan Burnham an eine Dienstreise, die er unternahm, um Oriana davon zu überzeugen, die Übersetzung von einem ihrer Romane zu akzeptieren: Diese war abgeschlossen, wurde von ihr jedoch abgelehnt. »Oriana bestand darauf, dass ich nach Italien kam und bei ihr wohnte, um die Übersetzung Seite für Seite mit ihr durchzugehen. Und so fuhr ich also nach Florenz. Um neun Uhr morgens war ich bei ihr zu Hause, und wir fingen gleich an, ohne Begrüßung, bis sechs Uhr abends. Es gab nichts zu essen, keine Getränke außer Kaffee und Wasser. Ich erinnere mich noch an den ersten Tag, als wir allein an der ersten Zeile circa zwanzig Minuten feilten. Ich war entsetzt. Erst da habe ich begriffen, dass sie ihr eigenes Englisch haben wollte, das ›Fallaci-Englisch‹, und dass es schwierig sein würde, sie davon abzubringen.«

Je bekannter Oriana wird, desto schwieriger werden die Beziehungen zu ihren Verlagen, vor allem zu Rizzoli, ihrem italienischen Verlagshaus. Wenn sie an einem Roman arbeitet, hat sie immer Angst, etwas von dem Projekt könne nach draußen dringen. Oft schickt sie die Manuskripte unter falschem Titel und Autorennamen, um Neugierige irrezuführen. Einen Redakteur, dem sie gerade das ganze Material geschickt hat, ermahnt sie: »Niemand darf diesen Text sehen, außer denen, die daran arbeiten, und dem Setzer. Mit ›niemand‹ meine ich auch die engsten Familienmitglieder. Die Tatsache, dass ein Text bei jemandem im Hause ist, erlaubt es Außenstehenden noch lange nicht, ihn zu lesen. Wer auch immer das ist, Papa eingeschlossen.« Bei jedem Buch überwacht sie jedes Detail persönlich, von der Schrift bis zum Cover. Veränderungen jeglicher Art akzeptiert sie nicht. Immer noch an denselben Redakteur gerichtet, schreibt sie: »Rühren Sie unter gar keinen Umständen an die Absätze, die ich mache. Die sind eine Marotte von mir. Ich kontrolliere sie genauestens, auch in den Übersetzungen, und sie müssen dort sein, wo sie hingehören. Nicht mehr und nicht weniger. Darin bin ich päpstlicher als der Papst.«

Jeder auch noch so winzige Zwischenfall verärgert sie, entfacht ihren mittlerweile legendär gewordenen Zorn. Es gibt noch einige Freunde, die zu ihr nach Hause dürfen, doch auch sie bekommen ihre stürmische Art zu spüren. Einer von ihnen erinnert sich daran, wie sie ihm eigenhändig die Salatblätter schneidet, die er zu groß findet, und dabei zetert: »Du bist wirklich ein verwöhnter Kerl, wie erträgt dich deine Frau nur?« Der Politologe Giovanni Sartori, der sie in jungen Jahren kennengelernt hat und gegen Ende ihres Lebens in New York besucht, erinnert sich hingegen an ausgiebige und köstliche Abendessen bei ihr: »Sie war eine ausgezeichnete Köchin, und wenn sie ungestört in ihren vier Wänden war, konnte sie auch eine außergewöhnlich gute Unterhalterin sein.« Oriana liebt es sehr, für Freunde zu kochen, und ist besonders berühmt für ihre frittierten Gerichte, die ganz leicht zuzubereiten sind. Sie sagt, frittiert schmecke selbst ein Pantoffel gut.

Es ist auch Sartori, der Oriana davon überzeugt, das Memorial Sloan Kettering Cancer Center in New York aufzusuchen. Nachdem sie nie wieder zu dem Onkologen, der sie 1992 operiert hat, gegangen ist, weigert sich Oriana, irgendwelche Kontrolluntersuchungen machen zu lassen, auch wenn an vielen Symptomen zu erkennen ist, dass ihr Krebs gestreut hat und sich Metastasen gebildet haben. Monica Fornier, eine italienische Onkologin am Memorial Sloan Kettering Cancer Center, erinnert sich gut an ihre Patientin: »Sie wurde bestrahlt und mit einer Chemotherapie behandelt, doch eigentlich ließ sie sich nur selten im Krankenhaus blicken, weil es ihr nicht passte, weil es Mühe machte, weil sie keine Lust hatte, aus dem Haus zu gehen. Oft kamen wir Ärzte deshalb zu ihr. Sie akzeptierte nur wenige Behandlungen und nur die am wenigsten schädlichen. Vieles hat sie nicht machen wollen, weil sie die Nebenwirkungen fürchtete.« Die Ärztin erinnert sich, Orianas größte Sorge sei gewesen, die Krankheit könne sich auf die Augen ausbreiten, sodass sie nicht mehr sehen und folglich auch nicht mehr arbeiten könne. »Sie weigerte sich, ständig unter dem Einfluss von Medikamenten zu stehen, ebenso wenig, wie sie sich dem Regiment einer Therapie unterziehen wollte. Sie sagte, in dem Moment, wo eine Person behandelt würde, sei sie an das Krankenhaus gebunden, an die Kontrollen, an die Blutuntersuchungen. Vor dieser Eigendynamik fürchtete sie sich.«

Oriana hält nicht damit hinter dem Berg, dass sie Krebs hat. Schon 1992, zur Zeit ihrer ersten Diagnose, hat sie es bei einem Interview in der *Washington Post* verkündet. Ein Jahr später spricht sie vor italienischen Fernsehkameras darüber. Sie verabscheut das Schweigen, mit dem in Italien jeder umgeben wird, der diese Krankheit hat: »Ich verstehe diese Scham nicht, diese Aversion gegen das Wort Krebs. Es ist doch keine ansteckende Krankheit. Man muss es so machen wie hier in Amerika: Man sagt es einfach, dieses Wort. Heiter, offen, unbeteiligt. Ich-habe-Krebs. Sagt es so, wie man sagen würde, ich habe Hepatitis, ich habe eine Lungenentzündung, ich habe mir das Bein gebrochen. So habe ich es gemacht, ich mache es immer noch, und ich habe den Eindruck, es hilft mir dabei, die Krankheit auszutreiben wie den Teufel.« So wie alles in Orianas Leben wird auch die Krankheit zum Kampf: »Die Beziehung zum Krebs ist eine kriegerische Beziehung, sie ist eine Beziehung zwischen zwei Gegnern, die danach streben, sich gegenseitig zu zerstören, wie in einem Krieg. Er will mich umbringen und ich ihn. Ich sage ›er‹, weil es mir unmöglich ist, darüber zu sprechen wie über eine Sache oder einen abstrakten Begriff, denn für mich ist er ein lebendiges Wesen, ein Tier von einem anderen Stern, ein Alien, der in meinen Körper eingedrungen ist, um ihn zu vernichten.«

Während Oriana vor den Fernsehkameras über ihren Tumor spricht, zündet sie sich eine Zigarette nach der anderen an. Jetzt, wo der Krebs da sei, sehe sie noch weniger Veranlassung als zuvor, mit dem Rauchen aufzuhören, sagt sie. Außerdem ist sie überzeugt davon, wenn sich der Krebs auf die Lungen ausbreitet, so sei das nicht die Schuld der Zigaretten, sondern der schwarzen Wolke, die sie eingeatmet hat, als sie mit dem amerikanischen Militär in Kuwait war, wo die Iraker auf dem Rückzug Ölquellen in Brand gesteckt hatten.

1991, während internationale Truppen unter der Leitung der USA am Persischen Golf stehen, ist Oriana ein letztes Mal an die Front zurückgekehrt, um sich den Krieg in Zeiten der Massenkommunikationsmittel anzuschauen. Heutzutage kontrolliert die amerikanische Heeresleitung jede Bewegung der akkreditierten Journalisten, und was Oriana dort erlebt, unterscheidet sich deutlich von ihren früheren Erfahrungen: »Für eine wie mich, die einen guten Teil ihres Lebens Kriegsberichterstatterin war, ist es demütigend, beschämend, unangenehm. Man will keine Leichen zeigen. In Vietnam haben wir zu viel erzählt. Zu viele Tote haben wir gesehen, und wir haben zu viele davon gezeigt, in Worten wie in Bildern.«

Orianas Krankheit ist einer der Gründe für ihre Einsamkeit in den letzten Jahren ihres Lebens. »Verabredungen zu treffen, beunruhigt mich, weil ich nie weiß (und es nie voraussagen kann), ob ich an dem Tag funktionieren werde«, gesteht sie in einem Brief. Bei ihr, in ihrem Haus in New York lebt niemand außer ihr. Sie will nicht einmal eine Hausangestellte, obwohl viele Freunde versuchen, ihr eine zu besorgen. Auch keine absolut vertrauenswürdige, die zum Schutz ihrer Arbeit weder Englisch noch Italienisch spricht. Oriana verabscheut es, dass jemand sie geschwächt von der Krankheit sieht. Eines Tages gelingt es einem italienischen Journalisten, sie davon zu überzeugen, dass sie ihn empfängt. Er hat eine junge Kollegin mitgebracht, und diese erinnert sich noch gut an ihre Überraschung, Oriana so mitgenommen von der Krankheit zu sehen. »Der Schlüssel drehte sich zwei Mal im Schloss, und vor uns stand eine winzige Person, in einem Rock bis unters Knie, einem blauen Pullover, fleischfarbenen Strümpfen. Besonders fielen mir die kleinen Füße und die Plüschpantoffeln auf. Sie erinnerten mich an die Toskana, an die alten Damen, die dort in den mittelalterlichen Dörfern vor ihrer Haustür auf der Straße sitzen. Sie zeigte mit dem Finger auf mich und sagte: ›Wenn du erzählst, dass du hier warst, lass ich dich einen Kopf kürzer machen.‹«

23

Die Wut und der Stolz

Am Morgen des 11. September 2001 hält Oriana sich in ihrem Haus in New York auf. Wie jeden Tag arbeitet sie an ihrem Roman. Plötzlich erfüllt sie eine seltsame Unruhe. Es liegt eine Stille in der Luft, als hätte jemand die Zeit angehalten. Sie schaltet den Fernseher ein. Das Gerät ist auf Stumm geschaltet, doch das, was sie dort auf dem Bildschirm sieht, spricht für sich. Einer der beiden Zwillingstürme des World Trade Center steht in Flammen, nachdem er von einem Flugzeug gerammt wurde. Noch während Fernsehreporter einen Augenzeugen interviewen, rast ein zweites Flugzeug in den anderen Turm.

Das ganze Land steht unter Schock. Zum ersten Mal hat der Terror die Vereinigten Staaten erreicht, und zwar auf spektakulärste Weise, indem man zwei entführte Flugzeuge in die Wahrzeichen New Yorks lenkt, während ein drittes Flugzeug über einem Flügel des Pentagons abstürzt und ein viertes, das eigentlich in Richtung Kapitol fliegen sollte, vom Kurs abkommt und über einem Wald zu Boden geht, weil seine Passagiere gegen die Entführer rebelliert haben. Al-Qaida trifft Amerika in einem Terrorangriff, wie es ihn noch nie zuvor gegeben hat, und Oriana ist dort, nur wenige Blocks entfernt. Sie ruft einen befreundeten Polizisten an, weil sie zum Ort des Geschehens will. »Sie bat mich, sie im Auto hinzubringen, wollte unbedingt in die Bannmeile, die um das vollkommen für den Verkehr abgeriegelte World Trade Center gezogen worden war, so nahe wie nur möglich. Ich versuchte für sie eine Genehmigung zu bekommen, sagte, sie sei Schriftstellerin und Kriegsberichterstatterin, doch es war nicht möglich.«

Da sie nicht vor Ort sein kann, verfolgt Oriana ohne Unterlass die Berichterstattung im Fernsehen, schaut sich immer wieder die Aufnahmen der brennenden Türme an. Wie hypnotisiert sieht sie die Bilder der Menschen, die sich aus den beiden Wolkenkratzern stürzen, um dem Tod in den Flammen zu entgehen, und lieber Hunderte von Metern ins Leere fallen. »Mein Gott, ich hatte gedacht, dass ich vom Krieg alles gesehen hätte. Ich hielt mich für immun gegen Kriege, und im Grunde bin ich es auch. Nichts kann mich mehr überraschen. Auch nicht, wenn ich wütend werde, auch nicht, wenn ich empört bin. Doch im Krieg habe ich immer Menschen gesehen, die umgebracht wurden. Nie habe ich Menschen gesehen, die sich selber umbringen, indem sie sich ohne Fallschirm aus dem achtzigsten oder neunzigsten oder hundertsten Stock stürzen.«

Viele rufen Oriana an, um sich zu erkundigen, ob es ihr gut geht. Wer sie am Telefon nicht erreicht, schickt ihr ein Telegramm. Sie beantwortet alle, um sie zu beruhigen, doch sie will keinen Besuch. Sie ist zu verstört, um zu reden. An eine französische Freundin schreibt sie: »Trotz all der Schrecken, die ich im Krieg erlebt habe, bin ich vollkommen erschüttert. Und ich bin fuchsteufelswild. Die Stadt ist ein Friedhof. Anstelle des höllischen Lärms, der sonst in New York herrscht, umgibt uns eisige Stille. Oder auch eine Grabesstille. Alles ist lahmgelegt. Die Brücken, die Tunnel, die Büros, alles geschlossen. Nur die Krankenhäuser haben geöffnet. Und die Leichenschauhäuser.« Die Wunden, die man dieser in die Vertikale gerichteten hektischen Metropole zugefügt hat, einer Stadt, die seit fast einem halben Jahrhundert Orianas Zuhause ist und die sie 1962 mit *Penelope im Krieg* gefeiert hat, empfindet sie wie ihre eigenen. In jenem Roman hat sie im Übrigen – mit einer Vorahnung, wie sie Schriftstellern manchmal eigen ist – das Attentat beinahe vorweggenommen. Die Protagonistin steigt nachts mit ihrem Geliebten auf das Empire State Building, und er zeigt ihr einen Punkt weiter unten: »›Siehst du die Terrasse unter uns? Ein Flugzeug hat sie einmal gestreift.‹ ›O Gott! Und sie ging nicht entzwei?‹ ›Nein. Das Flugzeug ging entzwei.‹«[50] Tagelang läuft Oriana durchs Haus, unfähig, irgendetwas zu tun. Sie weiß, dass sie mit ihrem Roman weitermachen sollte. Sie ist krank, hat nicht mehr viel Zeit und wird es vielleicht nicht mehr schaffen, sich wieder an die Arbeit zu machen, wenn sie sich von den aktuellen Ereignissen unterbrechen lässt. Am Ende – weil es ihr einfach nicht gelingen will, sich zu beruhigen – tut sie etwas, das ungewöhnlich für sie ist: Sie ruft Ferruccio de Bortoli, den Herausgeber des *Corriere della Sera*, in Italien an. Nachdem sie sich bei ihm ausgelassen hat, macht er ihr einen Vorschlag: »Wir könnten ein Interview machen, was meinst du?« Oriana ist einverstanden, aber nur unter der Bedingung, dass er das Interview führt.

Ferruccio de Bortoli besteigt eines der ersten Flugzeuge, die wieder in New York landen dürfen, nachdem die USA den Luftraum geöffnet hat. Am 15. September steht er vor Orianas Tür. Das Interview muss er nicht mehr machen, denn sie hat es selbst geschrieben, Frage und Antwort, während sie auf ihn gewartet hat. Als er ihr den Vorschlag macht, es in Form eines Editorials zu veröffentlichen, ist Oriana einverstanden, stellt ihm jedoch viele Fragen: Sie will wissen, wie viel Platz sie hat, ob sie auf der ersten Seite stehen wird, welches Foto mit abgedruckt wird. Sie wählt ein Bild, das sie selbst mit den Türmen des World Trade Center im Hintergrund zeigt. Und sie sucht auch den Titel aus: *Die Wut und der Stolz*.

Der Artikel wird am 29. September veröffentlicht, als vierseitige Einlage des *Corriere della Sera*, und hat für die öffentliche Meinung in Italien die Explosivkraft einer weiteren Bombe. Der Ton ist leidenschaftlich, wie immer in Orianas Texten, aber feierlicher, fast wie bei einer Predigt. Thema sind die Anschläge von New York, vor allem aber der Vorwurf an Europa, es verhalte sich feige gegenüber der Bedrohung durch den radikalen Islam. Oriana singt ein Loblied auf die Amerikaner für deren Fähigkeit, gegen ihre Feinde zusammenzustehen, und für ihren Patriotismus – Dinge, die sie bei den Italienern nicht feststellen kann. Der Artikel schließt mit den Worten: »Was ich zu sagen hatte, habe ich gesagt. Die Wut und der Stolz haben es mir befohlen. Das reine Gewissen und das Alter haben es mir erlaubt. Doch jetzt muss ich mich wieder an die Arbeit machen und will nicht mehr gestört werden. Und damit Schluss.«

Oriana denkt darüber nach, wieder mit ihrem Roman weiterzumachen, doch in Wirklichkeit ist dies nur der Anfang. Die Druckwelle, die ihr Artikel ausgelöst hat, setzt einen Mechanismus in Gang, der sie für die letzten Jahre ihres Lebens beschäftigen wird. In den darauffolgenden Tagen antworten ihr viele Kommentatoren im *Corriere della Sera* und anderen italienischen Zeitungen, und es entsteht eine hitzige Debatte. Schon bald weitet sich die polemische Auseinandersetzung auch auf die wichtigsten ausländischen Zeitungen aus.

Drei Monate später, im Dezember, veröffentlicht Oriana den Text in einem Buch. Der Band, der unter dem gleichen Titel erscheint[51], beinhaltet die Teile des Artikels, die zuvor in der Zeitung wegen Platzmangels gestrichen worden waren. Das Buch wird sofort zum Verkaufserfolg, allein in Italien gehen in den ersten zwei Wochen 700 000 Stück über den

Ladentisch, und schon bald werden es fast eine Million sein. Das Buch wird in sechzehn Sprachen übersetzt. Jedes Mal überprüft Oriana die Übersetzungen, ergänzt sie manchmal, und überwacht alles persönlich.

Die Anzeigen, die sie wegen Anstachelung zum Rassenhass und zur Verunglimpfung der Religion erhält, veranlassen sie nur, sich erneut einzumischen. Viele Jahre zuvor hat sie einem ausländischen Kollegen geschrieben: »Journalistin zu sein bedeutet für mich, ungehorsam zu sein. Und Ungehorsam bedeutet für mich, unter anderem, in Opposition zu stehen. Um in der Opposition zu stehen, ist es nötig, dass man die Wahrheit spricht. Und die Wahrheit ist immer das Gegenteil von dem, was uns gesagt wird.« Die Drohungen, die sie von radikalislamistischer Seite erhält, bestärken sie nur in ihrer Überzeugung, weiterhin das zu sagen, was sie denkt, ohne sich einschüchtern zu lassen. Schon vor Jahren hat sie einmal auf die Frage geantwortet, was sie an persönlichen Eigenschaften für ihre Arbeit mitgebracht habe. »Ich hoffe, vor allem Mut, denn Mut ist eine meiner wenigen Tugenden, und das kann wirklich niemand leugnen. Ich bin besessen vom Mut, sei es körperlich oder moralisch.«

Angespornt von der polemischen Auseinandersetzung schreibt sie weitere zwei Bücher, die beide im Jahre 2004 erscheinen – *La Forza della Ragione*[52], das sich mit der Geschichte des jahrhundertelangen Drucks des Islams auf Europa beschäftigt, und *Oriana Fallaci intervista se stessa. L'Apocalisse*[53], ein persönlicheres Buch –, welche zusammen mit *Die Wut und der Stolz* eine Trilogie bilden. Darin wendet sich Oriana an die Bewohner Europas, um sie aufzurütteln und sie dazu anzustacheln, ihre Identität und ihre Werte zu verteidigen; sie tut es im Stil eines mittelalterlichen Predigers. Und sie zieht noch eine andere Parallele. Sie vergleicht ihr

Editorial mit der Rede des italienischen Historikers Gaetano Salvemini, der in New York im Exil war und im Jahre 1933 eine Konferenz abhielt, um die Amerikaner von der Gefahr zu überzeugen, die Hitler und Mussolini für Amerika darstellten. Die Rede hielt er während eines antifaschistischen Meetings der Partisanenorganisation *Giustizia e Libertà,* die am 7. Mai 1933 im Irving Plaza Hotel in New York stattfand. Oriana hat ein gerahmtes Flugblatt zu der Veranstaltung in ihrem Wohnzimmer hängen.

Die polemische Auseinandersetzung nimmt ihre ganze Zeit in Anspruch, und auf ihrem Schreibtisch türmen sich neue Bücher. Sie studiert die Geschichte der jahrhundertelangen Beziehungen zwischen dem Islam und Europa mit der gleichen Inbrunst und Akribie wie Monate zuvor die Katasterbücher aus der Toskana des achtzehnten Jahrhunderts oder die Preise für eine Reise in der Postkutsche im neunzehnten Jahrhundert in den USA. Sie schaut sich alle Fernsehinterviews mit islamischen Führern an, liest alle Dokumente, alle europäischen Resolutionen zu Tagungen über den Islam, verfolgt die Polemiken und Diskussionen, die auf Anfragen örtlicher muslimischer Gemeinden ausgelöst werden. Besessen von diesem einen Thema, immer mehr geschwächt durch ihre Krankheit, konzentriert sie ihre letzten Energien auf die intellektuelle Arbeit, lebt für die Polemik. In einem Brief schreibt sie: »Ich bin ein Wrack, vom Scheitel bis zur Sohle. Nichts funktioniert mehr. Nur das Gehirn. Mir scheint es sogar besser geworden zu sein, so wie ein Wein, der reift.«

Tatsächlich greift Oriana in ihrer Trilogie alte Themen ihres Lebens auf. Ihre Kritik am Islam hat ihren Ursprung nicht am 11. September. Bereits 1960 hat sie die Behandlung der Frauen durch diese Religion kritisiert. Durch ihre Kriegsreportagen hat sie sich oft genug mit der explosiven Mischung konfrontiert gesehen, die entsteht, wenn politische Interessen, religiöser Fanatismus und Analphabetentum aufeinandertreffen. Besonders hat sie ein Ereignis aus dem Jahre 1971 erschüttert, als sie über die Massaker berichtete, die von islamistischen Untergrundkämpfern in Bangladesch verübt wurden: die Hinrichtung mehrerer Gefangener, die in einem Stadion vor den Augen von zwanzigtausend Gläubigen, die Sprechgesänge mit »Allahu Akbar« skandierten, zu Tode bajonettiert und dann von den Massen zertrampelt wurden. »Ich weiß, ich weiß: In allen Ländern Europas amüsierten sich die Christen, die Christen, deren Beitrag zur Geistesgeschichte ich nur zähneknirschend anerkenne, damit, die Häretiker auf dem Scheiterhaufen brennen zu sehen. Doch seitdem sind mehrere Jahrhunderte vergangen.«[54]

Die Trilogie erlaubt es ihr, Episoden aus ihrer Karriere als Journalistin wiederaufleben zu lassen, die sie nie in ihren Artikeln erwähnt hat. So berichtet sie zum Beispiel, wie sie im iranischen Ghom, wohin sie gefahren war, um Khomeini zu interviewen, gezwungen wurde, eine provisorische Eheschließung mit ihrem Fahrer vorzunehmen, weil sie von einem Mullah dabei ertappt worden war, dass sie sich allein mit ihm in einem Zimmer aufhielt. Sie erzählt von den Tränen Ali Bhuttos, des pakistanischen Staatschefs, der ihr am Ende eines Interviews unter vier Augen von seiner ersten Zwangsverheiratung erzählt hat, bei der er im Alter von erst dreizehn Jahren mit einer erwachsenen Frau vermählt wurde. Oder von dem makabren Scherz palästinensischer Untergrundkämpfer, die während eines Angriffs Zuflucht in einem Luftschutzkeller suchten, sie als Frau jedoch nicht dabeihaben wollten und sie zwangen, allein in einer Baracke zurückzubleiben, die sich später als Lager für Sprengstoff entpuppte.

Viel persönlicher ist Orianas Polemik gegen die Immigranten, die als Straßenverkäufer auf den Gassen des historischen Zentrums von Florenz unterwegs sind. Oriana betrachtet ihre Heimatstadt als Mittelpunkt der europäischen Zivilisation und ist empört darüber, dass sie sich allmählich in einen Basar verwandelt. »Bereits 1978, daran erinnere ich mich noch gut, haben sie das historische Zentrum der Stadt in Beschlag genommen. ›Aber wann sind die eigentlich gekommen?‹, fragte ich eines Tages den Mann im Zigarettenladen an der Piazza della Repubblica. Und er breitete die Arme aus und seufzte: ›Boh! Eines Morgens mache ich mein Geschäft auf, und sie waren alle da.‹« Oriana setzt sich mehrfach dafür ein, Demonstrationen im Zentrum von Florenz zu verhindern, die die historischen Bauwerke in Gefahr bringen könnten, zum Beispiel eine Kundgebung, bei der mit mehreren tausend Demonstranten gerechnet wird, oder als sie darauf drängt, ein Zelt aus dem Zentrum entfernen zu lassen, das eine Gruppe von somalischen Immigranten dort errichtet hatte. Einem florentinischen Freund erzählt sie von ihrem Abscheu über den Niedergang ihrer Heimatstadt: »Du brauchst bloß in den Vicolo dell' Inferno oder den Vicolo del Purgatorio zu gehen – all diese Gassen sind zu öffentlichen Klos unter freiem Himmel geworden, und niemand sagt etwas.«

So wie sie es schon seit ihrer Jugend getan hat, ist Oriana auf dem Kriegspfad, überzeugt davon, wie sie schreibt, »dass man sich dem Krieg nicht entziehen kann, weil der Krieg Teil des Lebens ist«. Sie schont sich nicht, obwohl sie durch ihre Krankheit bereits sehr geschwächt ist. Paradoxerweise verfügt sie immer noch über eine gewaltige Energie, als würde nur noch die Willenskraft sie auf den Beinen halten. Nachdem sie die amerikanische Ausgabe von *Die Wut und der Stolz* abgeschlossen hat – mit dem üblichen Marathon von Neufassungen und Fahnenkorrekturen –, erzählt sie in einem Brief: »Der Lektor, ein junger und robuster Mann, der extra nach New York gekommen war, ist gestern Abend umgekippt.«

Oriana schreibt Artikel, offene Briefe, gibt öffentliche Statements ab. Ihre Haltung findet in Italien vor allem bei den rechtsgerichteten Zeitungen Anklang, die sie wie eine Ikone für sich beanspruchen. Die Zeiten, als Oriana in Amerika als Kommunistin beschimpft wurde, scheinen lange vorbei zu sein, und wie zur Bestätigung sagt sie in einem Interview: »Mich hat man immer als Linke bezeichnet. Was dieser Ausdruck heute bedeutet – rechts, links, scheißegal –, weiß ich nicht, aber was mir sicher viel bedeutet, ist die Freiheit.« Tatsächlich verteidigt sie ihre Gedanken und vor allem das Recht, sie auszudrücken, denn sie war schon immer davon überzeugt, dass es faschistisch sei, jemanden daran zu hindern, das zu sagen, was er denkt. »Der Faschismus ist keine Ideologie, sondern ein Verhaltensmuster«, sagt sie.

Als Oriana die Arbeiten an der Trilogie und ihren Übersetzungen abgeschlossen hat, nimmt sie wieder ihren Familienroman in Angriff, mit dem sie sehr im Rückstand ist. »Obwohl ich mittlerweile kaum mehr von diesem Tisch aufstehe und nur noch arbeite, kommt das Buch langsamer voran als ein Segelboot, das gegen widrige Winde ankämpft. Ich schreibe einfach zu langsam, und meine Ansprüche sind zu hoch.« Sie verbringt ihre Tage mit Schreiben, auch wenn die Probleme mit ihren Augen, die durch die Metastasen verursacht werden, dazu führen, dass sie die Tasten der Schreibmaschine nicht mehr gut erkennen kann. Sie weiß, dass ihr nicht mehr viel Zeit bleibt, und das stachelt sie nur umso mehr zum Arbeiten an. Eine Freundin erinnert sich, dass sie kaum mehr das Haus verlässt, aus Angst davor, das Buch nicht mehr fertigschreiben zu können. »Ab und zu rief sie mich an, und ich fragte: ›Sehen wir uns?‹ Und sie: ›Nein, nein, ich kann nicht, ich schreibe, ich schreibe, lenk mich nicht ab.‹«

Zu ihr nach Hause kommt fast niemand mehr, weil sie sich nicht unterbrechen lassen will, aber auch aus Angst vor ihrem launischen Charakter. »Ich gehe nicht ans Telefon, und wenn jemand kommt, beiße ich«, schreibt sie einem Journalisten, der sie um ihre private Telefonnummer bittet. Mittlerweile wird sie das Bild der aggressiven und schwierigen Frau nicht mehr los. Dennoch ist sie manchmal, wenn ihr diese groteske Einschätzung begegnet, auch zutiefst davon gekränkt. Jahre zuvor hat sie in einem Interview erzählt: »Ich weiß noch, wie ich vor ein paar Jahren mit meinem Vater vor dem Fernseher saß und dort Maurizio Costanzo Ambrogio Fogar interviewte. ›Signor Fogar, mit wem würden Sie gerne auf ihrem Schiff die Welt umrunden?‹. ›Nur mit einer Person – mit Oriana Fallaci‹, antwortete Fogar prompt. ›Und warum?‹, erwiderte Costanzo. ›Weil sie mutig ist‹, verkündete Fogar. ›Aber die Fallaci ist böse! Schauen Sie doch nur, wie böse sie ist!‹, schimpfte Costanzo. Mein Vater war wütend. Und mir fehlten die Worte.«

Oriana streitet nicht ab, viele Fehler zu haben. »Ich bin viel zu streitsüchtig, zu angriffslustig, und ich verzeihe nie etwas. Ich kann nicht verzeihen. Nie! Und ich kann auch nicht vergessen. Nie! Das ist sehr hässlich. Und manchmal gefällt es mir, mich zu rächen. Das ist erst recht hässlich, auch wenn ich es ganz offen tue; wie ein Hund, der bellt, bevor er beißt.« Und dann: »Ich lächele nur, wenn ich Lust habe zu lächeln, ich rede nur, wenn ich Lust habe zu reden, und wenn ich rede, sage ich immer das, was ich denke.« Oriana ist die Erste, die zugibt, dass sie sich selbst nicht besonders mag, doch sie sagt auch, dass sie sich respektiert. »Denn bei allen Fehlern, die ich habe, bin ich doch ein wirklich anständiger Mensch. Und das ist es, was für mich zählt. Ich eröffne nie als Erste das Feuer, nie. Und ich reiche immer als Erste die Hand zur Versöhnung. Wenn sie mich dann beißen, dann wehre ich mich; das ja. Aber ist das nicht menschlich? Und ich habe nichts zu verbergen, gar nichts. Es gibt nichts, für das ich mich schämen müsste. Nichts. Ich habe mich nie verkauft, weder moralisch noch physisch.«

»Ich kenne nur wenige Menschen, die so stark sind wie ich«, hat Oriana sich einmal in Zusammenhang mit einem Interview notiert. Sie spricht schon immer gern über sich selbst, in ihren Artikeln, dann in ihren Büchern und ihren Interviews, und stellt sich als starke Frau dar. Aufgewachsen wie ein Soldat, hat sie beschlossen, der Welt nur eine bestimmte Seite von sich zu zeigen und ihre Zerbrechlichkeit lieber zu verbergen, den Teil von ihr, der nach Zärtlichkeit hungert. Auch die Menschen, die ihr am nächsten stehen, geben zu, dass sie eine zutiefst komplexe Persönlichkeit hat. »Sie ist der schlichteste und zugleich komplizierteste Mensch, den ich je gekannt habe, der offenste und zugleich der geheimnisvollste«, schreibt ihre Schwester Paola über sie, womit sie besser als jeder andere erklärt, wie Oriana sich gerade dann offenbart, wenn sie sich verbirgt. Paola wird einmal eine treffende Metapher dafür finden: Ihre Schwester, die auf der ganzen Welt berühmt ist, sei wie ein offenes Buch – doch eines, das auf Chinesisch geschrieben sei. Oriana redet viel, erscheint extrovertiert, versteckt sich dabei jedoch im Grunde hinter den eigenen Worten. Sie erzählt von sich nur das, was sie will, immer die gleichen Episoden, und errichtet dadurch eine Mauer um sich herum, die sie vor der Neugier anderer schützt. »Je mehr ich rede, umso weniger sage ich. Ich schließe mich in mich selbst ein und drehe den

Schlüssel um«, gibt sie einer amerikanischen Interviewerin gegenüber zu.

Der Stereotyp der leicht zu erzürnenden und wenig umgänglichen Frau wird immer wieder von den italienischen Journalisten aufgegriffen, manchmal bis hin zur Karikatur. Und vielleicht ist das auch kein Zufall, wie nach ihrem Tod ein Kollege bemerkt: »Auch die Ehrungen, die ihr in unserem Zeitungsbusiness zuteilwerden, sind offenbar andere als die, die man ›großen Männern‹ zuteilwerden lässt, ob zu Lebzeiten oder posthum. An Oriana feiert man ihr Ausnahmetalent, die Persönlichkeit, auch ihren Charakter, ihre Unberechenbarkeit. Doch niemand, wirklich keiner, auch keiner ihrer offensten Bewunderer, ist bereit, bei ihr von Ansehen zu sprechen. Das wusste sie, und genau das schmerzte sie. Oriana hat wie keine anderen das Machotum des italienischen Journalismus entlarvt. Sie, eine internationale Diva, mit der die *Washington Post* einen Exklusivvertrag abschließen wollte, wurde in Italien als Irre dargestellt, als eine, die neben der Spur war, und in späteren Jahren auch als eine, die sich an die Rechten verkauft hatte.«

Oriana weiß sehr wohl, nicht alle wissen es zu schätzen, dass der berühmteste Journalist der Welt eine Frau ist: »Vor Jahren verlieh man mir einen Preis, den ich nicht persönlich entgegennehmen konnte, weil ich im Krieg in Bangladesch war. Folglich beauftragte ich einen Kollegen damit, ihn für mich in Empfang zu nehmen, und als er sich bei der Verleihung erhob, sagte eine Frauenstimme bissig: ›Ich hab's euch doch gesagt, dass die Fallaci ein Mann ist!‹ Als ich das erfahren habe, fand ich das gar nicht lustig. Im Gegenteil, ich war beleidigt.«

Im letzten Jahr ihres Lebens existiert für Oriana nur noch der Roman, und sie verlässt das Haus fast gar nicht mehr. Sie schreibt, liest das Geschriebene, baut es um, und am Abend telefoniert sie mit Freunden, die sie – wenn es italienische Freunde sind – wegen der Zeitverschiebung oft aus dem Schlaf reißen. Unter den wenigen, die ihre Festnetznummer haben, ist Erzbischof Rino Fisichella, der damalige Rektor der päpstlichen Lateran-Universität. Die beiden verbindet eine ebenso unerwartete wie tiefe Freundschaft. Oriana ist diejenige, die im Juni 2005 in Kontakt zu ihm tritt, nachdem sie einen Artikel gelesen hat, in dem Fisichella sie in Schutz nimmt. »Sie haben mich gerührt«, schreibt sie ihm ohne Umschweife. Wie immer, wenn ein Mensch sie beeindruckt, ist sie sofort bereit, Freundschaft mit ihm zu schließen: »Und da bin ich nun, halb blind, nur noch Haut und Knochen, aber ich bin da.« Eigentlich könnte alles zwischen ihnen stehen, vor allem Orianas Haltung dem Glauben gegenüber, doch es entwickelt sich eine intensive und überaus herzliche Korrespondenz.

Orianas dunkle Seite, die aufgrund ihrer Krankheit immer stärker ausgeprägt ist, verbirgt sie nicht vor ihm. »Es stimmt, ich erlebe auch Momente eisiger Depression. Vor allem nachts, wenn ich, statt zu schlafen, darüber nachdenke, was ich alles hätte tun sollen und nicht getan habe, oder über das, was ich verdient hätte, aber nie bekommen habe.« Sie erzählt ihm von dem unvollendeten Roman: »Dieses Buch, das da oben in der Kommode im blauen Zimmer im vierten Stock vor sich hin dämmert. Verdammt sei der 11. September, verdammt der Islam, und ich selbst auch!« Sie lädt ihn ein, sie zu besuchen: »Das Haus ist sehr hübsch und freundlich, ein wenig aus der Mode gekommen, so wie es sich für eine wie mich, die immer gegen den Strom schwimmt, gehört, doch es schenkt mir eine Privatsphäre, die buchstäblich bombensicher ist. Genauer gesagt weiß niemand, wo ich wohne. Nicht einmal der Briefträger, der die Post immer falsch einwirft. In den Nachbarhäusern weiß niemand, wer ich bin, ich rede mit keinem, und keiner redet mit mir.«

An Fisichella schätzt sie seine Großzügigkeit, seinen Humor, seine Bildung. Je öfter sie mit ihm korrespondiert, desto mehr erscheinen ihr gewisse Palazzi im Vatikan wie eine »Oase der Zivilisation inmitten der Barbarei«. Voller Überraschung entdeckt sie, dass dieser winzige theokratische Staat über alte Verhaltensregeln und jahrtausendealte Riten wacht, die sie berühren. Sie selbst bezeichnet sich als christliche Atheistin, weil sie das kulturelle Erbe des Christentums schätzt. All ihre Wurzeln gehen auf diese Religion zurück: »Ich wurde inmitten einer Landschaft aus Kirchen, Klöstern, Kruzifixen, Madonnen und Heiligen geboren. Die allererste Musik, die ich gehört habe, als ich auf die Welt kam, war das Geläut der Glocken.«

Oriana wird für immer stolz auf das Land ihrer Geburt sein, wenn sie die Glocken von Santa Maria del Fiore, des Doms von Florenz, läuten hört, ein Detail, auf das sie in ihren Texten und Interviews öfters Bezug nimmt. Und sie gibt zu, dass die Botschaft Jesu Christi sie fasziniert: »Das Christentum übt eine unwiderstehliche Anziehungskraft aus. Es ist die aufsehenerregende Wette, die der Mensch mit sich selbst abgeschlossen hat.« Doch über den Glauben denkt sie immer noch wie früher, und daran am Ende ihres Lebens etwas zu ändern, käme ihr wie ein Akt der Feigheit vor: »Es ist sehr schwierig zu leben, das Sterben ist kein Spaß, und die Vorstellung, dass es einen Gott gibt, der dir hilft, diesen beiden Aufgaben entgegenzublicken, kann eine unendliche Erleichterung darstellen: Das verstehe ich gut. Ich beneide im Grunde jeden, der gläubig ist. Manchmal bin ich sogar richtig eifersüchtig.«

Mithilfe von Fisichella gelingt es ihr, eine Begegnung mit Papst Benedikt XVI. zu vereinbaren, auf den Oriana große Stücke hält. »Ich bewundere Ratzinger, nicht nur weil er ein gebildeter und intelligenter Mann ist, sondern auch einer mit Mut. Der Einzige, zum Beispiel, der im Vatikan eine klare Position gegenüber den pädophilen Priestern in den Vereinigten Staaten bezogen hat. Und wie man weiß, auch der Einzige, der den Westen verteidigt. Ja, ich muss sagen, ich mag ihn sehr. Auch sein Gesicht und seine lustige Stimme, die klingt wie die einer wohlwollenden Großmutter, die dir gleich eine Kopfnuss geben wird.« Seit geraumer Zeit liest sie die Abhandlungen und Bücher des Papstes und träumt davon, ihn einmal zu treffen. Dabei denkt sie nicht an ein Interview, denn dazu ist sie zu erschöpft, sondern an eine private Begegnung. In einem Brief vertraut sie einem Kollegen an: »Abgesehen davon, dass man für ein Interview mit Ratzinger vermutlich zehn Universitätsabschlüsse in Philosophie und elf in Theologie bräuchte und lange, gewissenhafte Recherchen anstellen müsste, habe ich einfach immer an ein kleines, egoistisches Tête-à-Tête gedacht und basta. Um ihm meine Dankbarkeit und meine Sympathie auszudrücken. Um ihm zu sagen, dass ich mich durch ihn weniger allein fühle.«

Die Begegnung mit Benedikt XVI. findet am 27. August 2005 in Castel Gandolfo, der Sommerresidenz des Papstes, statt. Sie geschieht unter größter Geheimhaltung und sorgfältiger Vorbereitung. Oriana reist fast gar nicht mehr, aus Gründen der Sicherheit, aber vor allem auch aufgrund ihrer Krankheit. An Fisichella schreibt sie: »Ich muss einige Tage früher kommen. Weil das Reisen mich fertigmacht. Außerdem verlasse ich schon seit fast acht Monaten, das heißt, seit sich meine Situation so rapide verschlechtert hat, nur noch das Haus, um ins Krankenhaus zu gehen, das von meinem Brownstone-Gebäude fünf Blocks entfernt liegt. Jedenfalls, wenn ich danach heimkomme, wanke ich wie ein welker Grashalm. Nach acht Stunden im Flieger wird es nötig sein, dass ich mich mindestens achtundvierzig Stunden ausruhe. Und das ist noch untertrieben. Aber ich bin kein Drückeberger. Ich bin wie ein Tier, das die Mühen und den körperlichen Schmerz mit bemerkenswertem Stoizismus erträgt. Im Krankenhaus nennen sie mich ›den Fakir‹.« Die Nachricht des Zusammentreffens sickert nur drei Tage später durch und kommt in allen italienischen Zeitungen. Die Schriftstellerin, die zur Fahnenträgerin im Kampf gegen den Islam geworden ist, und der Papst der Religion der Liebe, die große Atheistin und der spirituelle Anführer: Die Schlagzeilen schwanken zwischen Staunen und Polemik. Über den Inhalt des Gesprächs dringen keine Informationen an die Öffentlichkeit.

Die letzten Monate ihres Lebens sind der Vorbereitung auf ihren Tod gewidmet. Oriana macht, so gut sie kann, mit ihrem Manuskript weiter und trifft genaue Vorkehrungen für die Veröffentlichung ihrer Bücher nach ihrem Tod. Beim Titel *Un cappello pieno di ciliege* besteht sie darauf, dass *ciliege* entgegen der Rechtschreibregeln ohne i geschrieben wird. Sie behauptet, ihre Mutter habe es so geschrieben – auf toskanische Art –, wenn sie die Gläser mit selbstgekochter Kirschmarmelade beschriftete. Oriana regelt ihre finanziellen Angelegenheiten und ihren Nachlass, setzt in ihrem Testament den Neffen Edoardo als Haupterben ein und vermacht ihre Sammlung alter Bücher der Lateran-Universität, deren Rektor Fisichella ist. Sie trifft Vorkehrungen für die Trauerfeier, die sie sich rein privater Natur und ohne religiöse Trauerrede wünscht, und für das Begräbnis: Sie möchte bei ihren Eltern auf dem evangelischen Friedhof degli Allori auf den Hügeln außerhalb der Stadt begraben werden, einer letzten Ruhestätte für Ausländer, die Florenz lieben.

Alles legt sie bis ins kleinste Detail fest. Sie möchte bei ihrer Bestattung ein bestimmtes Gewand tragen, das man ihr mit einer Nadel aus napoleonischer Zeit vor der Brust zusammenstecken soll, welche sie als junge Frau gerne zu den Interviews mit Staatsmännern getragen hat: »Um ihnen Ehrfurcht einzujagen«, sagte sie einmal mit einem schelmischen Lächeln. Vor allem, das wiederholt sie mehrfach, möchte sie in Florenz sterben, in einem Zimmer, von dessen Fenster aus man auf die Brunelleschi-Kuppel und Giottos Glockenturm schauen kann. Sie träumt davon, dass die Kirchenglocken der Stadt ihr zum Gruß läuten, denn sie liebt diesen Klang, der die Luft mit seinen munteren Schlägen erfüllt. In einem Brief an Fisichella schreibt sie: »Ich liebe den österlichen Klang der Glocken. Wäre ich ein König, würde ich anordnen, dass die Glocken jeden Tag läuten, als wäre es ein Festtag.«

Ich habe den Tod nie begriffen. Ich habe nie begriffen, wie jemand sagen kann, der Tod sei normal, er sei logisch – alles hat ein Ende, folglich werde auch ich ein Ende haben. Ich habe den Tod immer für ungerecht gehalten, für unlogisch, und ich finde, wir sollten nicht schon im Moment unserer Geburt zu sterben beginnen.

Das Flugzeug landet in den frühen Morgenstunden des 4. September 2006 in Florenz. Während die Maschine ihre Parkposition einnimmt, kommt Bewegung in die Menschen, die Oriana auf diesem Flug begleiten. Allein gelingt es ihr nicht, sich von ihrem Sitz zu erheben. Sie dreht leicht den Kopf und schaut aus dem Fenster. Blinzelt. In letzter Zeit sieht sie nicht mehr scharf und hat den Eindruck, immer in eine Art Nebel gehüllt zu sein.

Sie sieht einen Krankenwagen, der sich ihnen auf dem Rollfeld nähert. Er erinnert sie an einen der Jeeps, die viele Jahre zuvor auf dem Flughafen von Saigon herumfuhren, zwischen Militärtransportern und Sandsäcken. Sie hat Angst vor dem Fliegen, die hat sie immer gehabt. Und sie hat Angst zu sterben. Doch im Angesicht der Gefahr hat Oriana noch nie einen Rückzieher gemacht. Sie hört, wie sich die Türen des Flugzeugs öffnen und die Leute beginnen auszusteigen. Und sie zieht in den Krieg – ein letztes Mal.

In der Nacht vom 14. auf den 15. September, in einem Zimmer des Klinikums Santa Chiara in Florenz, stirbt sie. Von ihrem Fenster aus sieht man die ganze Stadt. Die Glocken des Doms läuten feierlich, während ihre Bahre aus dem Gebäude getragen wird.

Quellennachweise und Danksagung

»Ich habe niemals eine Biografie von mir autorisiert und werde es auch nie tun. Das habe ich dir tausend Mal gesagt. Meine Anwälte haben immer denjenigen Einhalt geboten, die meine persönliche Biografie schreiben wollten, das heißt, die Geschichte meines Lebens und meiner Familie. Und du kennst die Gründe. Einer davon ist, dass ich nie einem anderen Menschen die Geschichte meines Lebens anvertrauen würde; ein anderer, dass die Biografen ebenso Verräter sind wie die Übersetzer, weil sie immer Fehler machen, ob nun in gutem Glauben oder nicht; und ein letzter Grund ist, dass ich besessen von Privatsphäre bin.« So antwortete Oriana in den Neunzigerjahren einem amerikanischen Wissenschaftler, der ihre Biografie schreiben wollte. Es liegt auf der Hand, dass sie das vorliegende Buch nicht gebilligt hätte.

Und tatsächlich stand sie zu Beginn mit mir auf Kriegsfuß, auch wenn sie gar nicht mehr auf der Welt war. Des Nachts hat sie mich heimgesucht. Und ich, die ich nie träume, hatte jahrelang schreckliche Alpträume. Einer kam besonders häufig vor. Darin verfluchte mich Oriana, sie schrie, ich hätte nichts begriffen, und zeigte mir dann ihr Tagebuch. Doch wenn ich mich dann näherte, um darin zu lesen, verschwammen die Worte, als hätte jemand das Buch in Wasser getaucht. Auch tagsüber lief nicht alles zum Besten. Das Material aus ihrem Nachlass erwies sich als lückenhaft. Viele Menschen wollten mich nicht treffen, weil rund um Oriana allerhand Zwiste und

Eifersüchteleien wüteten. Wer sich tatsächlich mit mir traf, verfügte oft nur über Erinnerungen, die im Laufe der Zeit verfälscht worden und widersprüchlich waren. Das Leben dieser Frau, die doch so viel über sich selbst gesprochen hatte, erwies sich als eine lange Serie von Leerstellen. Langsam begann ich zu begreifen, dass Oriana immer und ausschließlich gewisse Passagen aus ihrem Leben geschildert hatte und sich hinter einer Mauer aus Worten verschanzt hatte.

Ich beschloss, mich von ihrer sprichwörtlichen Hartnäckigkeit inspirieren zu lassen. Ich senkte den Kopf und machte Jahr um Jahr weiter, ein Schritt nach dem anderen, ich füllte die Leerstellen aus, glich Informationen miteinander ab, wertete Briefe und die Aussagen von Zeitzeugen aus. Irgendwie musste ich den roten Faden dieses Lebens zu packen kriegen, das so exponiert gelebt und doch auch geheim gehalten worden war, und ich wusste, dass ich ihn in Orianas Privatleben suchen musste, ihrer verborgenen Seite. Hier taten sich erste Einblicke auf, wie Risse in der Mauer: die Herkunft aus einfachen Verhältnissen, die Beziehung zur Mutter, der Widerspruch zwischen innerer Zerbrechlichkeit und äußerer Aggressivität, die Obsession für ihre Herkunft, die ständigen Spiegelfechtereien zwischen Leben und Werk. Dann endlich, eines Nachts, hatte ich einen Traum, in dem Oriana nicht mehr wütend auf mich war. Vielleicht war sie aber auch nur zu schwach, ganz gewiss war sie schon älter. Als ich sie in die Arme nahm und hochhob, kam es mir vor, als würde sie gar nichts wiegen. Ich flüsterte ihr ins Ohr: Oriana, wenn du mir versprichst, mich nicht mehr auszuschimpfen, werde ich mich um dich kümmern. Und in genau diesem Moment begann der Prozess des Schreibens, der dann überraschend schnell vonstattenging.

Da ich ihr nie persönlich begegnet war, suchte ich sie in

ihrem Werk. Ich habe alles gelesen, was Oriana veröffentlicht hat, Artikel und Bücher, mehrfach, denn sie hat sich so sehr in das eingebracht, was sie schrieb, dass es war, als würde ich ihr wirklich gegenübersitzen. Dank vieler unveröffentlichter Dokumente, die ihre Erben mir zur Verfügung stellten, bekam ich Einsicht in ihre Terminkalender, konnte ihre Fotos anschauen, las ihre Gedichte, ihre Korrespondenz, ihre Notizen. Ich habe viele Menschen interviewt und nahm von jedem ein kleines Puzzlestück mit, das direkt oder indirekt zur Rekonstruktion dieses Lebens beitrug. Viele baten darum, nicht namentlich erwähnt zu werden, woran ich mich akribisch gehalten habe, um möglichst wenige Namen zu erwähnen, damit sich die Schilderung des Lebens dieser Frau, die Gott und die Welt kannte, möglichst immer und ausschließlich auf sie selbst konzentrierte.

Ganz bewusst habe ich keinen einzigen italienischen Journalisten befragt, denn die Beziehung zwischen Oriana und dem Journalismus ihres Landes ist so weitläufig und komplex, dass das Thema ein eigenes Buch füllen würde. Jeder Biograf erfindet den Menschen, über den er schreibt, neu und arbeitet mit dem Material, das ihm zur Verfügung steht. Fehler sind möglich, und wenn ich sie begangen habe, so entschuldige ich mich bei demjenigen, der sie als solche erkennt, und bei den Lesern. Ich habe versucht, so gründlich und diskret wie möglich zu sein, mich zu nähern, zuzuhören. Vielleicht wird es eines Tages jemand besser machen. Vielleicht kommt in der Zukunft auch eine Quelle zum Vorschein, die noch im Verborgenen ruht oder mir nicht zugänglich war. Orianas Geschichte ist mit Sicherheit nicht hier zu Ende.

Ich danke Edoardo Perazzi, dem Erben Orianas, und seiner Frau Alessandra Ricci, die mir sofort ihr Vertrauen schenkten;

Roberto Santachiara, meinem Agenten, der mich immer ermutigt und unterstützt; Paolo Zaninoni, der als verlegerischer Geschäftsführer von Rizzoli das Projekt aus der Taufe gehoben hat; Giorgio Boatti, Freund und Schriftsteller, der mich mit Leckerbissen verwöhnt hat, wenn ich am späten Abend zu ihm nach Hause kam, ausgehungert nach vielen Stunden des Schreibens, und der vor allem mit der Sorgfalt des Historikers die verschiedenen Teile der Biografie überprüft hat. Ein besonderer Dank gilt Gabriela Jacomella und Sara Galinetto, den beiden außergewöhnlichen Mitarbeiterinnen, die mir in den USA bzw. in Italien bei den Recherchen geholfen haben und meine Freundinnen geworden sind. Mir liegt viel daran, Daniela Di Pace zu erwähnen, Orianas Assistentin und Freundin, die mir seit unserer allerersten Begegnung, als ich bei ihr zu Hause auf dem Sofa saß, mit besonderer Großzügigkeit begegnet ist: Jetzt weiß ich, warum Oriana, die mit allen und jedem stritt, es mit ihr nie getan hat. Schließlich danke ich all den Menschen, die bereit waren, mir zu helfen und ihre Informationen und Erinnerungen an Oriana mit mir zu teilen: Rino Fisichella, François Pelou, Chantal Clappier, Isabella Rossellini, Jane Dreyfus, Monica Fornier, Paolo Klun, Mirella Florita, Alessandro Cannavò, Jonathan Burnham, Katherine Benvin Quinn, Shirley MacLaine, Vita Paladino, Francesca Tramma, Eleonora Vallone, Fabiola Rocha, Giorgio Boccolari, Barbara Zaczek, Ben Bradlee, Bruno Coppi, Christiane Amanpour, Daniel Pipes, Dolly Borgia, Dominic Di Frisco, Francesca Forcella, Howard Modlin, Janet Levy, Jim Lovell, Jurate Kazickas, Maria Campbell, Maristella Lorch, Marta Lotti, Martin Peretz, Mauro Lucentini, Megan Kashour, Nan Talese, Norman Alexandroff, Patricia Violante, Robert Spencer, Sandro und Anna Fioriti, Scott Manning, Tony D'Angelo, Tunky Varadarajan, Alberto Vitale, Adina, Naomi und Michelle Kohan, Sirio Maccioni, Alberto Vacchi, Arrigo Brandini, Tommaso Marroncini, Paola Kennealy, Renata Brasca, Piero Gelli, Paola Locchi, Giovanna Govoni Salvadore, Andrea Salvadore, Francesca Della Monica, Maria Luisa Marcolin, Simonella Condemi.

Von den Institutionen, die mir ihre Archive geöffnet haben, möchte ich besonders die RCS MediaGroup erwähnen, in der Oriana Jahrzehnte zu Hause war, ihre Leiter sowie die Stiftung Corriere della Sera, die die beruflichen Unterlagen von Oriana Fallaci aufbewahrt. Außerdem danke ich dem Howard Gotlieb Archival Research Center der Boston University, dem Archiv Cesare Zavattini an der Biblioteca Panizzi di Reggio Emilia, dem historischen Archiv der Universität Florenz, dem staatlichen Institut für höhere Bildung Niccolò Machiavelli in Florenz, dem historischen Institut der Resistenza in der Toskana, dem Journalistenverband der Toskana, dem zeitgenössischen Archiv Alessandro Bonsanti am Gabinetto G. P. Vieusseux in Florenz, der Zentralbibliothek Florenz, dem Archiv für Geschichte des zwanzigsten Jahrhunderts an der Sapienza in Rom, dem Einwohnermeldeamt von Florenz, der Stiftung Carlo Cassola bei der archivistischen Oberaufsicht der Toskana, der Sandro-Pertini-Stiftung in Florenz sowie der Stiftung Pietro Nenni in Rom.

Zu guter Letzt geht mein Dank an die Eiche im Garten des Ruderclubs Ticino di Pavia, meinem Wassersportverein, wo ich dieses Buch im Verlauf von drei langen italienischen Sommern geschrieben habe. Dieser Baum hat mir großzügig Schatten gespendet, er hat mich erfrischt und mit dem herrlichen Rauschen seiner Blätter, die immer in Bewegung sind, belebt. Als ich es eines Tages wagte, trotz eines drohenden Gewitters weiterzuschreiben, hat er mir auch einen Ast auf den Kopf geschmissen, vielleicht weil er mir etwas sagen wollte.

Ich habe mich darauf beschränkt, den Ast schnell zu verstecken, aus Angst, der Gärtner könnte auf die Idee kommen, den Baum zu beschneiden, wie es leider so oft geschieht und wodurch die Bäume daran gehindert werden, das zu tun, was nur sie so gut können: immer und auf mysteriöse Weise der Linie größtmöglicher Schönheit zu folgen. Ich bin besessen von Bäumen, so wie auch Oriana es war. Als ich diese Gemeinsamkeit zwischen uns entdeckte, war ich gerührt. Viele andere Gemeinsamkeiten gibt es nicht zwischen uns. Zum Beispiel bin ich – ganz im Gegenteil zu ihr, für die Politik überall war und die lachend von sich sagte: »Ich habe noch nie ein Kochbuch geschrieben, bin mir aber sicher, wenn ich es täte, wäre es ein politisches Buch« – ein vollkommen unpolitischer Mensch. Meine einzige Erfahrung in diesem Bereich habe ich als kleines Mädchen gemacht, als ich zusammen mit vielen anderen Menschen in meinem Viertel eine Menschenkette bildete, um das Fällen mehrerer Bäume zu verhindern. Leider hat es nichts genützt. Ich träume davon, dass irgendwann einmal jemand in Erinnerung an Oriana einen Baum pflanzt, oder einen unter Gefahr verteidigt.

Anmerkungen

1 »Ein Hut voller Kirschen«, nicht auf Deutsch erschienen; Anm. d. Übers.
2 *Penelope im Krieg*, Dt. von Heinz Riedt, Deutscher Taschenbuch Verlag, München 1994
3 Zwei Protagonisten der Sozialistischen Partei Italiens; Anm. d. Übers.
4 »Die sieben Sünden von Hollywood«, nicht auf Deutsch erschienen; Anm. d. Übers.
5 *Das unnütze Geschlecht*, Dt. von Rosemarie Winterberg, Econ Verlag, Düsseldorf 1965
6 *Penelope im Krieg, a. a. O., S. 103*
7 *a. a. O., S. 30f.*
8 *a. a. O., S. 29*
9 *a. a. O. S. 114*
10 *a. a. O., S. 204*
11 *a. a. O., S. 85*
12 *a. a. O., S. 220*
13 *a. a. O., S. 226*
14 *a. a. O., S. 206*
15 *a. a. O., S. 244*
16 *a. a. O., S. 75*
17 a. a. O., S. 225
18 a. a. O., S. 265
19 *Ab- und Beifälliges über Prominente*, Dt. von Rosemarie Winterberg, Econ Verlag, Düsseldorf 1965
20 *Familienlexikon*, Dt. von Alice Vollenweider, Fischer Taschenbuch Verlag, Frankfurt a. M. 1999

21 *Wenn die Sonne stirbt,* Dt. von Rosemarie Winterberg, Econ Verlag, Düsseldorf 1966

22 *Wenn die Sonne stirbt,* a. a. O., S. V

23 a. a. O., S. 6

24 ebenda

25 Sinngemäß: »Jener Tag auf dem Mond«, nicht ins Deutsche übersetzt, Anm. d. Übers.

26 Han Suyin, *Alle Herrlichkeit auf Erden,* Dt. von Isabella Nadolny, Knaus Verlag, München 1986, S. 374

27 *Wir, Engel und Bestien,* Dt. von Heinz Riedt, Econ Verlag, Düsseldorf 1970, S. 379

28 Zitiert nach *Wir, Engel und Bestien,* a. a. O., S. 325

29 Auf Deutsch erscheint es zunächst 1970 unter dem Titel *Wir, Engel und Bestien,* später auch als *80 Tage in der Hölle* (1984) sowie *Nichts und Amen* (1991); Anm. d. Übers.

30 Marco Pannella, der Mitbegründer des *Partito Radicale*; Anm. d. Übers.

31 Zitiert nach: *Der Spiegel,* 53/1972; Anm. d. Übers.

32 Nicht auf Deutsch erschienen; Anm. d. Übers.

33 *Ein Mann,* Dt. von Toni Kienlechner, Kiepenheuer & Witsch, Köln 1997

34 *Ein Mann,* a. a. O., S. 184

35 Sinngemäß »Ich schreibe euch aus einem Kerker in Griechenland.«, nicht auf Deutsch erschienen; Anm. d. Übers.

36 *Brief an ein nie geborenes Kind,* Dt. von Heinz Riedt, Fischer Taschenbuch Verlag, Frankfurt a. M. 1979, S. 7

37 *Brief an ein nie geborenes Kind,* a. a. O., S. 9

38 a. a. O., S. 8

39 a. a. O., S. 28

40 a. a. O., S. 30f.

41 a. a. O. S. 70

42 a. a. O., S. 75

43 a. a. O., S. 81

44 a. a. O., S. 123

45 *Ein Mann,* a. a. O., S. 336

46 *Inschallah,* Dt. von Moshe Kahn, Kiepenheuer & Witsch, Köln 1992, Widmung

47 *Inschallah,* a. a. O., S. 84

48 a. a. O., S. 150

49 Nicht auf Deutsch erschienen; Anm. d. Übers.

50 *Penelope im Krieg, a. a. O., S. 64*

51 *Die Wut und der Stolz,* Dt. von Paula Cobrace, List Verlag, München 2002

52 *Die Kraft der Vernunft,* Dt. von Paula Cobrace, List Verlag, Berlin 2004

53 Nicht auf Deutsch erschienen; Anm. d. Übers.

54 *Die Wut und der Stolz,* a. a. O., S. 101

Oriana Fallacis Bücher

I sette peccati di Hollywood, 1958 (nicht auf Deutsch erschienen)

Il sesso inutile, 1961 (*Das unnütze Geschlecht,* Dt. von Rosemarie Winterberg, Econ Verlag, Düsseldorf 1965)

Penelope alle guerra, 1962 (*Penelope im Krieg,* Dt. von Heinz Riedt, Deutscher Taschenbuch Verlag, München 1994)

Gli antipatici, 1963 (*Ab- und Beifälliges über Prominente,* Dt. von Rosemarie Winterberg, Econ Verlag, Düsseldorf 1965)

Se il Sole muore, 1965 (*Wenn die Sonne stirbt,* Dt. von Rosemarie Winterberg, Econ Verlag, Düsseldorf 1966)

Niente e così sia, 1969 (*Wir, Engel und Bestien,* Dt. von Heinz Riedt, Econ Verlag, Düsseldorf 1970)

Quel giorno sulla Luna, 1970 (nicht auf Deutsch erschienen)

Intervista con la storia, 1974 (nicht auf Deutsch erschienen)

Lettera a un bambino mai nato, 1975 (*Brief an ein nie geborenes Kind,* Dt. von Heinz Riedt, Fischer Taschenbuch Verlag, Frankfurt a. M. 1979)

Un uomo, 1979 (*Ein Mann,* Dt. von Toni Kienlechner, Kiepenheuer und Witsch, Köln 1997)

Insciallah, 1990 (*Inschallah,* Dt. von Moshe Kahn, Kiepenheuer und Witsch, Köln 1992)

La Rabbia e l'Orgoglio, 2001 (*Die Wut und der Stolz,* Dt. von Paula Cobrace, List Verlag, München 2002)

La Forza della Ragione, 2004 (*Die Kraft der Vernunft,* Dt. von Paula Cobrace, List Verlag, Berlin 2004)

Oriana Fallaci intervista se stessa – L'Apocalisse, 2004 (nicht auf Deutsch erschienen)
Un cappello pieno di ciliege, 2008 (nicht auf Deutsch erschienen)
Intervista con il Potere, 2009 (nicht auf Deutsch erschienen)
Saigon e così sia, 2010 (nicht auf Deutsch erschienen)
Intervista con il Mito, 2010 (nicht auf Deutsch erschienen)
Il mio cuore è più stanco della mia voce, 2013 (nicht auf Deutsch erschienen)

Inhalt

Die italienische Originalausgabe erschien 2013
unter dem Titel »Oriana. Una donna« bei Rizzoli, Mailand.

Die Zitate im Text gehen, sofern sie sich auf Oriana Fallaci beziehen, auf ihre Artikel und Interviews zurück, die im *Europeo* und im *Corriere della Sera* veröffentlicht wurden, auf ihre Werke, persönliche Aussagen und Vorträge, die ebenfalls in ihren Werken erwähnt werden, sowie auf ihren privaten Nachlass.

Bildnachweis:
Oriana Fallaci and John Glenn © RCS/L'Europeo: 8
Oriana Fallaci and Moroldo and soldier © RCS/L'Europeo: 10
Oriana Fallaci and Golda Meir © RCS/L'Europeo/ph.Enzo Luceri: 12
Oriana Fallaci and Ghaddafi ©RCS/L'Europeo/ph.Giuseppe Colombo: 15

FSC
www.fsc.org
MIX
Papier aus verantwortungsvollen Quellen
FSC® C014496

Verlagsgruppe Random House FSC® N001967

1. Auflage
Deutsche Erstveröffentlichung Oktober 2016

Umschlaggestaltung: semper smile, München
Umschlagmotive: Monadori Portfolio/Ghetty Images
Satz: Uhl + Massopust, Aalen
Druck und Einband: GGP Media GmbH, Pößneck
mr · Herstellung: sc
Printed in Germany
ISBN 978-3-442-71416-2

www.btb-verlag.de
www.facebook.com/btbverlag
Besuchen Sie auch unseren Literaturblog www.transatlantik.de

Marina Bohlmann-Modersohn

Clara Rilke-Westhoff

Eine Biografie

384 Seiten mit Bildteil, btb 75432

Eine ungewöhnliche Frau kämpft um ihren Platz in der Kunst.

Clara Rilke-Westhoff (1878-1954), Tochter aus Bremer Kaufmannsfamilie, war eine der Vorreiterinnen der Frauen in der Kunst. Wie ihre Weggefährtin Paula Modersohn-Becker brach sie mit den Konventionen ihrer Zeit und wählte eine Domäne, die bis dahin vor allem Männern vorbehalten war: die Bildhauerei. Sie geht nach München - um 1900 neben Paris die führende Kunststadt Europas - dann in die Künstlerkolonie Worpswede, arbeitet bei Max Klinger und wird Schülerin Auguste Rodins. Zurück in Worpswede begegnet sie Rainer Maria Rilke. 1901 heiraten die beiden. Zeitlebens leidet die Künstlerin unter dem Spannungsverhältnis ihrer Rolle als Ehefrau und Mutter und ihrem künstlerischen Schaffen. Heute stehen ihre Skulpturen Seite an Seite mit den Werken Rodins im Pariser Musée d'Orsay.

btb

Gloria Steinem

My Life on the Road

384 Seiten mit Abbildungen, btb 75703
Aus dem Amerikanischen von Eva Bonné

Gloria Steinem ist eine Ikone der modernen Frauenrechtsbewegung.

Sie ist klug, elegant und charmant. Eine Kämpferin mit Leidenschaft und Stil. Ein Vorbild für Frauen seit fünf Jahrzehnten. Hillary Clinton verehrt sie genauso wie die Schauspielerin Emma Watson. Lange vor Facebook-Chefin Sheryl Sandberg hat Gloria Steinem Frauen den Glauben an sich selbst gegeben. Sie hat provoziert, Mut gemacht und alte Rollenbilder über den Haufen geworfen. Auch heute noch, mit über achtzig Jahren, ist Gloria Steinem ein Star, der Frauen jeder Generation begeistert. In MY LIFE ON THE ROAD erzählt Steinem von einem rastlosen Leben, ausgefüllt mit Reisen und unvergesslichen Begegnungen.

»Eine der wichtigsten Frauen unserer Zeit.«
Diane von Furstenberg

»Steinem zeigt, dass in uns allen eine Kämpferin steckt – wir müssen nur unsere Sachen packen und ihr folgen.«
Lena Dunham